# 职场突围

总经理成长之路

宋子义 ◎ 著

企业管理出版社
ENTERPRISE MANAGEMENT PUBLISHING HOUSE

图书在版编目（CIP）数据

职场突围：总经理成长之路 / 宋子义著 . —北京：企业管理出版社，2021.4

ISBN 978-7-5164-2299-1

Ⅰ. ①职… Ⅱ. ①宋… Ⅲ. ①企业管理-通俗读物 Ⅳ. ① F272-49

中国版本图书馆 CIP 数据核字 (2020) 第 260714 号

书　　名：	职场突围：总经理成长之路
作　　者：	宋子义
责任编辑：	蒋舒娟　刘玉双
书　　号：	ISBN 978-7-5164-2299-1
出版发行：	企业管理出版社
地　　址：	北京市海淀区紫竹院南路 17 号　邮编：100048
网　　址：	http://www.emph.cn
电　　话：	编辑部 (010) 68701661　发行部 (010) 68701816
电子信箱：	1502219688@qq.com
印　　刷：	三河市荣展印务有限公司
经　　销：	新华书店
规　　格：	880 毫米 × 1230 毫米　32 开本　9.25 印张　220 千字
版　　次：	2021 年 7 月第 1 版　2021 年 7 月第 1 次印刷
定　　价：	58.00 元

版权所有　翻印必究 · 印装有误　负责调换

序言

世上所有的东西都可以挑，唯独出身不能挑。但即使生活在阴沟里，我们依然有仰望星空的权利。

本书记述了一个寒门草根，依靠坚定的信念和自身的努力，仅用了7年的时间，改写了自己的人生。

他出身寒苦，毫无支撑，却不甘心被命运摆布；他历尽艰辛，怀揣梦想，从不在困难面前低头退缩；他无片瓦遮身，爱情亦无着落，却依然咬牙前行。他并没有什么过人的天分，但在不懈的努力下，爱情终得美满，事业也乘风破浪，并成功在31岁时成为总经理。

这是一个典型的平民子弟奋斗的历程。他刚毕业时也曾懵懵懂懂，对人生充满了迷惑，但在生产、营销、人资等部门摸爬滚打后，他的格局、视野和思维能力也得到了进一步的提升。期间，他也像大多数初入职场者一样，经历着那个阶段必然面临的痛苦、迷茫、焦虑和挑战，在面对同事排挤、领导误会、客户刁难和部属不信任时，他想尽一切办法克服了一个又一个看似无法克服的困难。

这个世界上，没有谁能随随便便成功，我们看到的每一个高管轻松笑容的背后，都是他咬紧牙关的灵魂。但那些使你痛苦的，必将使你强大。那些苦难的经历，必定藏有让你发愤图强的理由，也终将让你成就

I

不一样的自己。

  这个世界上，任何事情都有其内在的规律，总经理的成长亦然。本书将一个出身寒门的草根在成长为总经理的过程中所面对的问题、思考的路径、采取的办法和汲取的教训等完整地呈现给读者，也让读者较为全面地了解到每次职位跃升时需具备的条件、可能面临的痛苦并学会如何突破个人发展瓶颈。

  这本书更像是一本管理教科书，几乎囊括了管理中最常见的那些问题。早一点读懂此书，也许能在职业成长的道路上少走几年弯路。一家之言，并非什么普世箴言，如果恰好能带给读者一点点启发，将不胜欣慰！

我从寒门走来

我从寒门走来

贫穷便如影随形

我的父母没有财富没有权势没有高朋

我也没有车子没有房子没有背景

只有那刻在额头上贫穷的标签

卑微如我瘦骨嶙峋的爱情

我曾问个不休

为何我一无所有

旷野中只回响着我声嘶力竭的呐喊

却听不到苍凉天地的一点回声

黑夜中我吮吸着伤口真想一梦不醒

天亮了，还要像没事一样云淡风轻

来到这个世界，我就深深懂得

世上从来没有所谓命中注定

不能再这样下去
因为我是寒门的孩子

一个没伞的孩子
注定只能在雨中奔跑
我成绩优异
却因土气的乡音被取笑
我付出了十倍百倍的努力
却望不穿那职场之坑一道又一道
在职场的生态中我不知哪道是机会之门
也不知哪道是早已被设计好的圈套
我一路跌跌撞撞
摔倒爬起又一跤
本以为十年寒窗能改运
却不曾想历尽艰辛尽嘲笑
不能再这样下去
因为我是寒门的孩子

一路漂泊一路艰辛一路泥泞
从深山到都市到孤独的小城
我苦苦追寻那寒门跨越的天梯
耳边却响起父母担忧的叮咛
经历了钩心斗角的构陷
也经历了荡气回肠的交锋
经历了七月流火的激越
也经历了冬雷震震的行程

III

我终究明白了

欲戴皇冠，必先承其重

我也终究明白了

成功之路从来都崎岖难行

于是我以流血的手指

弹响沧桑我百年的绝唱

只为心底那梦想的彩虹

因为我是寒门的孩子

精英部落

目录

缘起：我是如何再次燃起斗志的

第一篇　征程

生产系统阶段

1　交期缩短21.6%，是命运一不小心错给的送分题 /11
2　这么多年的现场管理方法，原来都错了 /19
3　事故向左安全向右，你却只知道向前向后 /27

营销系统阶段

4　撤职又遭遇艰难清欠 /35
5　"菜鸟"智闯三关见"大咖" /41
6　逆风飞扬，让市场起死回生 /52
职场岔路1：在不对称竞争中竞聘人资经理 /59

人资系统阶段

7　从部属不服到一呼百应的蜕变 /65
8　从敷衍到赋能，中间都经历了什么 /71
9　与名企的校招之争 /78
10　择强汰弱，唤醒沉睡员工 /83
职场岔路2："狼"来了，求稳还是求变 /88

副总阶段

11　四面楚歌下的力挽狂澜 /94
12　打造真正的执行力 /102

v

13 降维看生产管理的误区 /110

职场岔路3：从"隆中对"到"出师表"，他受命时年仅31岁 /117

总经理阶段

14 抓不住关键点，新官上任四把火也没用 /123

15 你以为走出了经营的困境，太天真了 /130

16 一次撤退：总经理辞职信与回信 /139

第二篇　感悟

17 职业成功基因 /149

18 四个管理段位 /158

19 你所不了解的总经理风光的背后 /167

20 一张表看透一家企业的命运 /172

21 永远在路上…… /176

第三篇　工具包

工具包之1　职场黑马识别对照表 /183

工具包之2　如何成功面试进入心仪公司 /188

工具包之3　如何一眼看透对方的心思 /199

工具包之4　如何瞬间打开对方的心扉 /206

工具包之5　如何培养职场高情商 /211

工具包之6　笔迹分析，看这一篇就足够了 /223

工具包之7　领导眼里的"红人"都长什么样子 /233

工具包之8　如何接手不同业绩部门的管理 /242

工具包之9　空降兵如何落地生根 /249

工具包之10　成功者的思维方式 /259

工具包之11　你一生的成就，取决于人生的这四个阶段 /266

工具包之12　复杂职场生态下的21条生存法则 /276

致谢 /287

缘起：我是如何再次燃起斗志的

我愿将一生的岁月，化作转瞬即逝的烟花，只为换回你那回眸的莞尔一笑。

周末，李刚乘坐公交车来到这次他应聘家庭教师的目的地——海边的伴海山庄。远远望去，一座座错落有致的别墅在夏日清晨的阳光下显得格外静谧。

李刚大学毕业后，可以选择留在北京或者去其他的大城市，甚至可以选择继续读研深造，但为了照顾体弱多病的父母，他选择到家乡日照的一家企业工作。

可工作的现状与李刚想象中的情形差距巨大，毕业一年多了，他还是制造车间一个寂寂无闻的技术工。公司管理的僵化、人才培养制度的缺失，让他看不到事业的曙光。他陷入了对前途从未有过的迷茫中，曾有的鸿鹄大志也被冰冷的现实消磨殆尽。李刚日复一日地重复着同样的工作，浑浑噩噩地消磨着时光。

听闻大学同学结婚的消息，他猛然意识到，自己也到了结婚生子的年龄，而现在连个恋爱的对象都没有，如果再这样下去，自己的前途也会不知所终。思来想去，他准备先从做兼职家庭教师开始。做家庭教师，对李刚来说驾轻就熟，李刚大学四年有三年的周末就是在做家庭教师中度过的。

于是，他从同城资讯网上搜到了这个高薪的家庭教师职位。

他走向小区门口时，看到不远处，一辆宝马车在一个身材苗条的女孩后面缓缓行驶，车上的男孩一直不停地叫嚷着什么。他们看起来像是一对闹别扭的恋人。

女孩一直头也不回地往前走,快到小区大门时,后面的车突然加速,几乎蹭到了女孩的裙摆,那女孩惊叫了一声。

女孩回眸的一瞬间,李刚被她超凡脱俗的气质所震撼,一时竟看呆了。

这个女孩给他一种呵护的冲动,这是那个曾经让自己暗恋半年的校花也没让他产生过的感觉。

他根据电话告知的门牌号,来到了与自己联系过的杨老师家的小院。李刚坐下聊了没几句,刚才在小区门口看到的那个女孩敲门进入。

杨老师告诉他,女儿以前一直由妻子这个刚大学毕业的表妹张秀华辅导,但她近期要外出培训一个月,而孩子正在小升初的关键时期,自己和妻子都照顾不上,这才计划再给孩子找个家庭教师。杨老师问李刚为什么名牌大学毕业却来到这座小城工作。

原本李刚在小张面前有些手足无措,但一谈到自己的经历,不禁悲从中来,所有的慌乱也一扫而光。

"我出生于离这里几十里地的一个山村,有个姐姐,本来家庭经济状况虽不宽裕但也尚可,父母在村里也有一定的威望,但父亲的一场重病彻底改变了生活状况。那时正好遇上村子统一规划,老房子被拆除,新房子还在建设中,但父亲的这场重病让家里变得一贫如洗。病要治,盖房子也不能停,此时所有的亲戚都像躲避瘟神一样躲得远远的,大家似乎已经一眼看透我们家的命运,态度也由以前的恭敬变成了鄙弃。那时我从邻里借东西几乎都借不出来,我第一次感受到了人世间的炎凉。"李刚沉浸在回忆中,眼里噙着泪,"那时已临近中考,但我的学习成绩一般。父亲问我:'你想继续读书考大学,还是下学务工?虽然家里的情况不好,但你是咱家唯一的希望,如果你选择读书,我病不治也要供你。'母亲、姐姐也都支持我继续读书考大学。其实,那时我们村里几年也考不出一个大学生。我为了争一口气，选择了继续读书，姐姐也因供我读书和为父亲治病辍学打工。

之后我考取了镇上的一所普通高中，那中学的师资力量有限，很多学习规律都需要自己来摸索，因此每年毕业的四个班的三百多名学生，也考不出几个大学生，偶尔考上的也多是复读生。那时每逢农忙，我还要回家干农活。就这样我拼了三年，最终考进了北京的一所知名大学，当时轰动了四乡八村。但上了大学后，家里仍然没钱供我，北京的消费又高，那时我学习的最大动力是获得奖学金，但我的同学也都很优秀，竞争谈何容易。周末我就去做家庭教师，平时一有时间就扎进图书馆。我阅读大量名著就是为了写作，为了发表文章挣稿费。

毕业后，我本来的想法是，回到家里专职写作，同时照顾父母，但微薄的稿费不得不让我放弃了这个想法，最终经过面试进入目前的这家企业。"

李刚扫了一眼别墅，"在这个社会上，一个没有资源和背景的人，难以实现自己的梦想和成功。"

一直托腮倾听的小张，突然插了一句："你以为杨大哥的今天，靠的是父母吗？"

李刚惊愕地望着小张，然后扫了一眼杨老师。这时，杨老师的爱人接住话头儿，"成坤跟你一样，完全靠的是自己，是从一贫如洗一步步地走到了今天，成为这家国际知名管理咨询机构的专家。"

"这是一个最好的时代，成功的获取完全在于自己怎么去把握！其实只要目标坚定，有足够的毅力，很多事情都可以做到。"杨老师盯着李刚缓缓地说。

"任何事情都可以吗？"李刚看了一眼坐在一边如一股清流般的张秀华。

"几乎可以这么说。小伙子，路都是人走出来的，你想十年后成为什么样子,现在就应该照那个样子去做。不好意思,我马上要赶回上海,不跟你多聊了,小容就托付给你了。关于孩子的性格、学习的情况等,你可以多跟小张交流。"杨老师对李刚说。

李刚乘机站了起来,走到小张面前,"我叫李刚,方便给我您的联系方式吗?"李刚从小张刚才拒绝门口那个男孩的神情就知道,要获得她的联系方式绝非易事,于是他主动地递上了纸笔。

果然,小张极不情愿地写下了自己的手机号码,"我叫张秀华。"

兼职的事情定下后,因为杨老师一家还有其他事情,李刚就先行一步离开了。

走出小区门口,李刚发现那辆车依然停靠在小区门口的马路边。他不自觉地在小区门口停了下来。

不一会儿,张秀华走了出来,当她看到那辆宝马车后,顿时面露不悦,看到那人准备下车,她突然快步走到李刚面前,本想拽一下李刚的衣袖,无奈李刚穿的是短袖上衣,她的手停在了那里,嘴里却在嚷着:"我们走啊,你还愣着干什么!"

李刚突然明白了小张的意思,赶紧握住小张伸来的手。那名男子看到这一幕,恶狠狠地按起了汽车喇叭,然后悻悻而去。

宝马走后,张秀华甩开李刚的手,淡淡地说:"对不起,你误会了。"然后转身头也不回地朝另一个方向走去。

时光还像以前那样缓缓流逝。不过自从跟杨老师谈完话后,李刚进行了彻底反思,尤其想起含辛茹苦的父母和因供自己上大学辍学的姐姐,他几宿都不能入眠。"自己的现状难道是环境造成的?不,所有问题的根源都在自己!一个整天浑浑噩噩的人,哪家企业肯重用?杨老师靠自己的奋斗过上了想要的生活,我为什么不行?绝不能再这样下去!我也要像杨老师一样,闯出属于自己的一片天地。"

想明白了以后,他的工作态度发生了180度的大转弯。他每天都早来晚走，一心扑在了工作上，放下了所谓名牌大学毕业生的架子，做任何事情都全力以赴，哪怕打扫卫生也比别人打扫得更彻底、更干净。稍微有点儿空余时间他就去主动帮助他人，也从不计较什么加班费等。

李刚的工作进展得非常顺利，仅一个多月的时间，他就被提拔为分管设备和工艺的生产部副经理。而孩子经过李刚一个月来的辅导，成绩也得到迅速提升。

但在闲暇时，李刚却倍受煎熬。在见到张秀华之前，他的生命几乎没有任何颜色，他感觉自己的存在只是为了身上的责任。而张秀华的出现，给他的心湖投进了一枚石子。虽然自己跟张秀华接触不到半天时间，但她的一颦一笑却无法从他的头脑中抹去。随着时间的推移，这种渴望见面的想法愈来愈强烈。

每当夜深人静时，李刚常常对着张秀华的微信头像发呆。在胡思乱想中，他竟鬼差神使地给她发出了信息：在吗？

发完信息后，李刚便不时地拿出手机等着回信，结果如他所料，这信息犹如泥牛入海。

有一次，杨老师回家探亲时看到李刚失魂落魄的样子，明白了他的心事。杨老师鼓励道："世界上任何事情都有内在的规律，你要相信自己，没什么事情是做不到的！我当初追你嫂子的情况也跟你类似。拿出你当初考名校的勇气，要爱就大胆地去爱。"

可说归说，究竟该从哪里入手？

绞尽脑汁，他终于列出了自己的计划：

第一步，先创造见面的机会，但要找一个她无法拒绝见面的理由。

第二步，见面时要让她感觉愉快，这样才有继续下去的可能。选择的场合要让她能够放松，同时交流的话题能引起她的兴趣，最好让她多开口，而非自己口若悬河。

第三步，见过几次面后，必须做一两件能让她感动的事，这点最困难,待进一步接触后再思考。

但摆在李刚面前的第一个难题是,如何创造见面的机会。自从上次发了信息没有回音后,李刚又想了很多内容,但最终都被自己一一否决了。一旦再被拒绝,两人的关系也就画上了句号。因此这次邀约只能成功不能失败。

反复修改了不下十遍后,他给张秀华发了如下信息:"小张好,小容还有十三天就要考试了,现在急需拟定一个适合她的应考方案,这周末(后天)我会准时过去,小容需要你的指导!李刚。"

他忐忑不安地等待着她的信息,但到了晚上八点也没见到动静。他干脆拿起电话打给了杨老师的爱人,把自己的想法说了一遍,并重点强调了小张参与的重要性。

李刚放下电话不到十分钟,张秀华头像突然闪动了一下,他欣喜若狂地打开,只看到了千金一字:"嗯",后面连个标点符号都没有。

"嗯",究竟是接受了邀请,还是告知收到了信息?这一个字的回复让他摸不着头脑。

到了约定的这天,李刚起了个大早,本来计划到车间先转一圈儿,结果时间消耗在对着镜子梳了十二遍头上,惹得舍友不停骂他神经病。

他早早地来到杨老师的家。接近上午十点时,张秀华到了。

她今天穿了一身黑白方格的套装,正好显出她优雅的身材,不施粉黛,看上去依然那么端庄美丽。不过这次她还带着一个做服装设计的闺蜜,看样子她根本就没打算给李刚任何机会。

他们的交流只限于拟定学习方案,期间,李刚问了一句"你空闲时都喜欢做什么",立即被她拉回正题。

倒是她的闺蜜,跟李刚聊得很融洽,最后还主动加了李刚的微信。之后,李刚通过这个闺蜜了解到张秀华的一些情况:她的家庭条件较好,父母都是市里的领导,她目前在一家上市公司的人力资源部工作,平时喜欢音乐和诗歌。

两周后,小容以全校第5名的优异成绩,顺利被市重点初中录取。

出成绩的这天,杨老师专程从上海赶回,设宴感谢李刚和张秀华。

饭后,张秀华没有拒绝李刚送她回去的提议。不过她跟李刚一直保持着距离,不远不近地跟在后面。

这晚的月亮特别大,特别圆,在微风中,远远传来海浪拍打沙滩的声音,像一个诗人在幽幽诉说着大海古老的故事。

李刚主动打破了沉默,停了下来,"你知道我今天早晨出门前,做了一件什么事吗?"

张秀华向前迈了一小步,好奇地注视着他。

"我查了一下皇历,今天会遇到一个喜欢音乐和诗歌的美女,不过她五行缺我。"

小张突然感觉被骗,不过还是忍不住笑了。

"你都喜欢什么音乐?"李刚饶有兴致地问道。

这时一辆出租车突然停在了他们身边,李刚根本就没觉察到,原来她已经叫了出租车。

"再见!"她莞尔一笑,跨步迈进车里,根本没接李刚的话茬儿。

李刚怅然若失地独自来到海边,望着海面,长叹一声。伴随着这声叹息,大海还在那里不知疲倦地吟诵着。

此后,李刚每天晚上八点半都通过微信发音乐给张秀华听,什么话也不说。连续十一天后,仍没见她回复一个字。

这天,李刚买了一张听诗的会员卡,在当晚八点半给她发了一条信息:"我每晚都在用心聆听发给你的那些音乐。今天用你的名字买了一张会员卡,你试试看。"

让李刚没想到的是,他很快收到了回复,是三个字:"谢谢你"。

李刚看到这三个字后欣喜若狂,"谢谢你",比"谢谢您""谢谢了""谢谢"或"谢了",不是都更亲切吗?

这些日子来的思念、苦闷,瞬间涌上了心头,于是他提笔写下了《思念已驻留到我的心上》:

我们本属于两个不同的世界
一次偶遇改变了我生活的模样
你的笑容绽放在你的脸上
盛开在我的心上
你深邃的眸子让我心摇神驰
一颦一笑竟让我如此神往
就连行走在大街
我都恍惚看到了你娇羞的模样
就算整个世界全把你忘了
记得还有我
思念已驻留到我的心上

深夜我一遍遍数着寂寞
你可知道我心痛的模样
白天,我怕不能分担你的忧愁
夜里,我担心你一个人孤独地徜徉
晴天,我放心不下你是否在开心
雨天,我怕外面风大你忘了带衣裳
我多么想见你一面
我的思念像野草一样疯长
求你不要再这么狠心沉默
思念已驻留到我的心上

多少次我告诉自己
忘了你吧忘了你吧
梦里却依稀听到了你的哭泣
你让我如何不放在心上
我曾千万遍告诉自己
不要再去想念，不要了
权当我们从来就没有见过
但醒来却已泪千行
只此一眼便一生
思念已驻留到我的心上

也许这是一次没有结果的等待
也许这是一次没有未来的心殇
我不知该安静地走开
还是在这里等待
也许你我本就属于两个世界
只能隔天河相望
而我却甘愿像飞蛾一样扑火
哪怕早已遍体鳞伤
可我已找不到回头的路
思念已驻留到我的心上

　　写完已是夜深，李刚第二天又修改了几遍后，在当晚八点半把这首诗准时发给了小张。三分钟后，小张回了一条信息："继续酸"，后面跟着一个"笑脸"。

随后李刚又以"酸"为题写下了另一首表达心意的诗。就这样一来一回，他几乎每天晚上都发一首诗。

但他们的关系也止步于此。

眼看小张的生日就要到了，这次如果能送她一件不寻常的礼物，也许他们的关系就会出现转机。

苦思冥想后，他计划用他们相识的点滴做一个电子相册。

就在张秀华生日那天晚上的八点半，李刚将制作精美的、修改了无数遍的生日祝福相册准时发了过去。

一刻钟后，张秀华发来了握手的图片……

李刚总算收获了爱情的成果，但如何给爱情一个满意的归宿？

他的奋斗刚刚开始……

第一篇　征程

1

交期缩短21.6%，是命运一不小心错给的送分题

只要你是天鹅蛋，就是生在养鸡场也没什么关系。

——《安徒生童话》

八月的风，已经不再那么轻柔，而是伴随着无言的烦躁，但走在海边，海风依然有些潮湿。

十年后要成为什么样子？杨成坤老师的这句话一直撞击着李刚的心灵。

此时，自己的顶头上司生产经理被借调到了集团的另一分厂，工作的重担几乎全部压到了分管工艺和设备的李刚身上。就在他每天焦头烂额，穷于应付时，集团公司的秦副总裁和自己所在分公司的杨副总，带着公司最大的客户魏总来厂查看订单情况，李刚全程陪同。

看着成品库大量的库存积压，却没有看到自己急需的产品时，魏总皱起眉头，说的话非常刺耳，"这些年来，我一直从贵公司进货，其他

厂家的交期比你们短三分之一我都没有同他们合作，但你们也知道没产品可卖对一个经销商意味着什么。我们合作也有七八年了，贵公司再这样下去，我也吃不消！咱们交情归交情，生意归生意，旺季马上来临，秦总、杨总，您看我该怎么办？"

"魏总您放心！就因为订单延误问题，我们已经调整了生产管理班子，下一步我们一定会全力以赴，请魏总再给我们点时间！"分管营销的杨副总扫了一眼李刚，信誓旦旦地保证道，"给我们一个月的时间，我们一定不会比别人差！李刚经理是我们公司的青年才俊，他对所有的生产环节都非常熟悉！"

听到他们的谈话，李刚一脸的苦笑。

尽管此时还是夏末，但气氛却冷飕飕的，一路跟随下来，李刚的衬衣被汗水打透，他说不清是热的还是紧张的。

缩短生产周期，是每一个生产管理者的梦想。这些年来，历任生产经理也一直在朝着这个梦想努力，但成效一直不明显。

李刚知道，既然公司将这一摊子交给了自己，自己就没有理由退缩。

接下来的几天，李刚连吃饭都在想着怎么缩短生产周期，有一次边走边想，竟差点儿撞到了办公室的墙上。他一有时间就跑到车间找主任、班长和负责重要工序的员工探讨，下班还没讨论完，就叫外卖，边吃边和他们深入交流。

功夫不负有心人，解决的办法李刚总算找到了。

第一是完善派工计划。派工计划以往是在订单汇总后下达，没有结合成品库存和滞存订单，有限的产能在忙于应付不断下达的新订单，加上订单变更和同规格批量化制造的原因，订单交付的时间越来越长，冗余半成品也越来越多,而需要发货的产品却没法生产出来。有些业务员凭着与负责某工序的主管关系密切"插单",导致原有的生产计划更加混乱。因此,派工计划应改为:当天订单规格+前期累积订单规格−剩余库存。任何"插单"必须经过李刚签字同意。李刚不怕得罪人,为的就是彻底堵死这个口子。

第二是处理瓶颈工序。目前,前处理和加温固化这两道工序是瓶颈工序。前处理工序问题主要是处理池清理不彻底,水量和配料没有严格按规定的比例、时间和温度等设置,导致喷塑时附着力不够,容易返工。只要在前处理工序中加大工艺检查力度并对主管实行连带奖罚制度,就能解决这个问题。

加温固化的环节有:上下料时间+升温约120分钟+固化约20分钟+冷却约90分钟。其中很多环节有节约时间的空间。譬如,固化设备老旧,加温过程中时常损坏,炉内200℃的高温,无论上下料还是维修都靠自然冷却,加上维修不及时等,导致拥堵,因此必须实施维修优先级,并采用洒水等方式进行强降温,并让工人穿戴防护服在高温下提前进行检修,这样大约能节约1/4的时间;每次维修撤出的零部件几乎全需要打磨后再次返工,占用瓶颈工序的时间,因此需要在每次开工前彻底检修电热板、线路等,这就能减少中途停炉的次数;有些零部件是在入库或组装时才被发现是不合格的,导致本就紧张的瓶颈工序还在加工没检出的废品,因此需要质检前置;员工用餐时间与上下料时间冲突时,工作就被放下了……如果没有系统的方法,即使管理者积极性再高也没用,生产系统中的300多人,靠"盯"自然不现实。

他突然想到了李若谷治渠的故事。

春秋时期,芍陂县一带有一条南北大渠,一到天旱,农民就在渠水退去的堤岸上种植庄稼，有的甚至将庄稼种到堤中央。等雨水一多，水位上升，农民便偷偷地在堤坝上挖口子放水灌溉庄稼，决堤事件经常发生。后来情况越来越严重，芍陂县的历代官员都无可奈何。每当渠水暴涨成灾时，官员便调动军队一面忙着抓人，一面去修筑堤坝。李若谷出任知县后，便贴出告示表明，今后凡是水渠决堤，不再调动军队修堤，只抽调沿渠的百姓，自行修堤。之后，再也没有人敢去挖堤放水了……李若谷利用的是群体压力，迫使偷挖渠者不得不主动放弃。

参考这个思路，李刚拟定了一个"交期月"方案：如果一个月下来，车间出货率相比同期提高20%，该车间每人都有生活物品的奖励，如果提高25%，再额外奖励一桶花生油；五个车间获奖数超过一半，辅助工或其他岗位的员工才能获得奖励；但总出货率具有一票否决权，也就是说，自己车间的指标和总出货率指标是获得奖励的两个必要条件。即使各车间的业绩再好，只要生产系统最终出货率未达标，员工也得不到奖励。这就促使大家关注表面处理和喷塑车间的两道瓶颈工序，绝大多数的压力也会集中到表面处理车间的领导和员工身上，所有员工都变成了监督员。李刚安排人员提前买一部分奖品放到各车间的出入口，让员工上下班路过时都能看到，以此进行激励。

经过一周多的努力，这些措施成效显著，工序的平均效率比之前提高了29.3%。就整体效果来看，生产系统似乎在向良性转变，李刚感觉到很欣慰。他初步估计，随着员工对工作新程序的熟悉，当月的出货率最少能增长1/3。

就在李刚踌躇满志时，组装车间的主任找来说，他们的存货积压增多，由于各车间效率提高，每道工序的积压件增加了很多，固化工序的积压工件减少了一段时间后又开始迅速增多。虽然整体效率提高了30%，但出货率只提高了6.7%，每天仍不断地接到营销部门的跟催电话。李刚一下子蒙了，问题究竟出在哪里？经过一次次探讨，他终于找到了症结所在。

这套订单派工模式没问题，但失效的原因是各工序产能、工步不同。李刚决定改用倒推法，整理所有紧急发货的订单，将前三个订单所需工件清单一律贴上红色紧急标识，作为最优先级加工件，跟单员每天跟进，滚动执行。

办法立刻见效。一周后，一天的发货量甚至是之前发货量的两倍多，数百个积压订单的出货时间已经由17天缩短为13天。李刚知道，虽然情况有所改善，但随着旺季的到来，订单会越来越多，这意味着出货时间还会拉长。就目前看，尽管最终出货率提高了13.8%，但这与整体效率提升29.3%并不匹配，问题究竟出在哪儿？

每次从车间走过，看到员工在忙碌，各工序的积压半成品越堆越高，李刚的眉头越皱越紧。现在，连新建设的第二个半成品库的货架都堆满了。

当李刚从第一道工序开始盘查原因时，他豁然开朗：自己在用问题解决问题！救火似地处理这些所谓的紧急订单，却让后续的订单也陆续变成紧急订单。他立即召集原料库库管员、半成品库库管员、领料工序的机加工车间主任、计划员和工艺员，将自己的想法提出来让大家讨论。

①领料的错误。所有车间主任都对工效存在理解误区，认为员工不能闲着，各工序满负荷工作，工效就会最大。因此，哪道工序闲置，就设法增加员工的工作量将其充满。殊不知，新增加工作量生产的所谓"常规件"，一是造成了积压，二是干扰了正常订单计划。员工为了多挣计件工资，换一次模具就干上一整天，而完成的工件未必是订单急需

的。当不同的工件"流"到组装工序后,组装的产品自然与订单脱节。如果不解决订单的定额领料问题,入库产品与订单就永远不会同步。生产计划的下达也存在问题,如果见到订单就下计划,一旦超过了当天的产能,必然又造成了一单积压,而各工序并不清楚"涌"到自己工序的众多半成品件,哪个急哪个缓,这数十个工序流转会让偏差逐级放大,最终导致入库产品与订单的偏离。各工序工步的均衡也存在问题,产出要由均衡"流量"的需求决定,而不是由工序产能决定,这就需要调整各工序的工作量。

②巨量半成品库存问题。为了员工"不闲着",占用产能生产的很多零部件因产品改型等不得不报废,所有之前投入的人力、物力都化为乌有。有些零部件积压的时间甚至达五六年,产品都已更新换代好几次了,谁也说不清究竟还有多少没用的零部件。由于堆放杂乱,每次清点难度极大,致使财务部门组织的月度抽盘、季度盘点都流于形式。本来管理者言之凿凿的"缓冲池",也因这种不确定性游离于派工计划之外,久而久之,因市场的变化和预测的不准确,有些零部件逐渐走向报废。因此,必须对这些半成品库存进行全面清点造册,需要报废的立即走报废程序。这项工作可采取内部承包的方式,让那些想增加收入的员工利用下班时间分片承包,并在规定的时间内完成。在此期间,半成品零部件暂停入库。

③生产、库存相配合的问题。半成品清点录入后,所有生产计划的BOM清单,都要结合"消化"这些半成品库存下达。

随着这些措施的实施,效果也逐步显现。在月底的最后几天,每天的出货量居然比"交期月"之前增加了3倍。次月5日,"交期月"的核算结果是:月底出货率提升了28.4%,当然,全月平均出货率稍低,只是提高了21.6%，但这已是历史最好成绩。

　　李刚知道了，一件事情的成功，需源自管理者和员工内生性动力的推动，而交期问题的真正根源是生产系统多年来一直沿用的"计件工资"的薪酬体系，这是一种局部正确、全局错误的做法。在这种导向下，没人会为企业的整体利益考虑，所以管理者即使整日忙碌，也难以提升整体效率。就"计件"而言，客户角度的"计件"应该是符合订单要求的规格、数量、交期、质量等全部条件后的考量。不仅是生产系统，公司绝大多数部门在"职能型"组织结构下，不可能真正去为客户、全局考虑，企业很多有效的创新也会一直被雪埋。

　　李刚明白了：当问题被看成是困难时，就永远不可能得到彻底解决，绝大多数问题的解决，都与信念、方法和思维方式有关。

　　如果说缩短交期是命运一不小心错给的送分题，但在面对高深莫测的职场政治时，李刚则变得不知所措。

　　这段时间以来，李刚一直将心思全部放在了工作上，对其他事情几乎充耳不闻，甚至跟恋人张秀华也少了很多联系。这时发生的辞退行政经理的事情，让李刚似乎明白了什么叫职场政治。

　　这要从行政办公室刚入职的小王说起。生产系统的人员每天召开晨会，但对办公楼的行政人员，公司要求每天必须做励志操和喊口号。

　　小王入职两天后，行政部经理安排她去检查各部门做励志操的情况，并重点强调要逐个办公室检查。

　　没想到，这个小王一下子查到了总经理助理兼人资总监的赵总，她之前一直跟随集团领导打拼，影响力极大，而她从不做励志操。

　　小王义正词严地责问赵总，"公司制度面前人人平等，为何全公司的员工都在做励志操，只有你不去？按规定这次给你记迟到！"

一周后，小王的主管行政经理接到了公司的辞退通知书。

李刚不明所以地问道，"辞退行政经理跟这件事有什么关系？即便是小王得罪了赵总，那也该辞退小王才是。"

对面的统计员像看傻子一样地看着李刚，"小王才来公司两天，她怎么会知道赵总平时的习惯？但是她的主管不可能不知道啊！如果小王没有受到别人的影响对赵总产生偏见，即使职责所在，她也没必要以责问的口气质问人家。再说，如果小王能知道赵总的职务和背景，她也不会这样处理啊。说白了，小王无非一杆枪而已。"

统计员一通解说，李刚听呆了。如果不在管理岗位上，也许一辈子都不会接触到这些"内幕"。

这么说来，生产系统的这次临阵换帅，是不是也事出有因……

2

这么多年的现场管理方法，原来都错了

你因成功内心充满喜悦的时候，我没有时间颓废。

——弗兰克·迈耶

李刚向张秀华提出，能否选个合适的时间见一下彼此的父母，但立刻被小张否决了。她的爸妈说过不止一次，希望她能找个门当户对的人家，但李刚一贫如洗，经济负担又比较重，如果贸然相见，爸妈必然会极力反对。

李刚想想也是，就放弃了见面的想法，但内心却一直惴惴不安。

约会时，李刚跟小张说起这次行政经理被辞退的事件，一副心灰意冷的样子。如果既需躲工作上的明枪，还要防范背地里人际关系的暗箭，那在职场中拼搏还有什么意义？

小张则持完全相反的观点。有人的地方必然会有矛盾，也有阴暗面，但从来都是邪不压正。如果一个小小的负面事件就能影响自己的目标，还有什么未来可言？

为了鼓励李刚，小张讲了一个流传甚广的故事。

法国有个叫巴拉昂的年轻人很穷，很苦。后来，他以推销装饰肖像画起家，在不到10年的时间里，迅速跻身于法国50大富翁之列，但不幸患上前列腺癌去世。去世前，他在法国的一份报纸上刊登了他的遗嘱："我曾经是一位穷人，穷人最缺少的是什么？谁若能回答这个问题，他将

得到我留在银行私人保险箱的100万法郎,作为睿智地揭开贫穷之谜的奖金,也是我在天堂给他的欢呼与掌声。"

遗嘱刊出之后,有48561个人寄来了自己的答案。这些答案五花八门,绝大部分人认为,穷人最缺少的当然是金钱了;另有一部分人认为,穷人之所以穷,最缺少的是机会,没有机会不可能致富;还有一部分人认为,穷人最缺少的是技能,一无所长,所以受穷。就在这位富翁逝世周年纪念日,他的律师和代理人在公证部门监督下,打开了银行内的私人保险箱:穷人最缺少的是成为富人的野心。

在所有答题者中,一位年仅9岁的女孩猜对了。为什么只有这位9岁的女孩想到穷人最缺少的是野心?在颁奖之日,她说:"每次,我姐姐把她11岁的男朋友带回家时,总是警告我说不要有野心!不要有野心!于是我想,也许野心可以让人得到自己想得到的东西。"

谜底揭开后,一些新富在就此话题谈论时,均毫不掩饰地承认:野心是永恒的"治穷"特效药,是所有奇迹的萌发点。

这时突发的一个事件,让李刚寝食难安。上午总经理会议上的声音依然回响在耳畔。

"如果一家企业连基本的卫生都维护不了,连厕所都管不好,还谈什么产品质量和市场竞争力!我们的'5S'抓一抓好三天,一周不抓就现原形。已经公关了近两年的世界500强外企,本来和我们有合作意向,但昨天突袭调查,人家看了一眼现场和厕所,就头也不回地走了。我们错失了一次改变企业命运的机会。现在,无论你们生产部门采取什么办法,也要利用淡季这三四个月的时间,把现场问题彻底解决。以后,任何时候我到现场,都必须井然有序,部件摆放整齐,设备整洁卫生。否则,相关主管主动递交辞呈!"在生产主管专题会议上,总经理黑着脸吼道。

生产经理率先站出来承认错误,同时提议由李刚副经理专项负责,总经理点头同意。

领导的安排,李刚没有理由反驳,让一个副经理专项负责此事,本来就合情合理。但李刚知道,现场管理一直是个老大难的问题,也是很多管理者的"滑铁卢"。这项工作以前由生产经理直接负责,而且生产系统的班组长以上人员,几乎都专门学过"5S"管理,回来后还组建过推行小组。期间,有宣传造势,也有相应的制度管理,会议也开过不止一次,检查也有,奖罚也实施过,甚至很多员工对"5S"都能倒背如流,但最终还是流于形式。正如总经理所说,一抓就灵,一放就乱。

李刚越想越乱,毫无头绪。

静下心后,他突然想到了杨成坤老师。杨老师是世界知名管理咨询机构的专家,家在本地,自从李刚和他相识后,两人的关系也变成了亦师亦友。

杨老师告诉李刚,同一套管理措施在不同的企业实施,可能会得到截然不同的结果,这也是那些成功管理经验无法复制的原因。不过,他用苏格拉底式的提问启发李刚思考:

- "现场管理"的目的是现场管理吗?
- "现场管理"究竟改变的是什么?
- 在现有资源下,这种改变会涉及哪些要素?
- 如何确保措施的可执行性?
- 在执行过程中,如何保证公正性?
- 改革的失败,往往是利益攸关者在作祟,如何在管理中平衡他们的利益?

最后，杨老师建议李刚看一下《中国人民解放军队列条令》的"立正"条款，同时思考网游为什么能让人沉溺其中。

李刚一下子没想明白，但还是立即搜索了关于"立正"条款的具体信息：两脚跟靠拢并齐，两脚尖向外分开约60度；两腿挺直；小腹微收，自然挺胸；上体正直，微向前倾；两肩要平，稍向后张；两臂下垂自然伸直，手指并拢自然微曲，拇指尖贴于食指第二节，中指贴于裤缝；头要正，颈要直，口要闭，下颌微收，两眼向前平视。

看完后他明白了，所有要素和过程都需要明确、具体，才具有可操作性。

这时李刚想起了通过分解复杂的操作步骤形成流水线以提高工效的例子。

20世纪初，汽车都是在小作坊里装配生产，装配一辆福特的T型车大约需要12小时还多。之后福特把T型车的装配过程拆成了84个不同的步骤，将汽车底盘放到传送带上，以一定速度从一端向另一端传送，传送中逐步装上发动机、操控系统、车厢、方向盘、仪表、车灯以及车窗玻璃和车轮等，每个人都只需熟练掌握其中的一个环节的操作即可，结果装配效率提高了7倍，由原先的12小时缩短至90分钟。到了20世纪20年代，福特工厂的流水线每24秒就能装配一辆汽车，使汽车的制造成本大幅度降低，从而让汽车走进千家万户。

那网游为什么能让人上瘾？游戏设计者利用的是人的"成就动机"，基于人的竞争天性，用升级方式对游戏者进行激励、反馈，同时增加了娱乐元素。

随后，李刚的思路渐渐清晰：

① "5S"看似是现场管理，背后其实是在改变一群人的行为习惯。

把推行"5S"当成一场运动来做必然会失败。

②改变习惯涉及目的、观念、压力、时间、可操作等诸多要素，组合诸多要素，一步步刺激、巩固，最后形成习惯。因此，需要根据整理、整顿、清扫、清洁、素养等环节进行整体设计。

③既然第一次实施已经失败，大家可能没有了自信心，做事也会畏首畏尾。只有让参与者背水一战，感受到失败即意味着会出现自己担心的结果，他们才会全力以赴。

④把每个人的责任界定清晰。为什么管理者压力大，而员工们却无动于衷？因为压力并没有传导给每个人。若将任务交给一个群体，相当于大家都没有责任，因此必须明确每个人的责任。

⑤需要明确任务具体怎么做、什么时间做、做的频率及标准，要有章可依。员工不是不想把事情做好，只是每个人内心有自己的衡量标准和方法，结果自然会千差万别，而照着"立正"的条例做立正的动作就不会出现此情况。因此需要将"5S"的5个阶段分别拆解、细化到每一个动作，并确保循环巩固。

⑥员工不做组织要求的，只做组织检查的。因此，须逐项确认员工有没有做、做到什么程度、是否达标等。

⑦结果好坏须有说法，并及时反馈给责任员工，这样才能起到警示作用。如果做好做坏一个样，久而久之，想做好的员工也会失去动力，甚至出现劣币驱逐良币现象。

⑧初始阶段要用"雷霆手段"，但在推行过程中若"以罚代管"必会遭到抵触。因此，原则上要奖多罚少，并树立典型做好正面引导。

⑨导入横向的竞赛机制，采用排名激励方式。没有"敌人"的战斗会让员工疲沓，因此员工、班组和车间之间需要横向竞争。

⑩若一次定输赢，激励就不会持久。只有让排名靠前者一直不敢松懈，同时给后来者翻身的机会，组织才会被真正激活。就像足球联赛一样，每一局的得分都可能刷新名次，也像网游一样，不停地累计积分升级，游戏者才能持久地投入热情。

⑪管理，也可以有趣。比如，每天每个班可以在班前会按比例抓阄抽查，并根据抽查结果进行计分或实施奖罚。当然，为了更好地利用情绪管理，可由上一次的被抽查者来抓阄。

⑫通过检查确保标准的统一。将整个生产系统分为班组、车间、生产部三级进行督查，并将督查的结果与主管的考核挂钩。

⑬可能出现的阻碍。当现场检查结果与当事人的收入挂钩后，就会出现两个问题：一是，办公室与制造车间使用同一套"5S"检查标准，车间人员必然会觉得不公平，因此需要针对办公室和车间分别制订不同的检查标准；二是，管理的面积越大、内容越多，问题点的数量就越多，因此，检查者在进入被检查部门前，随机选好检查的位置，进入后，直奔检查位置，其他地方则不在该次检查的范围内。

现场考核与收入挂钩还会导致另一个问题，即检查时标准执行宽严不一。遇到与自己关系不好的部门，检查者可能会鸡蛋里挑骨头，对与自己关系好的车间则睁一只眼闭一只眼。这背后的原因是：第一，检查标准量化不够清晰，导致扣分尺度不一；第二，给对方评分与自己利益关系不大。因此，设计考核标准可以利用"零和游戏"的原理：给对方打高分，意味着自己的分数在减少。也就是说，奖金总额固定，个人奖金金额根据得分权重进行分配。这就促使大家"斤斤计较"，制度自然就被严格执行。

⑭增强仪式感。根据不同层级，组织不同类别的奖励仪式，并将现

场的考核分数录入档案，作为员工未来晋职、晋级的依据之一。

随后，李刚将计划大致分为十个阶段：

①成立现场推动小组。同时，从经理到个人签订责任状，凡阶段内非客观因素影响不达标者及连续排名倒数者，小组有权做出处罚，甚至辞退。

②划分责任区。所有区域及物品一律责任到人，并实名上墙。定置、定名、定量则按生产部的统一要求执行。

③每个岗位一张表，具体列明工作事项、标准等。

④将现场管理分整理、整顿、清扫、清洁四个阶段，事先讨论出执行标准，每个阶段结束后进行验收。奖励排名在前30%的员工，处罚后20%的员工，原则上按总罚款额的130%奖励，同时张榜公布。将各班长、车间主任的考核分数上报给总经理，以便引起管理者的重视。

⑤统一制订所有生产部、车间、班组的检查制度、标准和流程，内容中不得出现"认真负责""窗明几净"等描述性词语，需要有具体、可量化的检查标准。

⑥所有班组的班前会及车间的周会，都必须通报上一周期部门内检查的结果及奖罚情况，对最优者和最差者进行点评。这可以促使管理者认真对待现场管理。

⑦对各级抽查后的奖罚，要24小时内用现金兑现，并申请设立专款账户。各部门内部的奖罚，原则上总额相抵，特殊情况可另行申请。同时将检查的得分计入对责任主管的考核。

⑧四个阶段结束后，对生产系统364人中累计得分前十名、21个班组中的前五名、5个车间中的前两名，分别予以重奖，并将成绩作为年底先进个人评选和晋升的重要参考依据。

⑨规划专门的参观通道，生产系统和各车间设专人兼职对接外来参观人员，避免外来人员随意走动导致的现场混乱。

⑩主管汇报部门工作时，将管辖范围内的检查结果列入必报项目。生产部计划员定期汇总分析检查过程中出现的问题，做到持续改善。

以上计划经生产部领导和总经理批准后，工作就如火如荼地展开了。现场管理工作进展得相当顺利，活动进行两个月后，总经理突袭检查生产部的会议室和车间的3个厕所。现场各种定置线规划清晰，环境十分整洁；墙上插页中的现场管理责任人、督查人、清理内容、频次，检查考评得分都一目了然，总经理现场提出了表扬。

李刚总算舒了一口气，在没有影响订单的情况下，这项棘手的工作不到3个月就达到了预期目标。员工的责任心、效率和执行力也得到了空前提升，员工的流失率也是近年来的同期最低。这让李刚更深刻地理解了"天下难事必作于易，天下大事必作于细"，只有将一件看似很难的事细化到每个细微环节，使细节责任到人，环环相扣，然后通过系统推动，才能一步步实现自己期望的结果。

悬着的心刚刚放下，机加工车间突发的一起重大工伤事故，将兼任机加工车间主任不到24个小时的李刚推向了另一个旋涡……

3

事故向左安全向右，你却只知道向前向后

管理就是把复杂的问题简单化，把混乱的问题规则化。

——杰克·韦尔奇

躺在外科病床上的张强，是冲床工位的一名入厂3年多的职工，小伙子刚满24岁。这次工伤让他右手的拇指、食指和中指粉碎性骨折，意味着他的右手几乎报废。当张强看到谈了半年的女朋友流泪离开后，眼神中流露出一丝绝望。

这次工伤几乎毁了张强的一生，他的命运也将因此被改写。

看着萎靡消沉的张强，李刚心里像压了一块沉重的石头。自己刚兼任机加工车间主任不到24个小时，这起事故就发生了。而事故的发生仅仅源于一个意外的喷嚏，这个喷嚏让张强瞬间踩下了控制开关。李刚自责，不仅因为自己是生产部副经理，他的痛，更多来自心底的良知。

因为机加工车间主任离职，李刚才临时兼任了这个车间主任。自己作为生产管理者不能解决员工的安全问题，是一种耻辱，必须彻底解决这个问题，李刚暗下决心。

这次事故让李刚落下了一个很多生产经理都患有的"应激"职业病：哪怕在睡梦中，只要听到"扑通"一声，就会条件反射地从床上跳起来。

从医院回到生产部时已是晚上八点多。李刚走进车间，看着高压氙气灯下忙碌的工人，又扫了一眼车间四周的安全条幅，"安全生产，人

人有责""麻痹酿出悔恨泪水，谨慎筑起安全长城""防范始于未然，安全重于泰山"，嘴角露出了一丝苦笑。从总经理到员工对安全工作可谓极度重视，企业该做的几乎都做了，从安全操作规程培训，到每次班前会的强调，从发生安全事故后的"三不放过"到劳保的发放，乃至公司自上而下签的安全责任状，那为什么工伤事故还在不断地发生？而那个无法预料的、造成事故的喷嚏又该怎样预防？

每次遇到困难，李刚总是不由自主地想起无所不能的杨老师。"杨老师，能不能支个招解决企业的安全问题？"李刚讲述了工伤事故后询问。

"小李，这次我还是没法直接告诉你答案，因为每家企业都有具体的情况，穿别人的鞋无法走自己的路。你需要的是识别问题、分析原因、解决问题与预防问题的系统化思维，而不仅仅是处理一次事故。咱们先来探讨几个问题，你认为工伤事故是大家想发生的吗？"

"当然没人希望了！这次工伤事故是个意外！"

"哪次工伤不是意外？既然不想发生，那些一再强调的思想教育或措施，也就是你所说的安全培训、班前会的强调、条幅、军令状等，并没避免事故的发生，就说明你们管理的方向偏了。事故的预防不仅在于意识，还在于方法。既然事故是一种异常，就应该用异常的思路来解决。举个例子，你们的安全操作规程告诉大家应该怎么做的'正确'做法，而发生的事故却是由'错误'的做法导致的，如果用'事故'的思维思考哪些是错误做法及导致的后果，是不是会更有效？还有那些安全标语，目的是什么？你强调'喷嚏'是意外，但当一条马路上的井盖没了，发生事故是迟早的事情。你看那些连接电脑主机的插线够复杂吧，但是拔掉后，连一个不懂电脑的孩子都不会插错，因为防呆措施做到了位。"

第一篇　征程

李刚边听边反思，杨老师在直指安全管理的软肋。李刚继续请教，"每次工伤事故后，我们都实施了事故原因分析不清不放过、事故责任者和群众没有受到教育不放过、没有采取切实可行的防范措施不放过的'三不放过'措施，可为什么事故还是时有发生呢？"

"即使你解决得再彻底，也只是解决了针对某次工伤或某类工伤的'点'的问题。"

"的确是这样，杨老师，那什么叫安全的'线'的问题？"

"你们统计、分析过历史工伤的原因，并采取了针对性措施吗？"

"有过，只是不知道算不算系统。对工伤部位，致伤类型如物体打击、机械致伤、运输伤害、高处坠落等都分类分析过，甚至还开展了"人机料法环"的分析，发现导致事故发生的原因有麻痹大意、侥幸心理、违章操作等，但预防效果并不好。"

"这就是'线'的问题。历史工伤事故只是已经发生的，并不能涵盖所有可能发生的工伤，在其他方面仍有可能存在的隐患，这就是'面'的问题。你们在分析'线'的历史事故时，采用的分类方法似乎套用了一些不易落地的概念。有几个维度，建议你思考一下：在事故发生的时间上，要记录月度节点、小时节点等；在空间位置上，要分析发生事故的点位和频繁发生事故的设备等；在移动空间上，要分析导致事故的主要移动类设备；在工伤部位上，要分析安全防护的工装夹具等防呆措施情况；分析导致工伤的问题类型最复杂，包括意识、知识、能力、方法、他人因素等。"

"杨老师，您能不能解释一下，该如何思考安全的'面'的问题？"

"你应该知道《扁鹊见蔡桓公》吧？"听到李刚的肯定答复后，杨成坤继续说："真正的高手是扁鹊的大哥，他能防患于未然。你们的未然，只有实际操作的当事人最容易找到。而在安全管理上，要设法让安全管理员、班组长和员工分别干自己该干的事；最好让有可能减少安全事故的相关人行动起来。工伤事故发生前，最容易发现问题和发出提醒的是当事人周围的那些操作人员，而不是领导。另外，针对众多原因，要用系统化的思维方法思考，必须做到原因互斥和独立。第一步，通过反证的方式，识别出其中非本质的原因，即：如果没有这个原因，这个问题还会发生吗？逐渐剔除非核心因素；第二步，针对筛选出的这些独立原因，利用五个'为什么'的思路逐一剖析，是什么原因导致了这个问题的产生，穷根究底，直到找到最原始的驱动因素；第三步，分析这些驱动因素的协同效应，这些因素是独立的，还是彼此之间具有逻辑或者传导关系，然后再分析这些因素对原始问题影响力的着力点、方向、大小、时序上的差异。经此分析，导致问题产生的核心因素就会跃然纸上。只要找到了驱动因素，方法也就水到渠成。"

李刚将跟杨老师的对话，思考了整整两个晚上，思路逐渐清晰起来。

第一步，组织联合大检查。排查所有的安全隐患点，包括漏电保护、漏气保护、裸露电源线、安全防护失效设施等，并安排责任人限期整改。

第二步，与安全员一起统计和分析近三年的安全事故。找出导致事故的共性因素和个性原因，拟定相应的措施。对本次事故，仍执行"三不放过"的原则。

第三步，安排每个操作岗位自行分析：可能的事故类型会有哪些，事故的原因及后果是什么。并将讨论修改后的"错误操作"归类张贴在操作设备旁，时刻提醒操作者。

第一篇　征程

第四步，界定不同管理岗位的职责。安全管理员主要负责实施预防性措施，包括：定期识别危险源，危险等级分类管理，统计分析历史工伤事故并制订相应措施，以及监督各级的安全管理等；班组长主要负责监督员工的日常安全行为，如劳保用品的穿戴。

第五步，界定危险源安全等级并拟定对策。对可能导致重大工伤的事故隐患一律实行"审批制"，强制执行防护措施和应急预案，如电工类操作、登高作业、仓库动明火、储氧罐启停等。对重伤类或重大财产损失类隐患，一律实行"许可制"，如行车操作及维修、叉车操作等，在人行道移动设备上装配相应的铃声设施，跟"倒车，请注意"一样，一旦移动就会发出警告，以提醒周围的过路者。对轻伤类事故隐患，如穿戴护目镜、工装等，一律实施定点、定时巡查。

第六步，制作一批醒目的安全标识。将标识张贴在存在安全隐患的操作设备前，让操作者一旦开始工作就能受到提醒，不断强化员工的安全意识。

第七步，设置安全流动红旗，实施工伤"连坐"制度。一旦某个员工遭遇了可通过提醒避免的安全事故，周边的操作者一律承担连带责任，以避免员工对他人的违章操作漠不关心。

第八步，尽量用工具代替手工。能用工具的，一律使用工具，尤其是冲床、折弯和剪板、下料工序，尽量避免身体接触到设备的运动部位；同时，整合已有的工装夹具，并推广使用。

第九步，公布举报制度。拟定、公布对安全工装夹具等发明的奖励制度与安全隐患举报制度，以便不断推动改善。

在汇报以上措施时，李刚附上了历史事故导致的经济损失，同时提报了实施上述措施的简要预算。措施被生产经理上报公司后，很快获得了批准。

生产经理安排李刚全权负责推动生产系统的安全管理升级。

李刚通过分析近三年工伤事故发现，在每天午后2~3点、凌晨1~2点，事故发生率最高，因此在这两个时间节点，公司强制停工一刻钟并举办集体活动。分析发现，工件掉落是造成员工腿、脚轻伤的主要原因，因此李刚对工件运输和存放进行了限高并在工具架上增加了护栏。

以上系列措施实施后，安全事故发生率迅速降低了90%，从此没再发生过重伤以上级别的安全事故，困扰企业的安全问题得到了有效控制，连班组都形成了主动组织安全交流活动的惯例。

因安全问题的顺利解决，生产经理成为公司重点培养对象，外出学习一周。也就是说，李刚这些天来的辛劳，都是在为生产经理做嫁衣。李刚有些想不明白。

"对你来说，你想要的是这点功劳吗？业绩归你又能怎样？你应该跟杨老师说的那样，要为十年后的成功做积淀。这期间更重要的应该是获取经验和知识，而不是攀比虚名。你的时间不要用来追一匹马，而是要用追马的时间去种草，待到春暖花开时，自然就会有一群骏马任你挑选。你仔细思考一下，哪怕不给你任何好处，这些历练不正是你渴望的吗？"

听了恋人小张的一番话，犹如醍醐灌顶，李刚不再纠结于成绩的归属问题。

车间的安全问题总算解决了，但此时李刚连续踩到的两个"雷"，却让他的安全成了问题。

第一个"雷"是，生产经理外出培训后，管理车间的重任再次落到了李刚的肩上，但真正的问题是，生产经理外出培训前和营销部门一起接下的大客户魏总的那个异型订单，根本无法按期交付，李刚曾对交期提出过反对意见，不过没有被采纳。此时，这个"锅"却落到了李刚的身上……

第一个"雷"尽管很严重，但不足以影响有一定业绩支撑的李刚。问题出在了紧随而来的第二件事上：

一天，总经理传达了集团要求全员提交创新方案的通知，要求各分公司和部门统一收集、提交创新方案，由集团战略部申请国家专利，同时告知该项活动将纳入中层主管的考核。

一时间，中层主管和员工们议论纷纷，显然这是个"不靠谱"的通知，连研发部门都没科研成果可言，公司的行政、财务部门等还能搞出什么发明专利？

基于对企业负责的态度，李刚撰写了一份报告，详细分析了这项工作的利弊。其实无非是分析这项工作的不可行性。

大多数部门的主管，也都知道这是一项无法完成的任务，于是在不影响日常工作的前提下，敷衍性地上交了几条合理化建议。只有品管部的负责人，发动品管部的所有员工全力以赴地搜罗了一大堆对生产工艺、效率几乎没有任何实质意义的方案，甚至还因此影响了日常工作，导致客户的重大投诉。

让李刚大跌眼镜的是，这项活动最终考核的结果是，品管部主管官升一级，调往集团任职，其他人的职务没变，而自己则被撤职。尽管自己被撤职的表面理由是重大订单延误，实际上大家都能看出来，撤职的真正原因是李刚提交的报告和其代管的这个生产部门消极的态度。

可这也太不可思议了，自己明明为了企业考虑，却换来了这种结果？！李刚本想提出辞职，但他还是忍下了。他暗下决心，无论如何都要弄个一清二楚。

为了弄清原因，从不请托关系的李刚专门请了邻村老乡——总裁办的副主任去了星级酒店。酒过三巡，李刚提出了自己的疑惑。

醉醺醺的老乡直言道："没辞退你，已算是万幸了。"

"为什么？"

"你以为领导没你聪明？你说的这些事人家都不明白？"老乡叹一口气，"你把这件事看透了，可没看透事情背后的原因。你以为领导都是吃饱了撑的，在忽悠员工或者在忽悠你吗？每个看似愚蠢的决策背后，其实都有着无数复杂的不为人知的妥协和无奈。有些事情也没法简单地用对错来评价。你知道在全员大搞创新发明的时候，公司的流动资金还有多少吗？"

李刚摇了摇头。

"那时公司早已入不敷出，所以急需造梦吸引资金，给风投造梦，给银行造梦，给上市支持者造梦，给供应商画饼……在企业造势之际，你却在内部发声极力反对，在企业的生死攸关之际，不能跟公司高层保持步调一致，留之何用？事实是，我们集团正是因为这项活动，才吸引到了各方面的资金，顺利渡过难关。你看透了战术，却没看透战略。三国的行军主簿杨修之死，不是因为他把事情看透，而是因为他不懂得适时闭嘴……"

第一篇 征程

4
撤职又遭遇艰难清欠

这个世界上,没有人能使你倒下,如果你自己的信念还站立的话。

——黑人领袖马丁·路德·金

天色渐晚,海风并没把酷暑的炎热带走。恋人张秀华陪着默不作声的李刚,赤脚走在柔软的沙滩上。

海水卷起一层层的浪花,将人类强行塞给它的尘埃污垢,一遍遍涤荡。他们刚留下的清晰脚印,也随即被一波海水抹平。

这次的订单延误事件,导致客户巨额索赔。尽管有传言说,这个不该接的订单是有人故意进行利益输出,但直接结果是,李刚的生产部副经理职务被免。

毫无营销经验的李刚被安排进谁都不愿意去的清欠办。清欠办,整天干的就是催债要账、发律师函、打官司这些事儿。

这次安排,让李刚感觉自己被放到了这七月盛夏的太阳下炙烤。

自从跟杨成坤老师见面后,他脑子里一直萦绕着杨老师的那句话:自己十年后该是什么样子?

这时他想起了洛克菲勒的故事。

很多人都想知道,是什么原因让洛克菲勒先生走向了财富的顶峰。

和洛克菲勒同时代的钢铁大王卡耐基也有这个疑问,所以他建议一个年轻人去研究一下,美国这些富豪名流成功的背后有没有共同的规律。

这个年轻人名叫拿破仑·希尔，他花了25年的时间，访问了500多名商界和政界的名流，最终发现那些人成功的第一个秘密——拥有比别人强烈得多的欲望。

这个欲望如果不能实现，会让他们倍感痛苦，痛苦会驱使他们一定去采取行动。

这时恋人张秀华约李刚看了《少林足球》，其中周星驰有句台词让李刚感触很深，"做人如果没有梦想，那跟咸鱼有什么区别！"小张也鼓励他：前行的路上，要么被挫折击倒，要么昂首挺胸跨过去。人生的意义，不在于你经历了多少次失败，而在于有几次从令人绝望的困境中爬起来。

李刚决定，哪怕在清欠办，也要做出点出彩的事情来，力争做到公司内"前无古人，后无来者"，让自己经手的任何事情，别人都无法超越。

清欠办加李刚总共三个人。清欠办的领导姓季，文质彬彬，为人正直，之前是个律师。他拿李刚当兄弟，也从没因李刚被贬职而看不起他。另一个同事名叫刘岩，比李刚大三岁，性情耿直，平时喜欢舞刀弄棒，看他的光头和文身就知道，这不是个好惹的主儿。刘岩比李刚早进清欠办一年，对李刚非常客气。三个人相处得比较融洽。

清欠办的薪酬结构是，保底工资+呆账清欠提成。公司目前6000万元左右的外欠款，其中有3500多万元已超账期。账期超一年的呆账大约有1400万元，清欠办的主要任务就是追回这些呆账。

很快，李刚被安排了第一次出差，跟刘岩一起去催债。

一路上，刘岩讲了很多跟那些老赖们斗智斗勇的故事。他告诉李刚，这些呆账中，有一半是由质量纠纷等原因导致的，回款难度极大；有些超期负债的经销商仍在合作，关系还不能搞僵，这也增加了清欠难度；而有些债务即使打赢了官司也要不回欠款，因为没人替你去执行。

刘岩建议李刚，最好能改变个人形象，譬如搞个文身什么的，因为那些故意拖欠的经销商个个都是老油条，常常见人下菜碟。如果看上去像个奶油小生，对方根本不会理你。

李刚只是一笑了之。

不过，刘岩的提醒没错，李刚的几次单独催债，几乎都吃了闭门羹。灰头土脸的一个多月下来，跑了十余家，满打满算也只是要回了两笔共2.34万元的欠款。一次是因为他帮着对方卸了一上午的货，人家看他实在，也就不再计较之前的原因，将拖欠的八千多元一次性给了他；还有一次是巧遇夫妻两个因为孩子的兴趣班问题吵架，听说李刚是名牌大学毕业，就让他给评评理，李刚哪敢随便评价，只是大讲孩子性格与匹配的学习规律，并帮孩子拟定了一套学习计划，作为回报，夫妻俩将一万五千元的尾款一分不少地给了他。

不过，经过与经销商和业务员的接触，李刚有了一个全新的想法。这种事后催债的方式只能事倍功半，浪费人力财力，还不见成效。如果将"催债"前置，把整个回款看成是一个大系统，提前进行风险识别和预防，就能从源头上减少欠款。然后再利用利益驱动的策略，让经销商主动减少欠款。之前走法律程序的依据，主要看对方是否仍在合作，这显然不恰当，有些仍在合作的经销商，欠款越来越多，风险也越来越大。因此，走法律程序的依据应该是风险等级，这样才能更好地规避风险。

按自己的这个思路操作下去，也许能大比例地压缩外欠款，这对企业来说不仅增加了流动资金，还减少了潜在的风险。他向季主任汇报了自己的想法，并问季主任，能不能向公司申请改变清欠办的提成办法，采用欠款总额提成法，哪怕是现在提成比例的一半都可以。

李刚将如何"前置"的具体运作思路解释了一遍。刘岩听完后表示赞成，并建议道，这些办法不能事先告诉领导，等他们同意提成方式，签完对赌协议后，再提交具体方案。

季主任向公司汇报了李刚的想法后，领导认为如果方法奏效，不仅能节约大量财务费用，而且还让销售回款进入了良性循环，而对赌协议，也不会让企业损失什么，还节省了部分费用，因此同意清欠办以目前的6000万元欠款为基数，降低部分清欠费用比例后，按之前清欠办提成的45%核算。

于是，清欠办与公司签订了提成与总欠款降低的对赌协议。协议中约定市场部、营销部、财务部必须做相应的配合，并提出具体的配合要求。之后的工作，方案拟定以李刚为主，季主任负责方案的整体推动，李刚与刘岩配合跟进。

方案具体内容如下所述。

第一步，对客户进行分级，识别风险客户。对公司现有的800多个经销商，包括账期经销商、现金经销商、"僵尸"经销商等进行分级。尽管他们的账期不一、拖欠时间不一、销量不等以及合作时间不同，但公司最关注的是该客户对公司的利润贡献值。客户利润贡献值=（供货单价-公司成本单价）×期间销量-账期资金贷款利息-返利优惠-销售提成-费用分摊。李刚根据经销商利润贡献值不同，将公司800多个经销商分为五级：高利客户（A）、良好客户（B）、一般客户（C）、微利客户（D）和负利润客户（E）。前两类为优先级经销商，约占34.6%。

第二步，制订客户利益驱动策略。只有经销商主动压缩账期，才能减少外欠款。因此，市场部协助制订账期压缩的优惠政策，譬如对优先级客户确保旺季供货，提价时给予更长的缓冲时间和更优惠的返利政策等；对贡献率级别低的经销商，增加账期的赊欠利息。同时公开评级标准，让经销商因利益主动缩短账期。而对新客户，原则上"先款后货"。

第三步，回款与业务人员利益挂钩。由市场部协助制订提成政策，将之前的提成结构"回款×计提比例"变更为"回款×计提比例－区域欠款利息×比例系数+清欠任务激励"，这就促使业务员主动去压缩客户欠款，而不是利用公司的账期充当"老好人"。

第四步，回款任务分配与指导。在月底营销会议上，按业务区域，将片区经销商的分级明细交给责任业务员，然后从每个大区抽取几名业务员进行培训，大区经理与责任业务员、营销副总等均要参加，示范阶段工作由清欠办牵头，从负利润客户开始，逐一分析欠款的原因、客户性格、适合采取的回款策略等，同时按一定比例向各片区下达当月的清欠考核任务。大区经理学会这种模式后，再推广。

第五步，建立预警系统，并实施四级催款模式。之前的很多欠款是因到期后业务员没有及时催要造成的。因为业务员既要维持跟客户的关系，还要扮演催款的"坏人"，角色就相对尴尬。因此，实施等级催款的措施是：第一级，账期日的前三天，由业务员开始提醒经销商还款；第二级，过一周未回款的，大区经理出面跟催；第三级，超期两周后财务人员出面跟催，并告知客户其欠款情况已被记入评级系统；第四级，若三周后仍未回款，由清欠办出面交涉，直至发律师函和起诉。

客户等级标准制订出来后，让很多人没想到的是，公司最大的经销商魏总居然是E级客户，也就是说，这些年来魏总一直在为公司创造负利润。

分级名单拟定上报后，消息灵通的魏总就立即安排人给清欠办的三个人送来了礼金卡，但被他们直接拒绝。

一系列清欠措施实施后，效果出人意料的好。短短三个月的时间，外欠款总额竟直接压缩了47%左右，随着措施持续发力，压缩掉2/3指日可待。

清欠办的三个人乐开了怀，随着清欠效果的显现，提成额也越来越大。李刚买房子的梦想眼看着就要实现了。

此时，最先核算提成的财务部突然站出来提出了抗议，强调自己在这次清欠过程中功不可没，随后市场部、营销部也要求分一杯羹。最坐不住的是公司高层，毕竟清欠办这种巨额提成，相当于埋下了一颗地雷！

在领导的软硬兼施下，清欠办提出提成减半，并拿出部分提成奖励给配合部门，但领导仍不同意。双方分歧太大，协商无果后清欠工作基本处于停滞状态。

当领导知道这背后出主意的人是李刚后，一战成名的李刚又被一纸调令调入了营销部，他后续提成自然也就化成了泡影。

接下来等待李刚的，却是更加艰难的市场开发。他必须去见一位常人根本没机会接触的大人物，还必须说服他……

5

"菜鸟"智闯三关见"大咖"

所谓门槛，过去了就是门，过不去就成了槛。

之前，李刚一直希望自己能有机会进入营销部。他知道，无论未来做职业经理，还是自己创业，营销经验都是不可或缺的，只是他没有想到的是，自己竟以被扫地出门的方式进入营销部。

不过，让李刚感到开心的是，短短五个月的收入，更确切地说，是四个月的提成就超过了自己几年的工资收入，在这小城，房子的首付和简装费用都不成问题。他打算过几天就让恋人小张去物色她喜欢的房子。

进入营销部后，杨总将李刚安排进了销售冠军大区。这个大区的业务员最多，人均销售额也最大，一个大区的销量就是其他五个大区销量总额的一半。大区经理名叫刘志良，外号"狼之刘"，他曾将倒数第一的区域做成了销量冠军。

之前李刚与他有过几次接触，可以说他对李刚的印象有好有坏：李刚在生产系统期间，将交货周期压缩了一半，这个成绩是有目共睹的，他们也受益最大，在客户开发和网络维护方面都获得了极大提升；但另一方面，他们花费了两年多心血培育，即将合作成功的500强外企客户，也是因为生产部弄丢的，那时李刚就在生产部担任副经理，负责工艺和设备。因为这事，"狼之刘"还到生产部大闹了一次。

那次验厂，是外企故意搞的一次突然袭击，连营销部都没人事先知道。对方到了生产厂区门口才突然告知，结果发现实际情况与之前考察的结果大相径庭。

看到李刚报到后，"狼之刘"没半句废话，直接问李刚，能不能做到比普通业务员多磨坏一倍的鞋子，如果能做到就留下，做不到该哪里玩儿就去哪里玩儿去。

"狼之刘"的管理果然严谨，不仅有月计划、周计划，就连次日的出访计划也必须提前一天报备，当日出访的总结必须在当晚9:00前交给他，"狼之刘"逐个阅后批复。李刚大致计算了一下工作量，"狼之刘"每天晚上11:00前不可能有时间休息。以前李刚总以为自己的工作最辛苦，其实很多人比他更勤奋。

在大区的第一个月，"狼之刘"主要给李刚安排了三项工作：熟悉市场、了解竞品信息和修改招商用的产品手册。本来市场部已经有了产品手册，但"狼之刘"并不认可，说那叫"自嗨"手册，只是王婆卖瓜自卖自夸，并没有站在客户的角度考虑产品，他几次告诉市场部自己的意见，但市场部似乎并没有真正领悟他的意图，所以他干脆自己搞。

李刚对生产工艺比较熟悉，很快就发现手册有许多错误，还有很多重要的质量管控环节没有体现。李刚参考了其他企业的宣传手册，并调整了图片和内容，用了两天的时间便顺利交稿。

两个小时后，"狼之刘"找到李刚。李刚满以为自己的高效会得到表扬，没想到被批得体无完肤。

"你写这个手册是干什么用的？你强调的质量、工艺是什么目的？经销商最在意的是什么？终端消费者最在意的又是什么？这些问题你都想明白了吗？""狼之刘"的提问如连珠炮一般。

李刚瞠目结舌，他确实没考虑这么多。

第一篇　征程

"无论对经销商还是对消费者，产品只是工具，产品质量也只是桥梁。经销商通过你的产品，想获得赢利，想得到便捷高效的供货，想满足他们核心目标消费群体的需求，且希望产品便于安装，售后麻烦少。你这里面连最基本的都没提炼出来。即使对消费者而言，任何一个指标背后都是一体两面，关键在于能否满足他的核心诉求。例如，质量越好的汽车，价格往往越高；油耗低的汽车，往往安全性能偏弱；而功能越多，质量也就越难保证。任何产品，都很难做到十全十美，关键要看接受你产品的那部分群体最在意的是什么。市场上有那么多同类的产品，消费者凭什么要买我们的？建议你先深入了解市场，回过头再做这个手册。"

李刚一直自恃名牌大学毕业，傲气十足，除了老师杨成坤能让他佩服，很多人他都没放在眼里，只是嘴上没说而已。哪怕对一向挑剔的"狼之刘"，李刚之前也没看得起。但"狼之刘"的短短几句话，却让他醍醐灌顶：以往总认为自己怀才不遇，并肤浅地认为自己很快就能超越"狼之刘"，现在看来是多么的愚蠢可笑！

再回过头来看自己的设计，简直就是一堆废纸。

"狼之刘"并没急着要招商手册。李刚则主动要求增加工作量，一边调研市场，一边参与市场开发。

他进入市场后，才真正理解了业务员的艰辛，说活着必须要有尊严的人，一定不会去做普通企业的业务员。

他对业务员的看法发生了根本性的转变，甚至有些懊悔当初在生产部时，只考虑自己部门的利益，把营销部的要求看成是"刁难"。其实，如果不能提供质量稳定的产品和服务，业务员再怎么努力也是枉然。

李刚白天做市场调研，晚上就构思产品手册，甚至连吃饭睡觉时都在思考。公司的产品属于行业第三四位品牌，上面有几个品牌压着，下面受众多小规模厂家的围追堵截。他反复思考：经销商凭什么经销我们的产品？经销我们的产品能有什么好处？他突然想起那家500强外企，如果自己是这家企业的老总，会考虑哪些因素？

第一，产品能为对方带来利润吗？这显然没有问题，单品赢利空间要比第一二位品牌更有优势。

第二，产品适合他们的消费者吗？他们一般出口到国外，客户大多是高端客户，需要的是随时适应市场变化的定制类产品，而自己公司的柔性生产线正好可以满足。

第三，能高效便利地供货吗？生产订单系统改造后，供货效率已大幅度提升，甚至明显超越了第一二位品牌。他们淡季时给经销商供货周期为5天，而自己公司能做到低于4天；旺季他们最快11天，而自己公司能做到8天。这些都是明显的优势。正是当初生产系统的改造，提高了产品的竞争力，因此今年的订单数量相比同期出现了显著的增长。

第四，安装便利吗？这一点还存在一定的问题，尽管公司对所有组装孔进行了标准化改造，但错漏装问题一直没有得到妥善解决，在随箱配件的数量上总是出错。如果在包装箱内加几组小包装，每个小包装都用防呆空格处理，同时要求上游标准件厂家按规定数量封装，这既解决了错漏装问题，也提高了效率。李刚在客户那里实地安装了几套，感觉在标准化安装方面还有几个地方需要改进，但都非常容易解决。

第五，售后有保障吗？其实根源在于良好的质量。为了获得经销商的信任，可以把内外部的主要质量控制环节与普通竞品厂家进行对比，并告知经销商，公司采取了哪些措施来控制这些工艺参数。

第六，能获得信任吗？客户的"信任状"来自落地的承诺和亲眼所见。因此，可以将现场照片放到手册的最后一页，并承诺：欢迎新老客户参观,任何时候入厂,只要发现现场不如图片上的整洁,所有路费、住宿费用等都由本企业承担,并另外奖励一万元。有了这种利益承诺,就能有效消除对方的担心。

按以上思路设计完草稿后,李刚先征求了几位业务员的意见,做了修订后,上交给了"狼之刘"。

这次,他看到这只挑剔的"狼"露出了满意的笑容。

李刚每每看到业务员疲惫的身影,就为生产部弄丢了500强客户感到愧疚。在这件事上,自己有不可推卸的责任。

他产生了一个大胆的想法,向"狼之刘"提出申请,给自己一周的时间,挽回这个大客户。

"狼之刘"盯着他足有半分钟,突然笑了,"好样的!你为挑战而生!我就喜欢你这种个性!"

"狼之刘"把客户总部的地址告诉了李刚,同时提醒他,最后的那次突袭检查,带队的是他们亚太大区的品管总监,考察队伍中包括采购、技术和品管等部门的人员。当时,他们的采购总监听到考察的结果后,感觉很丢面子,认为被欺骗了,而且还在会议上做了检讨,因此他严令采购人员以后不得再跟我公司任何人接触。这次能挽回结局的关键,是直接见到他们的亚太总裁。

听完"狼之刘"的介绍,李刚倒吸一口凉气。自己当初考虑得还是有点简单,看来费心设计的见采购总监的招数都派不上用场了。据之前联系该公司的业务员说,以目前的状况以及他们的接待程序看,见亚太总裁的概率几乎为零,他们运作了两年,在没有负面影响的情况下,采购总监也只见过一次,对方的管理极为严格,想见他们的领导需要层层上报,门卫关、业务关、秘书关等,任何一关没有预约都很难通过。

李刚感觉既然自己已经决定了，就应该义无反顾，哪怕前面是刀山火海。他开始着手各项准备工作，同时突击早已放下的英语，特意制作了一份有关产品、关键质控点和生产操作现场的资料。

几天后，李刚来到了这家世界500强企业的上海总部。

看着那高耸的22层办公大楼和庞大的花园式工厂，李刚心里暗暗感叹，在这寸土寸金的金融都市上海，能拥有这么庞大的厂区，足可以看出这家外企雄厚的财力。

李刚在厂区外观察了一会，想寻找机会混进去，但这家外企的出入管理极为严格，出入者即使穿着带企业LOGO的工装，也需要办理出入门手续。

李刚本来计划的第一套方案是，跟保安套近乎，问出总裁的车型或停车位，蹲守到总裁上车时再出现，或者问出总裁的办公室在哪，干脆敲门进去。但严谨的保安，怎么可能和陌生人随便聊天？他的第二套方案是以应聘者身份进入办公楼。一般来说，一个陌生人可以公开拜访的企业部门有三个：采购部、销售部和人资部。采购部自然不能联系，他们的领导已放话拒绝接触；销售部，虽然可以以客户的身份预约，但约见完了总不能问总裁的办公室在哪吧，那样对方会将自己送出办公大楼。因此只有拜访人力资源部，先进去再想办法。

李刚挺胸抬头，走向了执勤保安。

"您好，请问您来办理什么业务？"

"您好，我是来应聘的。"

"请问您与人资部的哪位预约过？我跟他联系一下。"

"谢谢，不用了，您看这是刚跟我通过话的你们人资部的电话。当时我忘了问他的名字。"李刚拿出手机，让对方确认是他们人资部的电

第一篇　征程

话。早在进门前，李刚已打通他们网上公布的对外招聘电话，询问了正在招聘的岗位，虽然企业并没有招聘计划，但保卫并不清楚人资部门的业务情况。

保安确认完后没再多问，就让李刚填写了一张入门证并提醒他，出来前不要忘了让接待人员签字。李刚没敢多问，急匆匆地走向办公大楼。

他总算松了一口气，只要到了一楼的大厅，就可以通过大厅的办公室导引图，知道总裁的办公室在哪。

他走进大厅后，心一下凉了半截。大厅的前台居然站着两位笑容可掬的前台服务员，看她们露出八颗牙齿的标准式微笑，就知道她们平时训练有素，每天不知阻挡过多少贸然拜访者。只要跟这两位进行了对接，估计这次任务也就画上了句号，而她们又是绕不过去的"坎"，怎么办？李刚的脑子在飞速运转。好在有个休息区，可以让陷入困境的李刚喘口气。如果直接问总裁的办公室在哪，然后呢？就没有然后了；如果一直在大厅里等总裁出现，必然会被她们怀疑，再说鬼知道总裁在不在公司，什么时候会出来；采购部也不能去，人资部更不能去，自己连简历都没投递，再说人家也不招聘；只有去销售部谈业务这一个借口可以用，但又不能跟他们销售人员实际接触。

当李刚正在思索对策时，一位前台服务员主动走来，微笑着端给李刚一杯水，礼貌地问道，"先生，请问您找哪位？需要帮忙吗？"

"谢谢，请问你们的销售部在几楼？"

"在二楼，请跟我来。"她带着李刚走到了电梯处，随手帮李刚按了电梯。

电梯很快到了二楼，李刚先去了二楼的洗手间。之前的计划已全被打乱，此时只有在洗手间才不会被人注意，他也正好利用这段时间思考下一步该怎么办。二楼以上共20层，总裁的办公室会在几楼？总不能一层层地逐个办公室寻找，那样探头探脑地找到四五层，恐怕就会被查看监控的保安揪出来。李刚感觉自己不像在做业务，倒像个"地下工作者"。

看到一个业务员样子的员工在洗手，他急忙凑到相邻的洗手盆，主动打起招呼，并故作不经意地问道，"您好，请问总裁Mr Lee的办公室在哪？"

"您好，先生！很抱歉，我不向他汇报工作，不是很清楚。您可以问一下一楼的前台。"

难怪说，警惕性最高的是保安，保密性最强的是业务员。看来只能问这座大楼警惕性最低的那类员工，才有机会获得这个信息。

这时李刚看到了一位保洁员阿姨，就走上去礼貌地问道，"阿姨您好，麻烦问一下人资部在哪。"他先问了一个让保洁员放松警惕的问题，接着又随口问道，"对了，阿姨，总裁助理的办公室在几楼？"

"九楼，在总裁办公室的外间。"阿姨礼貌地笑笑。

李刚乘坐电梯到了九楼后，发现已到了午餐的时间，他心里七上八下，看来这个午休时间只能待在九楼洗手间了，考虑如何通过秘书关。

李刚计划通过对方的口音辨别对方的家乡，然后再找一些有关家乡的话题，来一步步套近乎，直到让对方给他预约总裁。

九楼总裁的办公室并不难找，因为每间办公室都有门牌。他利用午休时间，提前找到了总裁办的位置。

下午上班后，他直奔总裁办。

开门后，李刚眼前一亮，他没想到总裁助理这么年轻。眼前的这

第一篇　征程

个女孩，相貌、气质，很像自己的恋人张秀华，只是没有小张看起来高冷。

"您好，请问您是？"对方一开口就是标准的普通话，根本听不出是哪里人。

"您好，我想找总裁Mr Lee。"李刚递上名片。

"麻烦问一下，李先生跟Mr Lee有过预约吗？"认真看了一遍名片后，她把名片放进专用的名片盒。

"没有。"李刚想起哲学老师一再说过，大智若愚，大巧若拙，干脆直奔主题，"我有一份资料想交给他。"

"很抱歉，Mr Lee的日程早已排满，没有预约恐怕不方便安排。我可以帮您联系对口的业务部门。"助理礼貌地回答。

"我还是希望能见他一面。"李刚恳请道。

"李先生，您看这样好不？您先把资料放在这，等Mr Lee回办公室后，我再转交给他。"

"谢谢您，我会一直在这里等，直到见到他。"经过了五个月的清欠办工作和一个多月的业务部门历练，李刚的脸皮厚得跟城墙一样。

看到助理的眉头皱了一下，李刚马上解释，"我从山东赶到这里，只求您给我安排一分钟的见面时间，就一分钟！"

"我很理解您的心情，但我不能破坏制度，而且Mr Lee并不在办公室，今天开会也要开到很晚。"看李刚坚持要见Mr Lee，助理接着说，"这样吧，您先在接待室休息，我联系业务部门跟您见面。"

"我在接待室等，但业务部门就不用联系了，我只想见Mr Lee总裁一面，当面交给他这些资料。恳请您帮帮忙！"李刚一副可怜巴巴的样子。

临下班时，助理再次来到接待室，看到李刚还没有离开的意思，就说道，"马上要下班了，您看这样好不，我答应您一定会把资料和名片都转交给 Mr Lee，他如果同意约见，我会通知您。"

"非常抱歉，也请您理解，这次我的任务就是见到 Mr Lee，我会一直等到开会结束。"李刚坚持。

"饭您也不吃了吗？"助理笑笑，"您就不怕我叫保安来请您？"

"我看得出来，您不会的。对我来说，任务没完成，饭也吃不下。为了能见到 Mr Lee 总裁，其实午饭我也没吃。"

看着他坚定的表情，助理无奈地摇摇头，随后离开了。

半小时后，她给李刚送来了一份外卖。李刚感激地望着她，开玩笑道，"该下班了吧？您该不是在监视我吧？放心，我不会动一草一木。"

"哪有您想的那么轻松，总裁离开前我不会下班，必须等总裁安排完工作后才可以离开。您今天来得很巧，总裁明天就要出国。"她将签了字的接待回执交给李刚，临离开接待室，回头扔下一句，"其实我也是山东人。"

李刚心想，看来外企工作并不像外界传言的那么轻松。

晚上9:50，助理带着一位风度翩翩的男士走进了接待室。李刚一眼就认出是总裁 Mr Lee，跟网上的照片完全一致，只是清瘦了一点。

"非常抱歉，让您等了这么久，我一直开会到现在，听说您为了见我，午饭都没吃！"Mr Lee 握着李刚的手，不无歉意地说，"我敬佩您这种敬业的员工！"

Mr Lee 是位美籍华人，李刚事先准备的英语也就派不上用场了。

"Mr Lee 您好，以前贵公司曾去考察过我们公司，因为当时我们的管理确实存在很多问题，没能成功合作，现在已彻底改变，恳请您有时间看一下这份资料。"李刚将产品手册和光盘一起递给了 Mr Lee。

第一篇　征程

"好的好的,我一定会仔细阅读。"

"现在一分钟已到,我就不再打扰您了,谢谢您见我!"

Mr Lee怔了一下,然后伸出了大拇指,"你很棒!"Mr Lee说话时把"您"换成了"你"。

Mr Lee简单的几句话就能让人如沐春风。原来管理者人格的魅力可以这么大!

两天后,李刚的手机接到了一条信息:资料已阅,最近会去贵厂考察。缀名:Lee。

当"狼之刘"看到李刚手机上的短信后,兴奋地跳了起来。这次合作成功的可能性极大,李刚这小子竟然连亚太大区总裁的联系电话都搞到手了!

经过公司批准,李刚开始驻厂监督生产的每一个环节,以迎接这家500强外企验厂。

三周过去了,对方出奇的平静。公司上下一直都在绷紧着神经等待验厂,可连他们的影子都没见到。

这时,营销部却突然收到了对方采购部的信息,要求提交相应资料,同意小批进货。

后来得知,他们这次采取的仍是暗访,他们的考察人员悄悄进入参观队伍中,公司并没有觉察到。

李刚逐渐体会到,困难永远只是怯弱者的借口,办法总比困难多。很多事情不是不可能,只是因为用心还不够。

如果这次见Mr Lee更多靠的是"诡计"、脸皮厚和助理是山东老乡的运气,那么随后将一个"瘦狗"市场一举扭转为"现金牛"市场,则靠的是真正的智慧。

51

6

逆风飞扬，让市场起死回生

只有流过血的手指，才能弹奏出世间的绝唱。

——泰戈尔

在李刚成功挽回外企500强客户后，他的上司华南大区经理刘志良获得了集团嘉奖，而李刚也逐步获得这个以严谨著称的大区经理的认可。

"狼之刘"在营销部一直是神一般的存在。据说，在他手里没有卖不出去的东西。当初总经理费尽心思，从一个家电超市把他挖来，并力排众议任命他为大区经理，在他的带领下，仅仅用了13个月的时间，销售额倒数第一的大区就变成了人均销售额第一的冠军大区。李刚一直希望有机会聆听他的教诲。

几天后，刘志良将李刚叫到办公室，"之前，你一直在做辅助类工作，现在有两个机会：一个是成熟市场，主要做常规的市场维护工作；另一个是我们曾经两进两出的失败市场，它是品牌企业的必争之地，市场潜力巨大，也是我们向南纵深发展的战略要地，我本来计划亲自开发，但精力受限。这两个市场，你可以任意选择。"

"我选战略市场，挑战一下自己！"李刚毫不犹豫地回答。李刚的想法是，选择有挑战性的市场，不仅能锻炼自己，还能得到刘志良的更多指导。

"非常好。但你对这个市场要有充分的思想准备。做业务，关键是要跳出营销做营销。去市场前,我们先聊几个问题。告诉我,你在卖什么?"

"卖太阳能热水器啊。"李刚脱口而出。看到刘志良皱起眉头,李刚突然想起最近研读的营销类书籍,接着解释,"首先是卖自己,遇到不同的客户,采取不同的办法,譬如,生客卖礼貌、熟客卖热情、急客卖效率、慢客卖耐心等。"

"你说得不错。"刘志良耐心解释道,"但这只是手段,而非本质。任何产品都是桥梁或工具,要看到顾客透过这个工具想要达成的目的,如果跳不出产品的思维,永远只能是个低水平的业务员。我把业务员的水平分为五级:五流业务员卖价格,四流业务员卖产品,三流业务员卖服务,二流业务员卖需求,一流业务员卖价值,即为顾客创造价值,包括塑造客户身份的归属感和生活方式,其中也包含了显性需求和隐性需求。销售产品时,最重要的是先获取对方的信任,这就是很多顾客在购买自己不懂的电脑时,会直接选择亲人推荐品牌的原因。"

"那如何获得对方的信任?"

"获得信任前,卖什么一定不要吆喝什么。王婆卖瓜,会无意间将顾客推到自己的对立面,这恰恰增强了对方的不信任感。标榜自己产品的优势,这只是最初级的销售办法。中级做法是,以专业的角度告诉顾客判定产品质量的标准和注意事项,判定标准中暗含自己产品的优势,注意事项中隐含竞品的缺点,然后让顾客自己选择。高级策略是帮其所需,首先帮对方解决眼前最急需解决的问题,与对方建立起信任关系。这些事情往往看上去和销售无关,却是关键的敲门砖,可以打开对方的心扉。所以一名优秀的业务人员,需要掌握广博的知识。明白了这些,销售就成功了三分之一。"

"请问刘经理,剩下的三分之二是什么?"李刚听得入迷。

"在做这些之前，还有几个大前提需要了然于胸。你的产品卖给谁？如果想卖给所有消费者，必然以失败告终。首先，要识别出目标消费群体，然后再采取有针对性的措施，如果不是自己的目标消费者，不建议卖给他，否则后续会有很多麻烦。当然，也不建议撒网式地搞活动，不仅浪费大量资源而且效果不佳，这种活动或广告的费用，我从来不批。其次，清楚消费群体在哪里，用什么方式才能找到他们，以及如何建立起这个通道。再次，同类产品很多，人家凭什么买你的产品而放弃其他，也就是说，要明白目标消费群体产生购买行为的驱动因素是什么。最后，购买者在做决策时在考虑什么，而谁又在左右他的这种决策？这是另外的三分之一。还有三分之一是对人性的把握，优秀的业务员都是心理学专家，他能找出对方潜在的期望和人性的痛点，把它们跟自己的产品联系起来。你需要注意的是，我们面对的是经销商，而不是终端消费者，他们与消费者有完全不同的需求，但道理都是一样。你如果想明白了我说的这些，就不难成为一名出色的业务员。"

　　李刚本来想先借鉴老业务员的经验和做法，但被刘志良否决了。这个市场的问题就是由传统营销思路导致的，各厂家一味迎合经销商，打价格战，各种优惠条件"你方唱罢我登台"，将市场变成了一片红海。所以，不能用常规打法，需要放开手脚，用全新思路突围。

　　最后刘志良建议，不要一头"扎进去"，也不要盲目接触经销商，而是先想明白怎样"下市场"，充分做好市场调研后，再正面接触他们，并提供给他们真正需要的价值。最好先在较容易操作的县级市场练兵。至于市场的推广费，只要是合理的，都会支持。

　　李刚在清欠办工作时，曾转过一些市场，知道业务员的传统做法是，到了某个市场后，先找一名意向经销商，再设法让其购进部分产

第一篇 征程

品,甚至免费提供样品,这叫"铺货",有时一个地方还同时找几家经销商"铺货"。而经销商也只是将数个品牌的产品摆在店里,任顾客挑选。各厂家为了获得更好的摆放位置和经销商的优先推销,都竞相给经销商优惠条件。由于店面较多,市场混乱,经销商、企业都利润微薄。伴随着价格战的无序竞争,产品的质量也越来越差。也只有那些强势品牌的企业才会拥有专营店,但在其他厂家的围追堵截下,专营店的日子也不好过,于是经销商也会在专营店里偷偷摆放其他品牌的产品或宣传资料。

让经销商能赚到钱,才是根本。这样他才会大力推广自己的产品,而赚钱的前提是需要有大量的顾客购买。因此,研究的重点不是经销商,而是目标消费者。李刚暗自揣摩。

按照刘志良的建议,李刚找了一个100多万人口的大县。每天清晨,他从县城到乡镇,观察消费者的购买行为,询问消费者购买或放弃购买的原因,同时以购买者的身份了解商家的推介过程。经过了解,中高端顾客放弃的原因,大多是对产品质量存在顾虑,因为仅从外观看不出产品质量的好坏,所以很多顾客都通过转介绍的渠道购买。在调研过程中,李刚还得到一个信息,一些孩子不太喜欢洗澡。

经过近三周的市场摸底,李刚的整体构思基本完成。这次的促销活动主要针对中高端客户。因为高端客户不会因为某项活动的优惠专门采购,而低端客户不在目标群体之内,利润太低,也激发不起经销商的热情。

李刚的活动方案内容包括:

①特别设计宣传彩页。在彩页上进行编号,并特别注明,如果顾客带彩页去活动现场,可以领取奖品(奖品大约与油费相当,也就确保了驱车去现场的顾客大多有购买需求,奖品暂定为雨伞),彩页可抵200

元，交款后抽奖，最高奖是"一元购机"。

②解决消费者痛点。在宣传彩页上注明，"让孩子爱上洗澡"（洗澡时，热水器可以播放孩子喜欢的音乐）。在发放彩页时，附赠一块印有公司LOGO的儿童香皂。儿童香皂必须微信扫码才能领取，这能过滤掉部分非购买者，也留下了潜在客户的信息。

③让购买者放心。在彩页上注明"43道工序，道道精湛"；在现场让获奖的消费者随机挑选一台未开箱的热水器，现场开箱拆解，检查工艺。

④制造轰动效应，最大化吸引目标顾客。可用产品中的真空管现场煮鸡蛋、烤肉串。

⑤激发经销商的动力。14个乡镇，在每个乡镇中选出销量最大的代理商，在彩页上注明该经销商的地址和编号。给每个乡镇代理商发30~40份带有标记的彩页，他们无须做任何销售工作，只需把彩页发给潜在客户，如果客户产生了购买行为，就奖励经销商50元，同时他们还能挣安装费。县城只发200份彩页，除了店面发放，还在新开盘但没集中安装热水器的小区散发。

⑥投放电视广告。在县城地方电视台的影视频道，连续一周滚动播放活动信息。

⑦抽奖活动。根据预算，将交全款的客户分为20人一组进行抽奖，一等奖为"一元购机"，二等奖为"300元购机"；交500元定金者，40人一组抽奖。告知县级经销商，提前一周蓄客，届时可现场参与抽奖。

⑧活动时间选在周六或周日，并安排人员负责现场拍照和录像，作为开发下一个市场时的宣传资料。

方案提交后，很快得到"狼之刘"和公司的批准。开发音乐机型，倒是容易，只需在自动上水器上增加个防水MP3接口即可，里面可提前存入

第一篇 征程

一些儿歌或儿童故事，也可由顾客自行下载喜欢的歌曲。

天气渐热，随着各项准备工作的就绪，太阳能热水器的销售逐渐进入了旺季。

看到时机成熟，这天，李刚起了个大早，来到了那个县级经销商的店面。得益于之前的准备工作，他对这个经销商的很多情况已了然于胸。

这个经销商的店面并不小，但凌乱地摆放了四五个品牌的产品，有的热水器上还随意摆放杂物。李刚公司的产品摆在了角落里，上面落满了灰尘。

冷冷清清的店里只有老板娘一个人，李刚递上名片并自报家门，还没等他说话，老板娘就开始滔滔不绝地大倒苦水，并抱怨说各种品牌的业务员让她应接不暇。

不一会儿，老板也来到店里，李刚就把活动方案向经销商做了介绍。经销商欣然接受了这个方案：一是他们经商多年，自然知道方案的含金量；二是他们的这批样品只是预付一半的货款，待预售后，再打余款；三是公司无偿投入了一些活动经费，即使销量不大，对他们店面也是一次很好的宣传。

随后，开始了紧锣密鼓的活动筹备。就在活动前两天，刘志良亲自到市场对产品摆放方案、奖品发放和客户登记等细节进行了详细的安排和调整，并参与制订了天气不好时的应对方案。在活动举办的前一天，其他区域的10名业务员陆续赶来。有了这些经验丰富的业务员的参与，工作开展得有条不紊。

活动当天艳阳高照，出乎李刚他们意料的是，活动现场一下竟涌来近2000人，整个广场人山人海，连警察都出动维持秩序。

这次活动大获成功，包括预付的订单，共卖出341台。遗憾的是，尽管事先已向相关部门报备，但仍被处罚了3000元。

活动结束后，"煮鸡蛋"的太阳能、"会唱歌"的太阳能，很快传遍了大街小巷。看到这种太阳能热水器如此畅销，经销商们争相进购。那些事先因宣传彩页获利的经销商，热情更高。为了防止恶性竞争，李刚决定每个乡镇只设一家总代理，总代理的资格由进货量排名决定，并统一由县级经销商管理。在竞争排名下，活动后的进货量远大于活动现场的订货量。

活动迅速推广到该市的其他县城，这个曾经开发失败的市场完美地启动了，产品的销量直接碾压其他品牌，稳居第一。这个人人不看好的"瘦狗"市场，在李刚的成功策划下，一举成为公司的"现金牛"市场。李刚也因此获得了丰厚的提成收入。

刘志良大区的其他市场也推广了这个模式，整个大区的销售额突飞猛进。刘志良的大区也由12人，迅速扩展成了31人。

这期间一月数万的提成让李刚喜不自胜，再这样下去，不用两年，就可以提前还完房贷。

此时，一个意外的竞聘消息让李刚再次陷入纠结……

第一篇 征程

职场岔路 1
在不对称竞争中竞聘人资经理

既然我已经踏上这条路,那么任何东西都不应妨碍我沿着这条路走下去。

——康德

转眼间又过了半年。正当李刚在营销部干得风生水起,大展宏图时,公司贴出了一个公告:公开招聘人资经理,任何人均可参加竞聘。想到自己兼修的第二学位是人力资源,李刚心里不由得一动。

自己也到了谈婚论嫁的年龄,为了获得恋人的芳心,自己曾成功挫败了一个排的竞争对手,最终花落自家。可因为自己的贫穷,到现在张秀华都没敢向家里透露自己的存在。

但如果一直在外面这么飘下去,谁能确保感情就牢不可破?

这次竞聘人资经理的机会一旦错过,也许就是终生的错过。可自己目前的收入已经是人资经理薪资的三四倍,如果将自己好不容易开拓的市场和高收入拱手让人,如何舍得?而且再过几年谁能确保还有这种高收入的机会?

但业务吃的是青春饭,过了35岁之后怎么办?而且谁又能确保这种提成政策会一成不变?自己在清欠办时的经历就是个例子,高额的提成就在眼前,到头来还不是竹篮打水一场空。

从个人长远发展的角度看，自然应该竞聘人资经理；但从眼前收入的角度看，自然不该放弃唾手可得的利益。再说，谁知道自己能否竞聘成功？

李刚陷入了职业选择的困惑中。虽与恋人探讨过，但也无果。恋人更倾向于竞聘人资经理，而自己则倾向于再继续做一段时间的营销工作。李刚内心最希望的是，先结婚，再继续做营销工作，但恋人又不同意。

李刚想起了那个著名的"确定效应"。

将两个选项放在一个人的面前，一个是可以直接拿走的一百万，一个是有50%概率能拿走的一千万，选择哪个？

很多人都选择前者，是因为"确定"！

它是由获得诺贝尔奖的行为经济学家丹尼尔卡尼曼提出的，意思是：当人们面对确定的小收益与不确定的大收益时，一般都会选择确定的小收益。

换句话就是，当人们处于收益状态时，大多数人都是风险厌恶者。如此一来，内心的恐惧束缚了很多人。一个人要想获得较大的成功，必须克服这种恐惧。

李刚心里还是有点拿不准。他想起了杨成坤老师曾告诉过自己，人生紧要处往往就三两步，一次岔路口的选择，很大程度上决定一个人一生的命运。

李刚本不想再麻烦杨成坤老师，但犹豫再三，还是拨通了杨老师的电话。

"你人生的目的是什么？"李刚叙述完自己的困惑后，听到的还是杨老师惯用的苏格拉底式的提问。

"既要爱情，又要财务自由。但现在二者矛盾。"李刚不假思索地回答。

"你不要人为地割裂二者。先说你的财务自由吧,也就是挣足够的钱对不?"听到李刚肯定的回答后,杨老师继续问,"挣了钱,然后呢?"

"希望能够有尊严地活着!"

"怎么才算有尊严地活着?"

"获得社会的认可和别人的尊重。"

"是的,怎么才能获得别人的尊重?回答这个问题前,给你补充一个问题,再回到你的财务自由上,你认为做总经理能获得长期的财务自由,还是做业务能获得长期的财务自由?"

随后,杨老师讲了俄亥俄州立大学心理系教授Hal Arkes和利物浦大学的Catherine Blumer在1985年做的一个实验:

他们让实验对象假设自己花了100美元买了密歇根滑雪之旅的票,但在那之后发现了一个更有趣的威斯康星滑雪之旅项目,却只要50美元,于是也买了它的票。

然后,研究者让实验对象假定,这两个项目的时间发生冲突,但两张票都不能退或者转让,只能选择其中的一个:是选花了100美元的那个"不错"的旅行,还是选花50美元的那个"绝佳"的旅行?

在实验中,有一半人选择去参加前者——那个更贵的旅行。虽然它可能不像后者一样有趣,但是不去参加它的话,感觉损失也更大。

一件事情,当你用损失来衡量时,它就会在你的头脑中萦绕不去。一个人因失去而承受的痛苦,比等量的东西带给他的快乐,强烈2.5倍。

贫穷能限制一个人的思维,让人更加看重眼前既得的短期利益,杨老师讲述了自己年轻时曾走过的这种弯路。

通完电话，李刚豁然开朗。如果希望自己10年后成为高级职业经理或知识全面的领导者，生产、营销、人资这三个模块的经历必不可少，而且一旦做了高管，那放弃眼前这点短期利益又算得了什么？

营销部门的同事听说李刚竟放弃高收入竞聘人资经理时，几乎都惊掉了下巴：无论换哪种工作，不就是为了多挣几个钱吗？为什么傻乎乎地放弃到手的钱不挣，去找别的虚无缥缈的机会。

李刚笑笑，不置可否。

只有大区经理"狼之刘"坚定地支持李刚的选择。

没想到，营销部杨总坚决不同意放人，并传话说这也是总经理的意思。

这次李刚跟恋人的意见高度一致。既然目标已经确定，他就义无反顾。公司公开通知任何人都可以参加竞聘，如果唯独不让自己参加，说明这家企业就不值得留恋，选择离职也认了。

公司领导看他态度坚决，而且明文规定所有员工都可参加，不让李刚参加也说不过去，万一他离职跑到竞争对手那里，公司的损失会更大。再说，从李刚的经历看，如果让他负责人资部门，也许能折腾出点儿新鲜点子，总经理也就默许了他参加竞聘。

其实这次公开竞聘，是集团统一的要求。新上任的集团总经理明令要求，所有即将上任的中层管理人员，必须通过公开竞聘的程序选拔。

这次参加人资经理岗位竞聘的共有6位，除了李刚外还有人资部门的2人，总部1人，其余2人分别来自行政和生产部门。

从竞聘程序看，这次竞聘比普通的面试更加复杂和艰难。大家知己知彼，各有优势，再加上复杂的人际关系，李刚面对的无疑是一次巨大挑战。据清欠办的老朋友刘岩分析，竞聘的6人中，3个人有特殊背景，他甚至听说人选已经内定了，这次竞聘只是走过场。

李刚相信，亲不挡理，桥不挡水，终究邪不压正。很多时候，人的失败是失败在自己的内心不够强大，把简单的事情想得过于复杂。

　　当李刚研究完公开竞聘的程序后，信心大增。这套程序显然出自一个高手，作弊空间非常小。竞聘者的得分由答辩（50分）、民主评议（30分）、直接主管评议（20分）三部分构成。其中，答辩成绩的50分中，过去的业绩占40%（20分），自述竞聘优势占30%（15分），聘任后的未来规划占30%（15分）。答辩时间为，15~20分钟陈述，5~10分钟回答评委的提问。答辩分数必须在答辩结束后现场统计、公布。民主评议，是从过去工作的部门和接口部门中随机抽取一定比例的同事，进行保密性评价，占30分。直接主管评价则是行政副总的评价，占20分，这个打分也要对外公布。

　　借助在营销部门学会使用的SWOT分析工具，李刚分析了这5名竞争对手的优劣势，之后又征求了在其他企业人资部门工作的恋人意见，对权重最高的现场答辩准备得最为充分。李刚想，既然公司担心自己离职跑到竞争对手那里，那就干脆在答辩内容中植入一点小小的"诡计"，委婉地告诉评委，自己职业规划明确，一旦竞聘失败，将选择离职。

　　答辩结果出来后，李刚发现自己的成绩只是第三，与第一名足足差了6分，由于答辩时别人不能现场观摩，因此答辩实情也只有评委们知道。

　　李刚一夜无眠，想着马上就要离开这个陪他度过1900多个日夜的企业，一幕幕的情景在脑海中浮现。这些年来，哪怕遇到再大的困难和挫折，自己都迎难而上，从来没有抱怨，也没退缩过，虽不敢说任劳任怨，但至少全力以赴。而今前途未卜，想着一路走来的艰辛，不禁悲从中来。

　　就在李刚感觉自己不得不离职时，他的民主评议分数居然高居榜首，两项分数累加，他成了第一，比第二名高出4分。李刚知道自己脾气不好，平时工作中没少得罪人，本以为自己的民主评议分数会很低，没想到竟是这样的情况，李刚也想不明白其中的缘由。

现在录用的决定权，完全落在了行政副总的手里，副总手中的20分决定了究竟用谁。关键是排名第二的是人资部门的考核专员沈月，人资部门在赵总休假后，一直由行政副总代管，行政副总和沈月之间自然很熟络。这个沈月也正是传言中的内定人选。再看自己，平时与行政副总基本没有交集，副总与赵总间的明争暗斗也让李刚很反感。

后来李刚从侧面听说，当初行政经理唆使刚入职的小王检查赵总不去做励志操，背后就是这两个领导相互的争斗。

这次，行政副总只要给第二名的沈月多打5分，李刚就不得不离职走人。

一波三折，李刚陷入焦虑等待中。

不过有意思的是，总经理出差未归，副总的打分也迟迟没有公布。就在总经理回公司的当天，行政副总的打分正式出炉。

李刚以比第二名高出1分的总成绩，获得第一名。

李刚终于被成功聘任为人资部经理。

这次人资部门参加竞聘的有两人，一个是总分排名第二的考核专员沈月，还有一个是排名第四的劳动关系专员吕军。而恰恰是这1分，让李刚在进入人资部门后，陷入了前所未有的煎熬中。

第一篇　征程

7

从部属不服到一呼百应的蜕变

用人不在于如何弥补人的短处，而在于如何发挥人的长处。

——彼得·德鲁克

　　冬至，李刚站在海边望着灰蒙蒙的天空，寒风渐渐停了，雪片开始漫天飞舞。大海依然还在不眠不休地咆哮着，海浪一浪高过一浪拍击着脚下的礁石。雪花飞落到海面上，倏忽不见。

　　上任伊始，李刚并没有什么大的举动。他清楚，尽管人资部人员不多，但敌对情绪严重。

　　李刚决定先从外围的关联部门开始了解人力资源部目前存在的问题。调查的结果让他大吃一惊，大家统一的看法是，人资部除了制造麻烦、索要数据，基本没起到任何作用，甚至有人认为它没有存在的必要。最后，大家一致建议对人资部进行改革。

　　李刚拜访休产假的人资部赵经理，想听听她的看法和建议，同时了解部门工作的进度、每个人工作的情况及性格特点等。赵经理的观点与关联部门的意见正好相反，她认为人资部就是个干活、受气的部门，所有的工作都需要其他部门配合，而领导对人资部门要求很高，但人资部并没有什么工作主动权，甚至连开除下属的决定都做不了。

　　李刚找到顶头上司——行政副总，想听听他的意见和要求，但行政副总顾左右而言他，李刚并没有得到丝毫有价值的信息。

任职后的第三天，集团的人资总监找到李刚。

据说，这位人资总监入职不到三个月，属专家级水平，对分公司的人资工作要求极高，是集团总经理上任后外聘进来的。这次公开竞聘就是由他推动的。李刚在答辩时曾与他有过一面之缘，当时，他是评委之一，提了三个专业且刁钻的问题：

①当你把一个自认为合理的建议提交给领导时，如果没有被采纳会怎么办？

②当遇到下属越级汇报时，该怎么办？

③绩效考核流于形式的主要原因有哪些？

李刚对第一个问题的印象最深，当时自己的回答是尽量说服领导，如果领导仍不采纳，就严格按领导的要求办。人资总监问："你怎么知道自己的建议就一定合理？"

此刻，再次见面，人资总监问李刚："你所在的分公司有多少人？"李刚自信地回答："527人。"这个数据是李刚从负责员工关系建设并兼管档案的吕军那儿得知的。

人资总监问："统计的依据是什么？上个月发工资的人数为536人，这差异是怎么回事？"尽管人资总监没有责怪他，但李刚的脸还是火辣辣的。

人资总监告诉他，整个集团的工作量盘点已进入尾声，其他5个分公司都已上交了盘点报告，只有李刚这边，报告被退回后还没上交。前人资经理在职时上交的那份报告"水分"太多，工作量居然平均8个小时左右。一般来说，盘点到6小时，工作量就会满负荷，因为员工还要喝水、去洗手间、休息等。总监说，因李刚初上任，可以宽限他所在的分公司10天。他还建议李刚多看一些心理学书籍。

第一篇　征程

　　人资总监离开后，李刚马上找来吕军核实本月入职、离职及上个月发工资的人数，与在岗的527人明显不符。吕军也解释不出个所以然来，李刚严厉地批评了他。

　　上任第四天的早晨，李刚召开了部门会议。四个下属拖拖拉拉地走进会议室，然后大大咧咧地坐在椅子上，有的盯着桌面，有的摆弄手指，有的目光游移不定，没有一个人正眼看李刚。

　　会上，李刚说道："经过大家的努力，部门取得了一些成绩，不过金无足赤人无完人，我们部门还存在一些问题和不足，大家逐个说一下我们部门在哪些方面还需要改进。"

　　与自己竞聘的薪酬专员沈月首先回答："现在不错啊。"

　　吕军紧随其后回答："没什么问题啊。"

　　招聘专员叶小倩一脸茫然："不知道。"

　　薪酬专员姜丽萍则小心翼翼地说："还好吧。"

　　不错？没问题？这个沈月，她负责的考核彻底流于了形式，大家的分数都近乎满分且高度一致；吕军，眼高手低，三天一立志，还是个"马大哈"，整天一副怀才不遇的样子，结果他手上的劳动纠纷两年都解决不了，工伤理赔拖拉到让当事人找八遍，自己当初在生产部门时就曾跟他理论过；叶小倩，每天最爱做的事情就是自拍，让她去招聘，结果通常是空手而回；姜丽萍呢，负责工资核算，每次发完工资必有员工找上门来，如果她不出错，一定是太阳从西边出来。他们这四个人的工作量加起来，还远不如自己以前两名部下的工作量。

　　李刚在人资部，就像一个困兽，空有力量却无处施展。在上有高压、下不配合的内忧外困下，工作该如何开展？

　　就在他一筹莫展之际，手机上闪出了恋人小张的一条短信：杨老师已回家休息，有时间找他聊聊。

李刚欣喜若狂，每次遇到困惑时，这位在国际知名咨询机构任职的杨老师的几句点拨就能让自己茅塞顿开。

李刚当晚赶了过去。

"问题出在你的身上。"杨成坤听完李刚的叙述，直截了当地说。

"在我身上？"李刚大惑不解。这糟糕的状况分明早已存在，自己半点责任都没有。

"是的。"杨成坤指了指自己的脑袋，"问题出在这里，出在你的观念上。你能理解多少人，就能影响多少人。我一直没有听到你说他们的优点，难道他们都一无是处吗？你在内心深处想的是如何去管他们，而不是去帮助他们，甚至事先已经给他们贴上了标签。换句话说，如果他们都是你的兄弟姐妹，你会怎么做？破山中贼易，破心中贼难。建议你看一下王阳明的心学，有时间也思考一下，这个世界上为什么只有军队和学校能经久不衰，想明白这些，对你的管理工作和未来职业的发展都会大有裨益。"

李刚回到宿舍后，辗转反侧。是啊，他们每个人身上都有优点、闪光点，也都需要帮助，而自己却戴着有色眼镜在求全责备。前人力资源部赵经理曾经说过，薪酬专员沈月对工作追求完美，只是家庭关系有点问题，因为她从小缺乏安全感，老是患得患失，甚至动不动就检查老公的手机，搞得夫妻关系非常紧张，所以她从不会对任何人敞开心扉，也许自己学到的心理学知识能对她有所帮助；劳动关系专员吕军，其实很有志向，只是没有人指导，容易被情绪所左右，如果将杨老师介绍给他，他将终身受益；招聘专员叶小倩，人很聪明，只是一段被人欺骗的感情经历，让她不再相信别人，而自己则有办法教她如何简单识人；薪酬

第一篇　征程

专员姜丽萍，心地善良，喜欢助人，目前她的孩子正处在叛逆期，让她焦虑烦躁，也许自己童年时的苦难经历，对她引导孩子会有启发。

这四个人中最难相处的是沈月，她敌意最深，如果不是自己横插一脚，这个人资经理的位置就是她的。这次升职，也许是她一生中唯一的一次机会，因此她很难释怀。只有敞开心扉，才能让沈月感受到自己的真诚。沈月处理婚姻关系的方式显然是不恰当的，但一个人越执拗于错误的做法，往往就越会认为自己思路正确，因此可以从请教如何处理恋爱关系作为切入点，一旦让她产生当"老师"的被尊重感，就能打开她的话匣子，然后再趁机讲述自己的职业规划，并委婉地暗示，自己在人资部门也只是暂时性的，这就能在一定程度上解开她最大的心结。

就在李刚陆续实施这些办法时，一场病毒性感冒流行开来，他立即跑到药店购买了板蓝根等预防性药物，给每人都发了一些。

逐渐地，人资部门变了，宛如一个大家庭，工作推动也变得异常顺利。

不过出乎李刚预料的是，自己一直视为姐姐的沈月，开始一有时间就找自己聊天，而且内容也越来越深入，甚至单独在一起时开的玩笑都有点暧昧。李刚突然省悟，自己没有掌握好分寸，导致沈月有了别的想法。

现在李刚面对的不仅仅是沈月的转变，还有上下一团和气的部门关系。由于大家关系过于融洽，出了问题谁也磨不开面子批评对方，大家不像是在上班，更像是在一起生活，相互之间也只剩下亲情和面子，根本谈不上严谨的要求。当李刚开始强调严肃的事情时，对方却在打哈哈、和稀泥。部门的工作质量急剧下降。

一个家庭式的部门是自己想要的吗？李刚感觉自己在从管理的一个极端走向了另一个极端。这与之前大区经理"狼之刘"带出的团队有天壤之别，他的团队是一群狼，既能独立作战，又能合而攻之。

李刚想起了杨老师让自己思考，为什么军队和学校能经久不衰？他也一直没有停止思考。

军队是通过纪律影响军人的潜意识，形成条件反射（打仗时不会迈着方步上战场，平时的队列要求使他们形成了习惯）；学校则是通过传授知识促进学生成长。

苦思冥想下，李刚终于想出了解决办法，即用召开晨会的方式来融合这两种组织的管理优点。

他跟大家讲了自己的想法，然后举了刘志良团队的成功案例，并和大家一起讨论如何成为高效的团队。

最终大家一致决定：人资经理由五人按周轮值担任，对外则仍由李刚领导。这次轮值绝不能被当作演练，轮值经理要像被正式任命一样安排工作，对不恰当的做法要当面提出，有不同观点时，"下属"只能以建议的方式向轮值经理提出，一旦轮值经理做出决定，任何人都要无条件服从。然后，在每月月底，大家集中讨论如何完善轮值经理的管理。

第一周从李刚开始，先做晨会训练。每天召开晨会，队列必须整齐，要挺胸抬头、姿势统一。每人汇报的内容包括总结昨天的工作、当天的计划、每天的进步，分享创新（不局限于工作），提出需要协调的事项等，轮值经理点评，并指出昨天表现最优和最差的员工。在晨会汇报时，轮值经理要移步到汇报人面前，两眼直视对方，以形成潜意识的权威影响。

轮值后的部门团队充满了激情，每个人都在快速进步，一段时间后，这四个人中的任何一个人都能独当一面。

8

从敷衍到赋能，中间都经历了什么

> 我的经营理论是让每个人都能感觉到自己的贡献，这种贡献看得见，摸得着，还能数得清。
>
> ——杰克·韦尔奇

当李刚轮值到考核专员岗位后，他发现考核存在着诸多问题，就跟轮值经理沈月探讨如何改进现有的考核方式。

目前公司的考核分为四个板块：

第一个是生产计件板块，实施的是制造业普遍采用的工时制，这种考核最大化了工作效率，但忽略了交期、成本等，而且员工为了多挣计件工资看上去都特别忙碌，但最终结果是制造出大量的积压半成品。

第二个板块是没有硬性指标要求的行政和管理类岗位，采取的是主管打分制，这种看似简单易行的考核方式的背后，是牺牲优秀主管的"劣币驱逐良币"逻辑。譬如，a和b的工资都是3000元，因为优秀主管A管理严谨，其下属a的得分自然较低，月底考核结果只有60分，而B主管是个老好人，其部门业绩较差，但他给下属b的打分却是98分。这意味着工作量更大的a的考核工资只有1800元，而不认真工作的b的考核工资却达到2940元，a必然会满腹怨言，甚至找主管A理论，这时A要么因得不到下属的支持而辞职，要么也学B的敷衍做法。在这种考核导向下，主管的考核分数自然会越来越高，也会越来越相近。

第三个板块是有指标的主管考核，也存在导向性错误。既然考核的是部门的关键指标，各部门必然各自为政，不关心企业经营的方向和其他部门的事情，从而导致只有最终环节的营销部门在为客户负责、着急，而且在这种多因素（质量、成本、交期、服务等）、多部门的链条传递下，无论哪一个环节出了问题，最终都会影响客户的满意度。这种考核体系导致"扯皮"不断，造成大量内耗，很多问题长期得不到解决。

第四个板块是营销人员的考核，考核的是计划完成情况、回款额和欠款等，相对比较合理。

就在李刚与沈月探讨如何改革这种流于形式的考核体系时，集团的人资总监找到了李刚，他也发现了这些考核的弊端。他这次来找李刚，就是来征求李刚的意见，希望将他们这个公司作为改革考核的试点，在这里重新架构新的考核体系。李刚对生产、营销等部门的流程都比较熟悉，这对考核体系的构建极为重要，因此他希望李刚能承担起这个重任。

李刚告诉总监，两天后再给答复。

并非李刚内心不愿意，恰恰相反，他渴望迎接这种挑战，更希望亲手打造出一个卓有成效的考核体系。但随着阅历的增加，他意识到建立一个考核体系绝非表面看到的那么简单，国内有那么多的企业，那么多有经验的人资经理，难道他们看不明白？为什么绝大多数企业的考核还是流于形式？其中必然有哪几个重要环节出了问题。曾听在人资部门工作三年的恋人说过，"考核"是人资经理的红线，牵一发而动全身，新的考核体系要么因为动了很多人的奶酪，被各部门群起而攻之，半途而废；要么因考核效果不佳，流于形式。靠一个人资部门来调动整个公司的资源，根本不现实，因此考核变成了很多人资经理的滑铁卢。

这次试点工作如果不接，虽然对自己的职位不会产生什么影响，但自己也失去了全面深入了解各部门的机会，甚至终生可能再没第二次机会让自己打造一个全新的考核体系；如果接了，考核失败可能会让自己遭受重挫。但自己放弃高收入来人资部门的目的是什么？是安逸稳定吗？摆在面前的机会，为何不去抓住？

他决定接下这个挑战。

李刚开始从网上搜集整理相关的资料，深入研究后他明白，考核的源头是企业的愿景、使命和价值观，之后是组织结构、权责分配、薪酬体系等，但这些都不是自己能决定的，而且也不是短期能厘清的，自己只能另辟蹊径。

随后，他找到人资总监，提出了两个要求：

一是成立"绩效考核领导小组"，组长必须是自己分公司的总经理，副组长是集团人资总监和自己分公司的副总，组员是所有部门的"一把手"，工作由人资部门和其他相关部门来做，自己可以担任秘书长来牵头，而领导小组只需定期听取汇报并协调、批示。

二是考核不能成为变相扣工资的工具，只要被考核者比目前的业绩好，就可以获得高于目前的收入。

人资总监欣然接受了李刚的要求，并答应去做分公司总经理的工作。

李刚计划先从表面处理车间开始。尽管该车间已采用KPI的考核方式，但对考核项目、考核标准、数据来源和指标设定须重新调整，并建立起相应的体系作保障。譬如，在考核数据的来源上，需要由被服务部门作为"闸口岗位"提供，采取"为谁服务，谁考核"的原则，这就保证了考核数据的真实性和公正性。而作为试点，只要让员工看到业绩提升后，工资收入确实比以前有所提高，大家就不会排斥考核体系的导入。

经过跟沈月和表面处理车间主任协商,将员工现有的单纯计件工资变更为:原计件工资×考核分数÷100。考核项目包括交期、成本、现场和制度指令执行等四项,质量和安全方面仍执行之前的单项奖罚制度。并以这四项的现状作为基准,只要任何一项比原来做得好,都会得到更高的计件工资。

由于眼下生产最大的问题是交期,因此交期的权重分值为50分,另外三个项目分配剩余的50分;在考核细则上,不再用"拍脑袋"的方式进行加减分,而是通过公式计算,即"可能发生的区间数值÷可能的发生频次";考核分数一律由下道工序、被服务部门或管理者作为"闸口岗位"提供,譬如交期的分数由下道工序负责、成本的分数由车间统计员负责、现场的分数由检查组负责、指令执行的分数由直接主管提供。如此一来,"闸口岗位"为了不让上道工序的问题影响自己,必然能扣则扣,但若过分扣分,被考核者就不会签字,这就解决了数据的公正性问题。为了规避考核方案的疏漏,避免出现考核分数过高和过低的现象,试运行期间对单项分数和总分分别进行了限定。为了确保方案的合理性,李刚专门利用前两个月的工资进行了试算。

考核方案上交后,很快得到了集团的批准。

在考核试运行期间,表面处理车间的管理状况大幅好转,首月人均考核工资增长了17.4%。兑现考核工资后,参与考核的员工热情高涨,平均工资增长了近30%,其他车间争相要求考核,仅用了三个月,大家就由观望、抵触,变成了主动争取。这期间,生产班长、主任和其他生产管理类岗位的考核,增加了订单计划入库与实际入库的差异这一项目,有效避免了盲目派工造成的积压现象。

对没有硬性指标考核的行政和管理类岗位,考核则要麻烦得多,耗时四个多月。考核主要分为四个维度：组织目标、工作质量、制度和指令执行、服务及时率。每个项目的得分也由"闸口岗位"提供，但非管理人员的权重分数主要通过"计件"得出。为了确保"计件"考核的合理性，李刚梳理了原岗位职责，改变了无意义的笼统要求，采取每个岗位一张表的方式，对什么时间做什么、工作的标准耗时、工作传递给谁、要求的标准等都做出了明确的要求。

考核效果之好完全出乎李刚的预料，他一鼓作气与轮值经理一起对营销考核也进行了变革。由于营销人员的工作弹性太大，他们增加了以激发热情为主的OKR考核（不与工资挂钩，但每人要在月底营销会议上公布自己下个月的基准目标和挑战目标），公司拿出专项奖金对OKR表现优异的员工实施表彰。

他们的经验很快在整个集团推广。就在获得上下一致好评时，李刚意识到，目前的考核只解决了提升个体的积极性和明确工作导向问题，而事情的成功由两项构成——心态和技能，考核心态固然重要，但心态发挥到一定程度，技能就会变成业绩提升的瓶颈。而技能的提高往往不能立竿见影，因此员工的动力不大。

李刚决定利用外力。他在以上考核的基础上，又导入了"情景考核"：将整个公司的考核视为一个整体，考核工资总额由完成的公司绩效决定，然后采取"自上而下，大饼分小饼"的方式，逐级分配。在分配时，无论是部门还是个人，考核工资不仅取决于自己的考核分数，还取决于与平行部门的横向对比分数，最终由自己的考核分数在同级考核分数总额中的占比来决定。

这种考核解决了三个问题：

一是方向一致性问题。只有公司的整体业绩提高了，自己分到的

"饼"才会大。

二是横向的竞争问题。只有超越同级部门或人员，才能从对方身上"挖肉"。

三是内部的团队合作问题。一个人的后进会影响整个团队的考核分数，所以团队人员必须互帮互助。同时，那些业绩差的部门的落后员工，其工资会非常低，从而被自动淘汰。例如，部门内有ABC三人，奖金总额要根据效益情况分解，根据各人得分分配，也就是得分高的要从得分低的身上"挖肉"，这就必然形成你追我赶的竞争态势。当然，分配公式中要包括岗位系数、出勤天数等。

以前，生产部门各员工的计件工资差不多，但"情景考核"实施后，最优车间中最优班组的最优员工的考核工资，是最差车间中最差班组的最差员工的3倍多。在这种考核机制下，不进则退，人人自危。

在导入"情景考核"的同时，为了尽快提高全员的技能，李刚将传统的OKR考核方式调整为适合企业现状的"擂台组"方式，做法是由公司的决策层出面，人力资源部主导，成立一个"擂台组"管理委员会，委员会的成员由员工选举产生，推选思想活跃、积极推进变革的员工参与。

委员会的主要职责是组织管理、协调资源、收集和反馈信息。组委会根据企业的现状，共同商定质量、成本或交货期中的某一项或某几项主题，然后在全公司范围内收集与主题相关的问题，经统计排序后，将问题公示。各"擂台组"可自由选择课题，成员自由组合，一般是3~5人，组长由内部选举产生。项目的工作时间以下班后为主，公司提供资源。小组成立后，组员就可以参加公司统一组织的培训。

张榜公示各组的选题，包括擂台组的成员、课题名称、计划进度等。各小组最后的发明成果或技改成果，可以以小组成员的名字命名。

公司同时进行相应的表彰奖励。

这种"擂台组"方式解决了以下问题：

第一，提升员工的积极性，变被动为主动。自主选择不仅解决了工作中的现实问题，而且激励员工独立思考，主动寻找企业存在的问题（有奖励），个人也能从工作中找到乐趣。

第二，迅速解决问题，有效避免个人想法的片面性、局限性。所有方案和思路都须在有验证成果后提交，这保证了方法的有效性和可操作性。

第三，满足了员工的精神需求，建立起一个学习型组织。大家的空余时间和精力都用来提高技能，下班后员工不再沉迷于网络，增进了员工之间的交流，培养了团队合作精神。

第四，训练了员工分析问题的能力。公司还能从中挖掘一批储备干部和重点培养对象。

第五，便于经验推广。由于各小组的成果统一由委员会管理，成功的经验、做法更便于推广。

这种方法克服了OKR的分散性和无组织性，组员可以相互帮助、监督，营造出正向的组织氛围。这种"擂台组"推行后，数年没解决的很多难题都被逐步攻克，整个企业的工作效率也得到了明显提升。

就在李刚感觉可以歇一口气时，企业因快速发展急需补充一批新生力量。

之前这个地处偏僻的不知名企业，招几名本科生都不容易，这次居然要一次性招进大批优质院校的优秀毕业生，这挑战，摆在了李刚的面前……

9

与名企的校招之争

> 细节的不等式意味着1%的错误会导致100%的失败。
>
> ——汪中求《细节决定成败》

李刚的房子在春节前已经交付，装修的事情几乎全是恋人张秀华在张罗。装修的风格非常简洁，能省的地方尽量节省。

看着自己温馨的小家一步步成型，李刚的内心倍感温暖。只是在他们的婚事上，小张的爸妈仍然反对。

一次，小张的爸爸私底下约见了李刚，本来是想劝李刚知难而退，但交流了三个多小时后，态度变成中立。而小张的妈妈死活不同意，小张看到软磨硬泡也不管用，就拿出了"撒手锏"，说自己怀孕了。妈妈看到女儿铁了心无法挽回，不得不答应了女儿的婚事。

婚后，李刚夫妻并没搬进张秀华爸妈准备的房子，而是住进了他们独自经营的小窝。

这时，李刚所在的企业，在经过一系列的变革后，迅速成为行业第二，对人才的需求大大增加。企业发展迅速，管理梯队又缺少事先的规划和储备，再加上很多在职的中层管理者并不胜任，导致管理人员几乎出现断层，企业急需培养一批优秀的技术人员和基层干部。

根据集团的整体规划，这次集团公司计划引进350~380名大学毕业生，以男生为主，除了对专业有要求外，本科以上学历者须占80%以上。

第一篇　征程

地处小城，本身知名度不高，这样的企业很难吸引到名牌大学的毕业生，更不用说名牌大学的优秀毕业生。知名院校的大学生毕业后大多选择留在了机会更多的一线城市。就往年看，公司每年引进的大学生也就十多人，而且多是普通院校的毕业生。

由于每年大学生择业的时间比较集中，而当地的生源又有限，按集团人资部的规划，招聘队伍兵分四路，每队的招聘任务是90~110人，招聘形式不拘一格，可以参加校招，也可以参加各地大型招聘会，但要求是最好招来211或985院校的优秀毕业生。

李刚的任务是带一队北上。他跟四名部属一起探讨，怎样才能招到优秀毕业生。大家各抒己见，但建议多是一些常规性的做法，没多少借鉴价值。回到家后，他又跟做了四年人资工作的媳妇讨论，但由于她的企业是上市公司，人员结构和规模比较稳定，这些年很少大批量引进人才，所以她对招聘也没多少建设性意见。

他只好求助集团的人资总监，人资总监建议最好以校招为主，并尽量在校内招聘会之前做专场宣讲，同时也要做好整个招聘的路径规划。

这次招聘成功与否，关键在于PPT的内容能否打动毕业生并引起共鸣。李刚根据以前的营销思路，准备了2个小时的PPT宣讲内容，一改大家普遍采用的"自我推销"的传统模式，他将提纲主要分为六个部分：

①父母的艰辛与期望，主要用于引起大学生的共鸣。

②回报与目标规划，用于呼唤感恩之心并点燃学子沸腾的热血。

③如何识别与选择企业，将企业的发展优势等植入择业标准。

④多与不同的企业比较优劣，让学生去掉戒心。

⑤进企业后的注意事项，以同理心获取学生的信任。

⑥企业介绍（企业简介、近几年的发展曲线、招聘目的、限招人数

及企业联系方式）。

介绍企业时间控制在3分钟内，并且将招聘人数压缩，这更能激发这些勇于角逐的高才生的斗志。

李刚计划带领考核专员沈月和招聘专员叶小倩一起奔赴各招聘现场。就在他们启程的前一天，沈月的孩子突发高烧，一时找不到合适的人选代替，他想到了让自己的媳妇来帮忙。

在自己的软缠硬磨下，尤其说到她不去，只能跟美女叶小倩一起去招聘时，媳妇马上答应帮自己这个忙。至于公司领导这边，不花钱能有人帮忙，自是求之不得。

李刚的第一站选择了北京的母校，希望在这里积累招聘经验，再将其复制到其他院校。

李刚带上土特产找到了自己当年的班主任和系主任，当他们看到李刚的PPT提纲时，一致同意提前为李刚安排一次宣讲。这次宣讲，整个自动化系的192名学生全部参加。

在系主任的安排下，李刚提前约见了班长和班干部，并一起吃了顿饭。次日，李刚带着媳妇和叶小倩走进阶梯教室。

李刚的开场白很幽默："各位学弟学妹们，大家早晨好！我是这所学校早几届毕业的学生，本来毕业时也想留在这个大城市，可当我了解到那个海滨小城盛产美女后，就毅然改变了决定。你们看，我以这样的'光辉形象'，都能获得那位美女的芳心，你们可以畅想自己的未来……"

李刚的宣讲迅速引爆了会场，他的PPT没有说教，几乎全是案例和故事，十分有感染力，宣讲过程中，阶梯教室内涌进越来越多其他院系的学生……

包括其他院系的学生在内，李刚一共收到了117份应聘表，并且在下午面试时又有6人申请填报。

　　当天下午，李刚三人分成三组进行初试，实际参加面试109人，而这些人中有一部分并没有真正意向，只是为了多一次面试的历练。他们根据应聘者的意向和适合度，在每张应聘表上做了不同的标记。

　　面试后，李刚并没有带着这些应聘表奔赴下一站。如果这样一走了之，恐怕最后真正去企业的人没有几个。他们讨论后决定，根据简历上的标记，先筛掉其中的1/5，剩下了87人，而这87人的真实意向他们并不清楚，还需进一步筛选。了解这些人的意向，又不能让他们察觉，这个难题摆在了李刚等人的面前。最终，他们决定以回访的名义，侧面询问应聘者是否了解过企业，或者有没有登录企业的网站等，通过回访大致掌握应聘者的意向。

　　87个电话打完后，又筛掉36人，最后剩下51人。如果直接给这51人发初试通过通知，估计两天后，这些人参加完那些知名企业的招聘后，就不剩多少了。

　　此时，李刚心生一计，那就是将组织"建立到连队"。如果每个组织的负责人都是学生们信任的班干部，便会产生巨大的正向影响，而自己只需"抓住"几个关键的组长。

　　于是，他们开始对这51人结合班别进行编组，每个组长负责联络4人，而组长的人选则优先选择班委或学生会干部。

　　招聘团队给组长和初试通过的其他学生分别发了短信，之后，李刚又跟10个组长单独通了话，并约在一起吃了饭，同时告诉他们，凡有初试通过的同学近期过生日的，把相关人员名单提交给小叶，公司随后会邮寄生日礼物，并让他们转告同学们，集团会安排专车接送初试通过的所有人员去公司考察，如果感觉不合适，随时可以放弃，权当去海边一游。李刚认为，只要招聘、参观、实习等安排都严谨高效，环环相扣，让学生们一步步看到希望，就能使很多人留下来。

之后，李刚带领叶小倩等奔赴下一站，并没有继续参加拥挤的招聘会。

李刚紧锣密鼓地转了八所高校，初试通过并同意去企业参观的共有273人。他媳妇在前面两所高校招聘结束后，就回了自己的公司上班，而沈月及时赶到。

这次招聘，李刚团队脱颖而出。不过可惜的是，后来的参观流程、食宿和实习安排等，公司准备得极不充分，一部分原本满怀希望的学生，看到企业松散的管理后，当场就选择了放弃，还有一部分学生因企业内部员工的负面宣传、关注度不够等在半年内也走了。

只有分配到李刚部门的那40名学生，在他亲自指导下，白天在各自岗位实习，每周一至周五的晚上则参加统一的活动，包括培训等。大家每晚分享彼此成长的快乐、研讨遇到的困惑，李刚则在一边做正向的引导。这些学生在参加统一活动的前三个月，每晚还要写业务日志，新入职的大学生每天都忙得不亦乐乎。

事实上，李刚更辛苦，每天晚上的业务日志，他必须保证在第二天上班前点评完，白天的工作还不能耽误，还要了解学生的思想动态，为当天晚上的活动准备课件等。哪怕是周六周日他也没有时间休息，每天凌晨1点前根本不会入睡，在这种高强度的工作状态下，本来就不胖的李刚，三个月下来又瘦了许多。

李刚的汗水并没有白流。在他的努力下，这批人有过半留了下来，日后也都成了集团的管理骨干，这是后话。

不过，因为李刚并没有按集团公司统一的要求来安排这批实习生，因此也承受了不小的压力。

10

择强汰弱，唤醒沉睡员工

管理需要将合适的人请上车，将不合适的人请下车。

——詹姆斯·柯林斯

就在对校招大学生进行紧锣密鼓的培训时，李刚接到了会议通知，要求他参加集团组织的机构改革扩大会议，参会人员包括总部职能部长以上、各分公司正副总经理和分公司人资经理等，集团总经理亲自主持。

随着集团规模不断扩大，市场竞争越来越激烈，人工成本急剧上升，内耗越来越严重，好不容易引进的新鲜血液遭到排挤，引进的优秀大学生也在不到三个月的时间流失了一多半，外聘的管理人员基本难以立足。而从工作量盘点的情况看，整个集团的平均工作量去掉"水分"后不足60%。因此集团决定，这次机构改革从减员增效开始，区别对待四类员工：淘汰负价值者、激活人员、培养人手、重用人才。

集团的原则是：

①在经营目标不变的情况下，每个分公司按规定比例裁员，期限为一个月。

②分公司中，副总职位以下不再设副职，包括总部职能部门。

③除了分公司副总级别以上的管理人员和技术人员，50岁以上的男员工、45岁以上的女员工一律实行内退，公司对裁减人员和内退人员制订相应的补偿措施。

具体的裁员方法由各单位灵活掌握，但各分公司和职能部门"一把手"要尽量降低人员的情绪波动，减少劳动纠纷，减少人才流失。

在国有企业中，像这种破釜沉舟、主动求变的领导较少，而此次改革的力度之大更是极为罕见。

各分公司的老总和职能部长们听完后，脸立刻变成了苦瓜脸。领导说一句话很容易，可怎么识别人才、人手、人员、负价值的员工？在裁员比例限制的情况下，裁谁不裁谁？怎么裁？你说某人是负价值员工，让他走，他不跟你拼命才怪！人家只问一句，凭什么说他是负价值员工？恐怕每天晚上这些员工都会堵着家门砸玻璃。

会后，一筹莫展的几个分公司总经理不由自主地凑到了一起，他们商量的结果是，将这次裁员任务原封不动地压给下级部门。

李刚请求总经理给他两天思考时间，看能不能找到两全其美的办法。

李刚回到部门，跟四位部属一起讨论解决办法，没想到本来关系十分融洽的部门，气氛突然变得微妙起来，在这种情形下自然讨论不出结果。

内退人员因为有明确的政策和补偿，相对容易解决。但裁员呢？依据"观念"来裁员，显然不行。依据"行为"来裁员呢？每个人各有所长，在不同情境下的表现也有好有坏，靠行为识别员工的优劣显然没有说服力。如果依靠绩效考核结果，虽然目前闸口的考核数据比较真实，但其中也有部分分数由直接主管打的。

依据考核结果裁员，必然会产生两个"漩涡"：一是对考核方案合理性的质疑和对执行严谨程度的辩论；二是因为不同部门的考核分数不同，高分数部门的人员被裁，员工势必会横向攀比，考核就很难有说服力。例如，品管部门的副经理，虽然其能力超过了经理，但如果被免职，也只能离开。如果按比例裁员，李刚的部门也会裁掉一名业绩最差的员工,但这名最差员工的能力可能超过很多部门的优秀员工。不负责任地裁掉这些优秀员工,对企业来说是极大的损失。

　　李刚干脆请了一天假,静心读王明阳的传记,边读边思考。他渐渐领悟到"致良知"的含义,如果自己是集团领导会怎么做?为了大局,减员决策无疑是正确的,而高层领导不可能没有建议做法,但如果让自己主持会议,会告诉与会者吗?显然不会。因为组织规模较大,每个分公司的情况都有所不同,适合这个公司的,未必适合另一个公司,一旦告诉了方法,反而容易形成一种指令性牵制,不利于各分公司的自由发挥。

　　再从分公司的情况看,那几位分公司领导为了个人利益,将本可以统筹思考的工作推给下级,下级势必会效仿,将这个球踢到直接面对员工的主管手上。接下来呢?

　　李刚想起了一个故事:

　　以前有一个羊倌,每次将羊赶往草地时,都用尽浑身解数,哪怕抽坏鞭子,羊群还是要么挤成一团,要么四处乱窜。他每次赶羊都耗费了大量的时间,精疲力竭。后来这个羊倌想出一个办法,让头羊驮上一筐草,然后顺着草地的方向隔一段路放一点草,这时羊为了能吃到这些草,就乖乖地跟着头羊往前跑。羊倌赶羊再也不需要鞭子了。

　　集团的这次改革,放到更高层面看,是解决用人的问题。目前"砍掉"最差的,其背后是一种"堵"策,如果反其道而行之,利用"疏"策来解决"堵"的问题,采取竞聘的办法,让整个分公司内的人才流动起来,中层及以下统一实行先下岗再竞岗的办法,困惑自己的所有问题就能迎刃而解。对,就是这个办法!

　　李刚将这个思路汇报上去后,分公司总经理将中层竞岗的内容去掉了,只保留了基层管理岗位竞聘,然后组织分公司高层领导班子进行讨论。结论是风险太大，不宜实施。

因为没有更好的办法，总经理就召集中层管理人员一起讨论。李刚详细介绍了自己的思路，各部门通过竞聘不仅能优化人员，还能让被淘汰的员工无话可说，因为竞聘评分是综合多位评委的评分得出的（操作工的竞聘分数结合技能评价），不是由一人说了算，这就化解了"一对一"的矛盾，即使某个员工想找碴儿都不知该找谁。公司再组织部分可留用的职工成立"服务中心"（下岗中心），这些人由人资部统筹管理，也不再成为部门的"包袱"。人资部会给这些下岗员工安排一些零工类工作，也会定期给他们竞聘的机会。他们可以竞聘任何非管理类岗位，一旦在岗人员无法超过这名竞岗者，两人就互换位置。这样，服务中心变成在岗人员背后的"第三只眼睛"，促使在岗人员不断向前。

李刚解释完后，几乎所有的中层领导的态度都由反对转为支持。

在各中层领导的配合下，定岗定编在两天内顺利完成，总经理批准后，完善岗位任职资格这项工作也很快顺利完成。

李刚参考集团竞聘方案中的评分办法和流程，编制了从采购到行政、营销、品管、研发、仓储、财务、人资及车间等部门的竞聘计划。在竞聘前，李刚给实习大学生做了思想动员，让他们积极参与竞岗，充分利用这个机会去竞争适合自己的岗位。

竞聘是逐个部门推进，而且机会平等，每个人也可以同时竞聘多个部门和岗位，各项得分也都是现场统计、现场公布，被淘汰的员工自然无话可说。对于竞争上岗者，李刚让每个人写入职誓词，逐个宣誓入职，并留影存档。

为了加快进度，后面五个车间的竞聘同步展开。由于工作量巨大，整个竞聘活动下来，用时一个月零十天，超过了集团领导要求的一个月，不过由于方案事先经过了领导的批准，实际完成时间比内部计划的时间还提前了5天，也得到了领导的默许。

　　李刚所在分公司的员工经过这次竞聘的洗礼，工作作风与精神面貌都焕然一新。员工宣誓入职后，工作起来像打了鸡血一样，没人敢懈怠。企业的效益突飞猛进，企业一年时间内规模扩大了近两倍。这个分公司也变成了集团的龙头企业，成为行业第一指日可待。

　　企业在飞速发展，但李刚的日子却越来越不好过，某些人认为他的存在是一种威胁，这让他感受到了无形的打压。

职场岔路 2

"狼"来了,求稳还是求变

每项事业的成功都离不开选择,但只有不同寻常的选择才会获取不同寻常的成功。

——比尔·盖茨

这丹桂飘香的季节,应该是人们收获丰收果实的时刻,李刚的心里却是一片茫然。下班后,他独自来到海边,坐在礁石上望着游人,呆呆地出神。

傍晚的海面金碧辉煌,在阳光的照射下,波光粼粼。海鸥在蔚蓝的天空中自由自在地翱翔。远处,茫茫天际,海天相连。大海以其独有的胸怀,不为外界所动,保持着自己的干净和美丽。

海风迎面吹来,凉飕飕的。海水又到了每月一次的涨大潮的时候,海浪越来越大,从远处传来隆隆的响声。

李刚心里清楚,目前的考核体系虽然做起来了,但只做了一半,与之相应的基础的组织结构、职责权限以及薪酬体系都有待完善,包括"能者上庸者下"的管理队伍优化,这次并没有涉及。而这种变革才是企业变革真正的深水区,会动不少人的奶酪。

李刚感到从未有过的疲乏,似乎处处都有无形的手在牢牢牵掣着自己。

之前交上去的组织结构方案、薪酬体系报告等要么被打回,要么被一直拖着;与自己同级的那些中层管理者,以前见了面还偶尔开开玩笑、聊聊天,现在见面最多只是寒暄几句;就连以前那些热情打招呼的员工,也对自己敬而远之。

李刚心里很清楚,这次人员优化,"优化"掉101人(含下岗中心10人),这101人中,有很多跟在职员工尤其是管理人员,都有着千丝万缕的关系,而关键的干部队伍这次却没有得到优化。之前自己建议的中层管理人员下岗再竞聘,也被传得沸沸扬扬。

回想自己这六年来,经历的每一件大事几乎都让自己蜕了一层皮,但他从未抱怨过,每次都是迎难而上,全力以赴。虽不敢说有什么惊人的业绩,但几乎每次都成果满满。

而现在自己这只"灰犀牛"的存在,让上上下下很多人都感觉不舒服。回想自己一路走来的坎坷和艰辛,付出的汗水如今换来的却是四面楚歌。

行政副总曾委婉地提醒过自己,最好能安分一些,只要不再继续折腾,保住目前的职位,甚至以后顺利"熬"到副总都不会有问题。

安分很容易做到,但这是自己想要的吗?杨老师的那句话还萦绕在心头:希望自己十年后变成什么样子?如今已过去了六年,面对的境地却是,继续"折腾"可能折戟沉沙;如果选择碌碌无为,则可能老死中层。

困境中的李刚心烦意乱,却突然接到了"狼之刘"邀请他加盟的电话。

"狼之刘"的名字叫刘志良,以严格管理著称,在营销部门时曾是李刚的顶头上司,在公司员工的眼里,他一直是神一般的存在,仅用了一年零一个月的时间就使一个业绩最差的大区成了冠军大区。李刚竞聘人资经理后,他也被集团提拔为分公司的营销副总。

不过,这个电话让李刚有三个"没想到":

一是刘志良为什么突然变成集团的六家企业中一直亏损的企业的总经理?

二是目前在集团的提成政策下,刘志良凭能力获得的收入已是普通员工的七八倍以上,他为何放弃稳定的收入,接下这个发不出工资的烂摊子?

三是在所有下属中,自己与他的关系并非最亲近,他为何要选择毫无高层管理经验的自己?

考虑到这个公司离家几百千米,尽管家里老人身体已有好转,但媳妇已怀孕,需要人照顾。虽然自己此时在企业中处处受压制,但也不足以选择离职。李刚委婉地拒绝了。

三天后的一个晚上,"狼之刘"突然造访,到了李刚家楼下才给他打电话。

刘志良给李刚的妻子带了一堆高档化妆品。他开门见山地告诉李刚,他非常了解李刚的为人、能力,基于此才力邀李刚加盟,他的管理团队目前急需要几个"头狼",如果李刚能接受邀请,职位为管理副总,待遇会是目前人资经理收入的三倍以上,一旦企业效益好转,还给李刚不低于8%的干股,并且马上就可以出国考察。

看到李刚不为所动,"狼之刘"立刻跟李刚的妻子交流起来,并且强调,李刚是因为担心她,才要放弃自己的未来,他可以帮他们租一套房子一同过去。

临走,"狼之刘"让李刚尽快给他答复。

其实，管理职位、收入、干股和出国这四项中的任何一项对李刚都有足够的诱惑力，也许股份可以让自己一步实现财务自由，但放弃稳定的国企职位和多年的积淀，去一个未来具有很多不确定性的民营企业，他还是有些犹豫。

妻子极力支持李刚加盟。李刚开玩笑说，化妆品的威力就这么大吗？妻子微嗔道，局长和上亿资产老板儿子的财富，自己都不为所动，还在意这么点东西！

人生岔路口的每一次选择，都会塑造一个完全不同的人生。李刚感觉自己像走在麦田中，在寻找最大的麦穗，但他只有一次机会，且只能向前走。选择了眼前的这个，意味着放弃了前面所有的机会；放弃了这个，意味着再没机会重新选择。而前面的麦穗又具有不确定性，他该如何抉择呢？

李刚开始思索自己工作的目的究竟是什么，升官？发财？衣食富足？舒心快乐？家庭和睦？学习提升？其实对自己而言，归纳起来无非两条：过上更美好的生活，获得尊重和认可。基于这种目的，去留之间哪种选择会更加明智？

李刚突然想起了之前学过的一个决策工具。他曾试过几次，让人理不清头绪的问题瞬间变得清晰透彻。

这个工具并不复杂。当一个人犹豫不决时，可以先写下做这件事的目的，然后列出所有的利弊，之后再将这些利弊按重要程度排列，最后列出决策失误可能带来的后果，以及自己能否承受得起。

李刚习惯性地拿起笔。

工作的目的	
1. 创造更美好的生活	
2. 获得社会认可和尊重	
接受聘任	
利	弊
妻子支持，意见一致，家庭会更和睦	决策失误后，缺少丰裕的物质保障
凭刘志良的带队能力，只要能解决产品销售问题，企业成功的概率较大	新行业、新市场充满不确定性
接触更高层级的圈子，更易获得社会的认可	更加复杂的职场环境
收入更高，股份可以让自己更快实现财务自由	企业也许会倒闭，自己只能另找工作，从头再来
符合自己的职业规划，缩短职位升迁时间	也许得到的是一次体无完肤的失败
获得更大的发展空间，能翻开人生另一篇章	牺牲了稳定的工作环境和可预期的未来
职位跃升，再找工作时，岗位经验会让自己有更多选择	
在副总职位可以积累更多、更深入的管理经验	
挑战新行业	缺少新行业经验，工作被动
迟早要经历陌生职业环境，这次是难得的历练机会	人生地不熟，管理难度极大
妻子生孩子时，可以接到身边	妻子没人照顾，又不能放弃工作跟随
离家太远，可将父母接到家中；或由妻子探亲	无法及时照顾家人
出国考察，是自己多年的梦想	
生活有保障，积蓄还能维持一段时间的生活，妻子也有一定的收入	较长时间找不到收入稳定的工作，面临房贷压力
……	……
一旦决策失误：需要重新找工作，但凭借自己以往的经验应该能够迅速崛起。最差的结果是依靠自己掌握的营销知识应聘业务员工作，收入也会有保障	

李刚将纠缠在脑中的各种利弊因素梳理后，便豁然开朗，显然应该选择加入刘志良的团队。即便决策失误，自己也能从头再来。

李刚想起了一个问题："如果用抛硬币来打赌，背面的话，你会输掉1000元，正面的话，你会赢得1500元。你会玩这个游戏吗？"

尽管这个游戏对自己更有利，看起来是赢多亏少，但多数人还是会选择拒绝这个游戏，因为对大多数人而言，失去1000元的恐惧远比得到1500元的期待更强烈。

这是人类在恶劣的生存环境中形成的天性："害怕失去已有的"更甚于"期待得到更多的"，这种"恐惧"适合于自然界的繁衍和生存。但在没有死亡威胁的环境下，一个人只有在大家敬而远之的"危"中，才会获得更多的机会。

李刚欣然接受了"狼之刘"的聘任邀请。

没想到在他提出离职申请后，集团的领导亲自找到了李刚，希望李刚能留下。但李刚认为既然已经决定了，就不能再更改，何况领导也没给他任何实质性的承诺。

不过，李刚万万没有想到的是，等待他的竟是炼狱般的挑战和煎熬。

11

四面楚歌下的力挽狂澜

生活将我们磨圆,不仅是为了滚得更远,更是为了适应意外。

似乎一夜之间,夏天在高温中把自己蒸发了。早晚的天气已经开始转凉,日落之后的几小时会寒意渐浓。哪怕中午,太阳也不再那么炙热。

29岁的李刚走马上任副总经理,此时国际金融危机正全面爆发,中国经济的增速也快速回落,出口出现了负增长,大批农民工返乡,很多企业处于倒闭的边缘。也正是在这种背景下,集团为了甩掉包袱,将这个连年亏损、资不抵债的企业以极低的价格剥离出去。刘志良因此才有机会接手这家企业。

李刚到了刘志良的公司后才知道,这个公司有300多人,主要生产汽车配件等产品。刘志良直接管理营销与财务,生产、品管和技术由在企业任职多年的孟总负责,而行政、企管、人资和采购等部门都由李刚来分管。

任职的第一天,李刚就遇到了一件棘手的事情。刘志良开完介绍会议后,李刚刚回到办公室,保卫科科长敲门走了进来。

门卫在前一天下班检查时,发现一名员工在烧水的壶里放了两块焊接的圆柱形钢珠,门卫让他写下偷盗的过程后,就放他离开了。

如果仅仅偷盗也就罢了,居然在上班的时间再浪费焊丝焊接这些备件,企业的混乱程度可见一斑。据说这家企业之前就盛行"偷盗一条龙",偷盗的物品无所不包,小到抹布、螺丝,大到整台设备,据说有一次,不锈钢管道都被切开后捆在腰上带了出去。这条偷盗链跟流水线一样,厂门口的斜对面就有两家废品收购点。很多员工认为这家企业就是被偷垮的。刘志良接手企业后,为了严把门卫关,用自己的亲属代替了原来的门卫,昼夜巡逻,但仍防不胜防。

针对这起偷盗事件组织讨论时,管理人员中有不同的声音:一种是,刚刚接手这家企业,人心需要安抚,尤其是主要管理者在这里还人生地不熟,不能贸然处理,建议该员工回来上班后对其进行罚款;反对者认为,这会助长偷盗的歪风,建议开除偷盗者并罚款,以儆效尤;也有人说,现在是法制社会,应该交给公安部门处理;但反驳者认为,人都已经放走了,这种小事公安部门没精力处理。

深思熟虑后,李刚找到了刘总,提出了自己的建议:立即报警,绝不拖延,同时协助公安机关处理,然后在全公司召开通报大会,声明今后一旦发现偷盗者,一律开除并扭送公安机关。等偷盗者被拘留后,再由李刚或领导以个人名义单独去派出所探望,同时进行保释,这也能避免彼此的尖锐矛盾。

刘总欣然应允,交由李刚全权处理。

这样一来,偷盗之风戛然而止。

一波刚平,一波又起。负责采购的张经理,在晚上陪完客户回租住地时,被楼下等待已久的两个人用酒瓶击伤头部,昏迷后被送往医院。

之前,采购人员与仓库等内外勾结,几吨钢材找不到都是常事。张经理到岗后,采取了一些措施,阻断了某些人的财路。张经理在还没敢轻易整顿队伍的情况下,就遭遇了此事。

报案后,因无法找到嫌疑人和唆使人,这件事也只能不了了之。

变革的序幕还没拉开，李刚分管的领域就接二连三地出现了这些事情，让他十分头疼。

李刚决定先从采购部门动刀。张经理出院后，李刚安排所有外聘的管理人员一律住进公司院内的集体宿舍。

这一天，中午临下班前十分钟，李刚突然安排内勤通知采购部的7个人和全部行政办公人员5分钟后到一楼大厅召开紧急会议。

李刚站在大厅的楼梯台阶上，手里举着采购单，掷地有声地说道："这是最近五天的采购单，我一张都没有签字，在你们采购完这些物品后，我就安排专人对这些物品进行了二次询价，这20多张单子，有13张有问题，这些单子现在我全签了，可你们听好了，自此时此刻，只要我李刚分管采购，谁再敢在采购物品或账目上做手脚，我新账旧账一块算，把他送进监狱！我会说到做到！如果就此收手，我承诺，只要我李刚在，既往不咎，我把话撂到这里，你们自己看着办！"

李刚知道，这只是权宜之计，主要目的是给公司和采购部门下一步实施的竞聘赢得缓冲时间，免得这些人在竞聘前肆意妄为，造成公司财产的损失。

刘志良出差回来后，李刚立刻找他协商下一步策略。刘志良的建议是，将军赶路莫要追兔，竞聘可以进行，但李刚的主要工作还是协助甚至督促孟总，保证产品质量的稳定，为市场的销售铺平道路。

在各部门的竞聘陆续拉开帷幕后，李刚也在思考，几乎没有一家企业不重视质量问题，也都实施了诸多管理措施，但为什么大多数企业的质量问题，几年甚至几十年还一直在解决的途中？为什么很多企业的ISO9001质量体系都几乎流于形式呢？

质量管理的"QC七大手法""人机料法环""五个为什么"等管

第一篇　征程

理工具自己以前也都使用过，单纯从解决某个质量问题来说效果还是较为显著的，但面对重复发生的结构性问题时，这种就问题解决问题的方式，就容易按下葫芦浮起瓢，不得不一次次进入分析、解决，再分析、再解决的循环中。这些工具在解决系统问题上，总感觉还缺少点儿什么。

真正用过这些特性要因图分析的人都知道，只说人的因素，就会涉及年龄、性别、性格、责任心、积极性、悟性、情绪、状态、技能、培训、班别、岗别、入职时间、历史经验、作业时间段、利益考量等，再加上"机料法环"等其他四项涉及的众多因素，这些要素彼此穿插、交织，会使问题更加复杂。而所有问题一起解决显然也不现实，但如果一个个解决，哪个先哪个后？哪个才是导致问题产生的驱动性因素？即使解决了某个问题，系统运行就有了保障吗？

李刚反复思考不得要领，他想到了杨成坤老师，再次拿起电话。杨老师反问道："你知道这些问题的底层逻辑吗？你看到的那些影响要素，是问题还是现象？是原因还是结果？是表象还是驱动因素？只有真正区分清楚，事情才能从根本上得到解决。"

为了启发李刚，杨老师讲了火箭助推器的宽度由两匹马屁股的宽度决定的故事。

航天飞机燃料箱的两旁有两个火箭助推器，这些助推器造好之后要用火车从工厂运送到发射点，路上要经过一些隧道，因此隧道决定了助推器的宽度。而修建隧道时，参考的是火车轨道的宽度。火车轨道是由建电车轨道的人设计的，这些人沿用的正是电车轨道的宽度标准4.85英尺。而这4.85英尺是罗马战车的宽度，如果任何人用不同的宽度的轮子在这些马路上行驶的话，轮子的寿命就不会长。战车的宽度则是拉战车的两匹马的屁股宽度和。因此火箭助推器的宽度，在两千年前便由两匹马的屁股宽度决定了。

反复思考后，李刚终于琢磨出了一套分析问题的"驱动因素"的四步法：

第一步，统计近年来所有内部质量问题和外部质量反馈信息，列出导致这些质量问题的所有原因。

第二步，识别出其中的本质原因，可以通过反证的方式，逐渐剔除非核心因素，譬如换成了新设备，问题就能解决吗？如果不是，那就说明设备的因素不是核心因素。

第三步，对于筛选出的这些原因，再利用"五个为什么"逐一剖析，穷根究底，直到找到最原始的驱动因素。

第四步，分析这些驱动因素的协同效应，弄清楚这些因素是独立的，还是彼此之间具有逻辑传导关系的，然后分析这些因素对原始质量问题产生影响的差异。

找出驱动问题的因素后再结合质量管理的工具，问题就能够解决掉。

方法虽然有了，但如果直接插手孟总分管的质量管理领域，必然会让孟总不舒服，甚至遇到消极对抗。但质量问题又必须尽快解决，李刚找到了刘志良，汇报完解决质量问题的思路后，建议刘总就质量问题进一步向孟总施压，提出让李刚配合开展工作。这样一来，孟总的责任，也需李刚承担，孟总自然会高兴，李刚也能顺理成章地介入这项工作。

李刚深入了解质量的各项数据和现场考察，再经过"驱动因素四步法"分析，质量问题的核心原因很快被梳理出来：

① 组织结构不合理。品管部必须尽快从生产系统中分列出去，由总经理管理，以免掩盖生产出现的问题和阻碍质量管理措施的有力执行。

② 质量观念守旧。抓质量主要靠事后的"质检"，没有将重点放在

预防、缺少统计过程控制、测量系统分析、失效模式和效果分析、产品质量先期策划、生产件批准程序等五大质量工具的应用。但这种长期形成的习惯和观念，一时很难扭转，只能通过招聘部分新人，以点带面，配合"触动灵魂"的竞聘高压，才可能从根本上改变现状。

③ 存在裙带用人问题。在授权有限和面子心理作祟的情况下，质量管理投鼠忌器。譬如，生产部经理与孟总的关系特殊，这导致了品管部人员不敢"碰硬"。这种情形下，仅靠思想工作很难起到作用，必须尽快用制度调整。

④ 质量管理采用的是简单粗暴的"以罚代管"模式，缺少与企业文化、培训体系、薪酬体系、考核体系、晋升体系的融合。

而在具体的质量管理制度上，无须增加任何新制度，只需将两层皮的ISO9001落实到位即可。

这些措施与孟总的意见并不一致，尤其是将品管板块分列出去，这让孟总很不开心，但刘志良还是快刀斩乱麻地实施了李刚的建议。

随后，李刚与人力资源部一起，迅速招聘了一批职业院校的毕业生，李刚参考当初培训大学生的经验，开始阶段亲自带队培训、给予指导，除了周六周日外，每天晚上将这些新人组织起来，分享自己的经验教训，这些人在工作中受到的委屈、排挤和遇到的困难，都在李刚的正向引导下和大家一起讨论后得到了化解。李刚这次又增加了一项技能比拼，也就是每个实习岗位的人数都安排为双数，每周一次技能比拼，三轮后最终优胜者留下，如果优胜者想调岗则优先批准。

由于李刚以前曾组织过公司的竞聘优化，加上人力资源部经理虽然经验不足，但热情高涨，人资部的工作开展相当顺利。

经刘志良批准后，竞聘先从行政部门开始，公司将竞聘的所有步骤、程序、要求、注意事项等提前一周张榜公示。

就在张榜公示后的一个清晨，李刚走进办公室发现，自己的办公桌旁，莫名其妙地出现了一提礼品装茶叶。李刚推测可能是内勤所为，因为头天晚上加班时自己还没看到，只有内勤才有自己办公室的钥匙，也是她一直负责自己办公室的卫生。李刚脑子冒出来的第一想法是给退回去，但仔细一想，又不能退。

这个内勤，在这家企业已经工作多年，平时跟孟总走得较近，在这种关键的竞聘时刻，她属于"墙头草"。拒收，意味着可能将这个处于观望状态的内勤直接推到了对方阵营，不利于工作的开展；收了，无论这个内勤是否竞聘成功，被传出去，这件事不仅影响自己的声誉，还容易被心怀叵测者大做文章，影响整个竞聘工作的公正性和权威性，甚至还影响下一步的全局工作。

既不能收，又不能退，那该怎么办？

最后，他将那提茶叶放到了办公桌上，连放三天，对内勤也不做任何解释。公开放到桌面上，说明自己拒收的态度非常明确。等到了第四天，李刚将八盒茶叶，一一分发给各办公室，自己也留下了一盒，表明这礼自己是"收下"了。

分完茶叶后，他将内勤叫到了办公室，在她面前泡上她送的茶叶，但还是没有戳透茶叶的这层窗户纸。李刚问了一下她竞聘的准备情况，然后把公开的注意事项又重复了一遍，同时解释道，这是自己设计的招聘流程，非常清楚任何人都没法作弊，即使自己想给她打高分也没用，七个评委的评分中分别去掉最高分和最低分，而且还要在员工代表现场监督下，统计和公布评分结果。李刚鼓励她，她有多年内勤工作经验，不用太担心，但仍需做好充分的竞聘准备。

第一篇　征程

　　李刚看到几天来一直躲着自己的内勤，脸色明显开始缓和，也一直在感激地点着头。

　　竞聘和培训如火如荼地展开，员工也表现出前所未有的激情，整个组织的干劲儿越来越浓厚。

　　就在李刚自以为企业正气已压倒歪风时，周末去超市购买生活用品时发生的事情，却让他心惊。

　　那天，他刚走进超市的一楼，发现三个黄头发的小伙子正向自己围来，李刚迅速扫了一眼周围的环境，谢天谢地，不远处有一个穿特警服的中年人正陪着妻子挑选东西，李刚迅速靠过去，一直跟在他们身后，直到从超市出来。这时还有两个"黄毛"在尾随自己，而另一个小伙子在超市前的停车场已发动了越野车等待，李刚只好恳求特警，搭乘他的车……

　　李刚刚回到公司，突然接到了刘志良从市场打来的电话，公司好不容易费尽心血争取到的一个重要订单，到期了还未能交付产品。这让年仅38岁、头发就已花白的刘志良火冒三丈，解决这个问题的任务落到了李刚的头上……

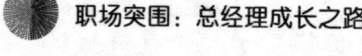

12

打造真正的执行力

三流的点子加一流的执行力，永远比一流的点子加三流的执行力效果更好。

——孙正义

好不容易争取到的大客户的首次订单，却没能及时交付，火冒三丈的刘志良当夜从市场火速赶回，在次日上班后召开了紧急会议。

营销部经理说，订单已提前两周提报给了生产部门，比其他订单还提前两天，但生产部门没有按时出货；生产部孟总辩解，他们接到销售订单后，就将物料需求计划提报给了采购部门，但有个电镀件迟迟采购不进来，他们也是巧妇难为无米之炊；采购部经理诉苦，他们也在按计划采购，但这种电镀件需要先付款后定做，财务部说资金紧张，没钱支付；财务部总监辩解，作为采购就应该有能力赊欠，否则只要一个内勤就够了，再说，也没人说订单这么急迫，如果告诉了，完全可以优先付款。刘总气愤地吼道："你们都有理由，谁都没有责任，但最终结果呢？难道就该企业倒霉吗？"

刘总责令李刚全权解决这次"扯皮"事件。事实上，采购部门竞聘后，成员已由原来的7人优化为3人，并执行了采购比价制度，乱吃回扣的现象也得到扭转，这时刘志良就把李刚管理的采购部门收归了自己管理。

第一篇 征程

在交期这件事上，李刚非常理解刘志良的焦灼心情，他为了解决流动资金，将自己的积蓄全部搭了进去，而且为了发工资，连家里的房子都抵押了，还因此闹得夫妻不和。一个38岁的人，已经操心到头发半白，他身上的压力可想而知。这次好不容易争取到的几乎可以决定企业未来发展的订单，居然在供货时出了问题，任谁都按捺不住心中的怒火。

李刚在与客户确认交货可以缓期后，一面亲自把控这批产品在各工序的实际进度，根据BOM清单，所有相关零部件一律标注红色，品管人员同步跟进，并将排查出的瓶颈工序的漏拉部件在24小时内加班完成，通知食堂安排夜餐值班人员确保供餐，同时安排专人跟踪组装前的整体进度，确保电镀件以外的其他工件都按时流转到各工序的待加工节点，跟踪人员随时和定时向李刚、孟总及营销部经理汇报进度信息。部署完这些工作后，李刚安排采购部张经理先行一步赶到50千米外的电镀厂，盯着加班赶进度，自己随后跟运货车赶到。相关车间随时待命，确保分批运到的电镀件能及时上线，由孟总在家负责整体调度、协调。第一批零部件在凌晨3点运回，随后立即投入了加工组装，第一车的组装件在凌晨5：46正式开始装车，随后陆续运往整车厂家。

这次"扯皮"事件，让李刚看到了组织运营的各个断点，自己这种救火式的临时安排，其实对组织而言有害无益。这次事件，看上去谁都有责任，但又没法找出主要责任者，大家似乎都在按自己的职责做事。这次事件，法不责众自然说不过去，可各打五十大板，就能保证这类问题不再发生吗？物流、信息流和资金流的任何一个环节出了问题，都有可能影响最终的交货。而这类环节越多，误差的累积就会越大，也越难保证每个项目都能如期交付。

103

那该怎么办？

从原因的角度看，是管理者的观念问题、职责问题、信息传递问题和考核问题。

从信息会议协调的角度看，似乎所有的会议都在强调解决问题，并且还有句口头禅，"会速议，议速决，决速行"，但涉及具体责任问题时，会议就变成了大家维护自己利益的辩论场。所谓"会速议"等，就像眼下的很多管理理论一样，只是在告诉大家该做什么，不该做什么，以及为什么这么做，其实这些道理大家心里都已经明白，而最关键的"怎么做"就是没人来告诉。

从问题解决的层面看，解决"扯皮"常用办法是：进一步界定彼此的责任，确定工作流程，跟进督查或考核。但在管理中，各种各样的问题可能层出不穷，相应的制度也越来越多，但还是难以面面俱到。

从这件事情的整体看，谁在为订单负责？谁在为企业的最终结果负责？在各自为政的局面下，似乎只有营销部门和总经理在为最终结果负责。但问题是，在缺少有效的ERP平台信息共享的情况下，信息只能一级级地传递，到营销部门最终知道结果时，也许已经来不及了。退一步说，即使营销部门事先知道某个环节出了问题，这些环节并不为营销部门所管控，他们也只能依靠协调或层层汇报来解决，但是效率很低。最后结果没达到预期时，各部门就开始相互推诿。

李刚开始反思企业运营背后的深层逻辑：是谁导致了订单的延迟？显然是各部门主管。他们的导向和工作安排，决定了工作产出的质量和进度。

头疼医头脚疼医脚式地解决问题，对组织运营并没多大实质意义，甚至每次救火都是对组织的一次伤害，那如何才能对"扯皮"事件斩草除根？显然需要各个环节主动工作。

有效的考核十分关键，但在考核体系并不完善的情况下，如何才能让这些部门主管主动负责？也许只有让他们在大众面前"亮相"，在公众压力下公开汇报，才能强化他们的责任心，此时若是谁业绩很差被汰换也无话可说。

摆正了心态，只是解决了"想做"的问题，还需要"会做"。这就需要匹配相应的技能。订单的内涵可以拆解为四个要素：交期、质量、成本（费用）及人均产出。只要各部门的工作都围绕这四个要素开展，就相当于在为订单负责。因此各部门要将当月的这些运行指标与目标、同期数据、上期的数据进行对比，出现下滑就要分析出原因并拟定具体措施。可以采取"月报"的办法，各部门在中高层会议上公开汇报业绩指标完成情况。那时，如果业绩不好，恐怕众目睽睽之下脸都没地方放。这就促使主管想方设法地提高自己部门的业绩。

正向拉动形成了，还要解决"扯后腿"的问题，这可以利用部门间的投诉。为防止报复性投诉，所有投诉要一式三份，本部门、被投诉部门和企管部各一份，企管部事前制订投诉分类分级管理制度。当然，这些投诉也要与责任经理的收入挂钩。

这种情况下谁都不想被处罚，但一道工序的管理者一般只能了解上道工序的情况，对上上道工序的情况根本不清楚，因此只有实现了信息的共享，才能让大家知己知彼，提前做好准备。此时公司还没有完善的ERP系统，不过这些信息可以通过OA平台展示，所有相关人员能在第一时间看到需要的信息，同时每道工序一旦延迟就要主动进行红色预警，这也避免了其他工序浪费精力来排查的时间。

各工序有了预警信息，但自己未必有能力解决，因此还需要制订联席会议制度。公司每天要召开碰头调度会，这个会议可以安排在下午下班前的一小时召开，以便各部门在下班前有时间安排紧急任务。这种调度会可由生产部经理主持，营销跟单内勤负责跟进，采购、品管、仓储、物流等其他部门一同参与。主持人有权直接调度、安排参会部门的工作。

李刚将思考的成果整理成了制度。在这些措施陆续实施的过程中，竞聘也逐步进入尾声。

在外聘和竞聘的管理人员到岗后，组织结构也顺利地进行了调整，生产副总由外聘的职业经理辛总担任，以前负责生产的孟总则被调任，负责党建工作。财务经理、品管经理等管理岗位都进行了相应的调整。

企业开始出现了日新月异的变化。

不过在这风平浪静之下，却是暗流涌动。

清晨刚走进办公室，李刚就收到了保卫科科长在两处厂门外撕下的举报信。举报信的抬头是：市委领导、集团董事长、刘总和公司的全体员工。内容是某年某月某日晚上某时，公司的高层管理人员李某（没标名字）和辛某（没标名字）分别在某个酒店的某楼某房间开房，给改制后的企业带来了恶劣的影响云云。李刚回想了一下，那天是因为看到辛总忙于工作没顾得上理发，晚上陪他去理了发，然后去超市购物。

奇怪的是，李刚本人居然也在当天收到了这封举报信，信封上的地址、收信人等都是打印后贴上去的。

下午下班时，李刚拿着举报信找到了刘志良，刘志良也收到了内容一模一样的举报信。刘志良告诉李刚，他不相信这些谣言，大胆开展工作就行，他仍会全力以赴地支持他，同时提醒李刚要注意严格要求自己。

面对这种越描越黑的谣言，李刚和辛总只能相对苦笑。由于举报信不是实名举报，再加上改制后的企业性质属于民营，这个事也不了了之,但这块石头却一直压在李刚的心头。

这些接二连三的事情,让李刚焦头烂额。他知道,面对这次诬告事件,一定有办法能自证清白,但自己却绞尽脑汁也想不出办法。

李刚感觉自己的知识已不能应对错综复杂的形势,因此他决定无论多忙都要学习新知识,以拓展自己的视野。

好在刘志良对李刚工作的大力支持并非虚言。李刚在巨大的思想压力下,开始打造执行力系统。

作为传统制造企业,如果没有力透纸背的执行力系统,就不可能打造出一个无坚不摧的高效团队,也无法确保长期质量稳定的产品和服务。

李刚首先安排企管部撰写《"员工守则十条"意见征求稿》,内容包括最基本的、容易执行的穿戴工作服、开会不迟到、离岗后关闭电源等常规性要求,下发至各部门征求意见。

其实李刚并不指望各部门交出什么"高见",目的是利用这种研讨来达到宣贯的目的,再说员工自己参与制订的制度,执行时也就无话可说。

"员工守则十条"很快修订完毕,企管部要求各部门自行组织学习,并告知一周后从各部门随机抽取参考人员,考试成绩将分为个人成绩和部门人均成绩两类,排名前1/4的个人和部门将获得奖励,后1/5的部门的责任者将被处罚。

在公布成绩和实施奖罚后,即按事先公布的计划时间进行检查落实。

在检查环节的设置上,李刚分离了检查权和处罚权,检查人只负责检查和记录现象,没有处罚权;而处罚人只需根据检查结果,对照制度条款来执行。如果被检查者有异议,可到处罚人处投诉。这样既避免了作弊,也化解了矛盾。为了确保检查的公正和力度,检查人由一个刚入职的、连总经理都不认识的新员工担任,李刚给该岗位单独制订了相应的管理制度。

为了确保检查的有效性，防止违纪者找借口纠缠，李刚告诉检查人使用"检查三部曲"：一问眼前的违纪是不是事实，只需对方回答"是"或"不是"；二问部门有没有组织过学习，如果没组织学习，责任不在员工，违纪责任由主管承担；三问知不知道制度中有相关规定，如果不知道，除了罚款再进行补考。

李刚知道，"员工守则十条"的本身没有多大意义，主要是通过它帮助员工培养一个习惯：从现在起，凡颁布的新制度，都要无一例外不折不扣地执行。正如部队日常训练，要形成一种条件反射，一旦听到冲锋的号角，就奋勇向前，哪怕前面是万丈深渊！

随着"员工守则十条"的执行，公司的纪律和风气出现了空前的好转。以开会为例，之前参会人员拖拖拉拉，现在只要纪律检查员在会议室门口一站，再无人迟到。李刚和其他领导都因工作服或椅子归位不及时等问题被查到过，也同样被按照规定处理。

夜深人静时，李刚却辗转反侧，感觉自己愧对老人、儿子和媳妇。老人身体还好，但也有好久没回去探望了。儿子已经一岁多了，但是见面次数有限。由于张秀华和孩子都需要人照顾，她住到了娘家，并由保姆照看。

由于李刚实在脱不开身，张秀华曾带着刚过百天的儿子来探望他。当她看到李刚头顶露出两块铜钱大小的头皮时，与李刚一起去医院做了检查，医生诊断，症状是由劳累过度导致的。当时她抱着李刚就哭了，一再哀求李刚宁可不要这份钱，也不能把命搭上。这时李刚主导的各项工作正全面铺开，这种关键时候离开，将对公司造成不可弥补的损失。

事实上，李刚遭遇的那些威胁，他从没敢告诉过媳妇，这也是严假期间他不想接媳妇到公司的原因。眼下企业已走出困境，一年盈利千万以上不成问题，李刚自然不肯离开。就在他们想要说服对方时，刘志良找到了他们，诉说了自己创业过程的艰辛和对李刚的感恩，而且承诺李刚的MBA学费将由公司承担。媳妇看到领导的真诚，就留了下来。她用了不到一个月的时间硬是用生姜片摩擦掉了李刚的"鬼剃头"，李刚的不毛之地重焕生机后，媳妇也回了海滨小城。

执行力系统打造完成后，企业的效益更是大幅度提升，管理也在一步一个台阶地走向正规。此时刘总之前承诺的8%以上的股份，已经远远超过了200万，未来更是不可限量。在李刚信心满满地想继续大展宏图时，他隐隐感觉到自己的权力正被逐步削弱，汇报工作时刘总也心不在焉，就连之前刘总承诺报销的MBA费用，发票上交后也没了下文。

在这个世界上，有时不得不面对的是，当你被情怀感动得不计得失时，人家却把利益的算盘打得"啪啪"响。

13

降维看生产管理的误区

虾,大红之日,便是它的大悲之时。

狗深深地爱上了狐狸,可他们却遇到了死神。

死神说:"你们两个只能活一个,你们猜拳吧,输的就得死。"

最后,狐狸输了……

狗抱着死去的狐狸说:"说好一起出石头的,为什么我出了剪刀,你却出了布。"

读这个故事时,已是初冬,冬日的阳光,透过办公室的纱窗洒落在浅黄色的地砖上,让整个房间发出琥珀色的光芒。

就在李刚充满疑惑,无法证明刘总是否在暗示自己需要离开时,生产部朱经理找到了自己。小朱曾是自己一手带起来的工艺员。当时这家企业生产管理混乱且情况紧急,那次重大交期延误事件中,自己在镀锌件厂家盯了一夜。而后他就将小朱挖来做了生产部经理,后来小朱成为生产副总辛总的部下。

"生产管理方面的理论有很多,我也看过很多,但真正可借鉴的方法并不多,我每天感觉到头绪繁多,老师能不能给我指点一下,作为生产部经理,如何系统地管理自己的工作?"朱经理心事重重地望着李刚。

李刚几次都不让小朱这么称呼自己,但小朱一直没改,私底下还是称呼老师。李刚理解小朱的心情,正如自己对杨老师的那种敬仰。

第一篇 征程

小朱谈了自己的管理思路，然后就跟李刚展开了讨论。作为生产部经理，他一天的工作是开早会、看报表、顺计划、开调度会和检查协调。每项工作的具体内容如下所述。

第一件事，召开早会

早会最好每天坚持，便于统一思想、强调问题和总结经验，同时也能部署当天的任务、通报重要事件等。不过时间要简短，最好不要超过10分钟，就事说事不展开讨论。

召开早会前，要做好准备。一是巡视一遍生产现场，主要看设备状况和各工序半成品的积压情况，包括注意重要订单的工序进度；二是查看值班经理的夜班值班记录，对值班记录中出现的问题要了然于胸，同时跟值班经理了解问题产生的原因；三是查看班组交接表，了解当班任务完成情况和总体进度以及注意事项；四是查看前一天的调度会记录，以便对相关情况进行部署；五是对公司新颁布的管理规定或其他重大事件进行简要整理；六是对前一天的员工工作的优劣情况进行汇总。

有了这些内容，早会就会言之有物，而不是例行应付。

第二件事，查看生产报表

开完早会、处理完一些必要事项后，统计员一般就能整理出前一天的各项生产数据。通过这些数据的波动可以了解生产的各项状况，对异常数据，要追根问底，直到解决。

在质量方面，要查看一次合格率和转序合格率。前者是质量管理的关键，因为返修会造成水电气耗、工人工效等的浪费。在成本方面，主要看损耗是否超过允耗率。在交货期方面，不仅要看入库了多少件成品，更要关注当天每个订单的组合完成情况。在工效方面，主要查看环比和同比的情况。至于特记事项中的人员、现场、设备、安全等，只要没有异常，浏览即可。

第三件事，分解理顺计划

生产计划的统筹安排，决定着生产系统的工作是否合理、有序。

在分解派工计划时，一般主要抓几个核心环节：订单汇总 — 结合成品安全库存制订生产计划 — 结合原料库存分解生产计划 — 下生产任务书（同时通知采购补充材料库存）— 入库（汇总核对各类产品入库数量，并还原为单个客户的订单，逐一进行确认）。

只要按照这个流程分解、再合并，一般就不会耽误订单交期。

第四件事，召开生产调度会

调度会的时间要尽量控制在半小时内，参加部门主要为生产部、采购部、品管部、营销部、工艺部等。现在召开调度会的时间需要重新调整，在原会议召开时间基础上提前一个半小时，这样开完调度会后，各部门主管还有足够时间回去安排。

为了节省时间，防止"扯皮"，调度会要重新制订几个原则：各部门业已完成及日常的工作内容不汇报；原因不解释、困难不解释，只谈解决问题时需要如何做；对已出现的问题，两个部门间可以协调解决的，不得提交调度会，除非两个部门意见出现分歧。会议的内容顺序则是：首先汇报上次调度会议安排工作的追踪情况，主要通报未完成项，并由相应部门主管答复下一步措施及完成时间等；其次，各部门围绕订单完成时间，提出需协助的事项或资源需求，而协助部门必须现场答复完成时间、进度等，不能当场答复的，告知答复时间；最后，主持会议的生产部经理根据会议记录逐一确认各项工作的责任人、完成时间，必要时，责任部门主管现场签字。会议结束后由专人对会议记录进行落实、追踪。

这样的会议就会非常高效，也避免了把会议开成"马拉松会"和"扯皮会"。

第五件事，做检查

管理中有句名言：员工不会干你希望的，只干你检查的。如果不做检查，一是员工不重视，还反过来说领导言而无信，二是自己也不知安排的那些工作进展到什么程度。检查时可以进行提醒和考核，否则检查也就失去了意义。

对出现异常没有反馈的，一般要严重警告或处罚，避免员工形成习惯后，在重大事项上酿成不可挽回的后果。

听完小朱的叙述后，对小朱的成长，李刚由衷地感到欣慰。他同时提醒小朱，作为管理者，要定期反思，一是将经验进行总结，再就是避免在同一个地方跌倒两次。生产部经理相当于战地指挥员，绝大部分时间应该泡在生产现场，实行走动式管理，随时发现和解决问题，而不是在办公室听汇报，靠会议解决问题。

日常遇到的问题，尽管形式千差万别，但基本可以分为两类：一类为频繁发生的结构性问题，另一类为偶尔发生的非结构性问题。结构性问题，可以根据人、机、料、法、环、时等六个因素找出内在原因，然后用制度化的程序来规范解决；非结构性问题，一般可以采用连问五个"为什么"的方式找出背后原因。

但在遇到问题时，一定要避免"认知思维"的陷阱。这也是李刚自己刚从MBA课上学到的。

二战期间，盟军的轰炸机损失很多，少部分返回来的飞机在机翼上也布满了弹孔。盟军决定在有限条件下增加飞机的部分位置的钢甲，保护飞行员生命，提高战斗力。

加到哪里呢？凭经验，既然机翼上满是弹孔，就该加强机翼的强度。于是，司令决定，用钢甲强化机翼。

这时，一位担任盟军顾问的统计学家说：司令，你看到机翼中弹，还能飞回来，也许正是因为它很坚固；机头机尾没有中弹，也许正是因为一旦中弹，飞都飞不回来。

司令大惊，赶紧派人去战地检查飞机残骸。果然，被击落的飞机，都是机头机尾中弹。

只有被击落的飞机才知道，自己是如何被击落的。但是，被击落的飞机，却已经永远无法开口。

透过现象看本质，才知道那些飞机被击落，真正的原因是机头或者机尾薄弱。因此，一个优秀的职业经理，应该能跳出问题看问题，不要受到经验的禁锢。李刚告诉小朱，自己这方面的欠缺也很突出，也正在反思中。

小朱想了解的安全库存的计算方法，李刚也倾囊相授，并提醒他，书本上那些安全库存的计算公式，复杂到让人头大，其实完全可以简化为几步（以原材料库为例）：第一步，列出所有的常规类原料；第二步，列出以上原材料或零部件的正常采购周期（含订单周转时间、供应商生产周期、在途时间，最好让供应商储备库存避免占用生产周期）；第三步，结合生产线现状，列出各材料采购周期内的生产需求量，此为理论需求量；第四步，把此材料需求量乘以校正系数。校正系数要根据企业现状，结合原料单批最小采购量、往年不同季节产品需求量、月度销售计划及以往保管员经验数量，李刚建议本企业的校正系数为1.2~1.4。对非常规类产品，确认供货周期时，还要累计采购时间、在途时间及生产周期后反馈给销售部门等。

第一篇　征程

看到小朱欲言又止的样子，李刚问他还有什么事。

小朱抬起头，注视着李刚问："听说你要离职，我想求证一下，是真的还是假的？"

李刚一下子蒙了，自己从没提出过离职，甚至都没这方面的想法。最艰苦的日子都已经过去了，自己没有理由会在这个时候提出离职啊！

李刚追问小朱消息的来源，小朱黯然答道，全公司都已传开了，自己听到这个消息已经是够晚的了，他在听到后第一时间就来找李刚求证。

李刚苦笑一下，突然意识到了什么。

李刚想起前些日子，刘总坚持让管理咨询公司进入，而那个咨询公司的咨询师就是刘总的同学。咨询公司进入企业后做了一次民调，李刚也没太在意这些。评判一个管理者的好坏，从来不能只看测验的民意，尤其是在变革整顿的特殊时期。

李刚思索了一会，长叹一声，决定找领导开诚布公地聊聊，无论结果如何，总要面对。

李刚感觉担任副总这两年，竟像十年一样长，期间尽管有猎头公司挖他，开出的条件也不错，但他感觉对不住刘老板，就没有选择离开。可自己实在太累了，也想休整一些时间，正好潜心学习MBA的课程。

他找了个下午快下班的时间，见到了刘志良。

刘志良拿出咨询公司的民调结果递给李刚，平均得分35.7分。

刘总扫了一眼李刚："影响力是一个管理者的灵魂，李刚你也知道，同样一件事情，不同威信的管理者来贯彻会得到完全不同的结果。"看到李刚没说话，刘总继续说，"你最近学MBA占用上班的时间比较多，员工们也颇有微词。可你毕竟跟我一起奋斗了这么长的时间，目前公司看似盈利，事实上填上负债的窟窿和除去不确定的账期回款，净资产也不过千万,考虑到你这两年多的辛苦付出,公司另给你100万作为补偿。以后我们还是好朋友,随时欢迎你来指导。"

  高手过招,无需多余的废话。

  话都说到这个份上了,李刚没再说什么。毕竟财务数据没在自己的手上,当初的承诺也没落在纸上,即使此时领导不承认也没办法。将心比心,自己也不能因为领导随口的一句承诺就耿耿于怀,如果一年前企业经营不下去,刘志良承担的风险将是倾家荡产,一无所有。他在抵押房子发工资时的那种煎熬,绝不是一个局外人能体会到的,再说自己仅仅付出了两年多的汗水,就获得了100多万的回报,虽买不起杨老师家一样的别墅,但换一栋大点的房子已绰绰有余。于情于理,自己都该知足了。

  佛说,凡事皆有定数。一切皆流,无物永驻。

  李刚突然变得非常释然……

职场岔路 3

从"隆中对"到"出师表",他受命时年仅31岁

早岁那知世事艰,中原北望气如山。
楼船夜雪瓜洲渡,铁马秋风大散关。

——陆游《书愤》

离开刘志良企业后,李刚除了时常带着儿子回老家陪伴父母,其余的时间几乎全部用到了MBA的学习上。随着学习的深入,李刚的思路越来越开阔,回顾当初,发现自己身上的问题的确不少,本来很多问题有更好的解决办法,但自己迷失于自我意识和深陷问题之中,竟然没有想到,有时甚至在用问题解决问题。

某日,刘志良的一个电话,打破了平静。刘志良约李刚见一个之前公司的大客户魏总。

李刚与魏总对彼此的印象并不好,李刚在任代理生产部经理时,由于生产部经理外出培训前,曾固执地接下了这个魏总的异型订单,因没能按期交付被索赔,最后自己这个代理经理变成了替罪羊,因此被免职调往清欠办。在清欠办客户分级时,李刚发现魏总居然是个负利润客户,将其列入重点压缩账期和限制供货客户的名单,之后魏总想通过送礼摆平清欠办三人,没想到他们三人不为所动,这让他非常气恼。

其实站在魏总自身利益的角度来看,他并没有什么错。但李刚只是

觉得魏总这人过于精明，因此对他敬而远之。

他们见面后，也没谈太多的事情。但通过交流，李刚才知道，魏总居然有一个大型的贸易公司和一家有着600多员工的企业。魏总似乎对李刚所有的经历都非常熟悉。分开前，刘志良偷偷地告诉李刚，魏总可能想聘他过去，李刚只是笑着摇了摇头。

没想到，忙得连电话都接不过来的魏总居然在这海滨小城待了三天，每天找李刚聊天，李刚也不好拒绝。通过谈话，李刚明显感觉出，魏总的格局很大，对很多事情都看得非常透彻，远不是自己心目中的"大老粗"。

三天时间，李刚将自己经历的所有重要事情，几乎都述说了一遍。魏总则打破砂锅问到底，他在克服那些重重困难时，为什么要那么做，义无反顾的背后基于什么样的想法，这些事情的结果与预期有什么差异……

最后一天的下午，魏总跟李刚探讨起尊严、自由和社会地位，并有意无意地展示自己的朋友圈资源。最终，魏总直言不讳地告诉李刚，希望他能加盟自己的公司，担任制造公司的总经理，并承诺自己会逐步放权。他也如实告诉李刚，目前这家600多人的企业，经营状况不尽如人意，以前也聘任过两任总经理，但都感觉不是太合适，合作时间也不长。两次聘任失败后，自己这一年来通过各种渠道先后见过17位总经理候选人，他们有些不仅有总经理的经历，还有在大企业工作的背景，但感觉他们缺少创新性思维和力挽狂澜的魄力。他之所以看重李刚，就是因为李刚的人品和一次次扭转败局的能力。

李刚自然没有立即答应，倒是同意可以以朋友的身份去工厂观摩学习。魏总表示同意，当晚就离开了。

李刚跟媳妇商量后，决定先以顾问的身份了解企业，然后再根据情况做下一步的打算。

当魏总宣布李刚是企业的管理顾问后,李刚就顺理成章地开始了全面调研。魏总事前曾说过,除了财务数据外,其他方面全部对他公开。

魏总的企业属于机械类行业,李刚对这种订单式制造企业的运营和管理并不陌生,他结合中医理论中的"望闻问切",对企业进行了深入的调研,具体包括文件调阅(望)、问卷调查(闻)、员工访谈(问)和现场了解(切)等四个方面。

李刚调阅文件时,主要通过正在运行的核心制度、标准、流程、表单、记录等来了解企业的整体运行情况,同时通过制度与记录的比对,了解各项制度的落地情况。他了解的主要数据包括:阶段内销售对比数据、产品成本构成、质量对比数据、交期数据、绩效数据、人员流失率、工龄构成、学历构成、奖罚汇总、设备停机率汇总、晋升去职记录、计划总结执行情况、会议纪要追踪情况、产品研发报告、市场分析报告、工伤汇总报告和风险评估报告,等等。

进行问卷调查,主要是了解员工内心的真实想法。李刚对问卷的设计本着六个原则:板块全面、重点突出、问题直接、便于选填、保密严谨、适合统计。他在关键事项中还导入了心理学中艾森克的L量表测谎性验证。具体填写调查问卷的抽样比例则根据岗位性质不同约占到30%~40%。为了确保员工能真实表达内心的想法,调查问卷采用无记名并集中填写的方式,李刚亲自逐批现场监控填写,填写过程中员工之间不得询问、传阅等。

员工访谈,主要是了解员工真实的思想动态,以及不同岗位和层级的员工对企业的看法和建议。访谈前,他对管理人员和普通员工分列了两类不同内容的访谈提纲。为了打消被访谈者的顾虑,访谈时,一律不允许第三人在场。

现场了解，是深入到生产一线和各部门，实地查看各项规定的真实落地情况。譬如，了解员工的积极性，可以根据员工实际到岗的时间段来分析。如果大多数员工提前较长时间到岗，说明员工工作的积极性比较高；集中在上班前到岗，说明企业的管理倚重处罚，大家担心受罚才在上班前几分钟到岗；如果上班后仍有一些人陆续打卡，说明企业的制度形同虚设。

李刚汇总了访谈结果，感觉特别有意思。

高层管理者认为：经营状况每况愈下，是中层管理者能力有问题，责任心不强，执行力差，对安排的工作要么敷衍，要么找理由推脱责任；制度不健全，管理欠规范，考核不到位，责罚不清晰，并且中层管理者关心部属不够导致人员流失。

中层管理者认为：上层许诺随意，缺少授权和信任，缺少合理的利益分配机制，内部关系复杂，人才很难引进和稳定；部门之间配合度不够，且能力不足，团队缺少凝聚力，熟练部属太少，提升管理技能的培训太少；每天夹在中间两头受气，却又不得不重复性救火。

员工认为：宁可相信世上有鬼，也不相信领导那张嘴，领导们不仅不能身先士卒，而且从来不来点实际的，譬如提高薪资、发放福利什么的，但是好事都是领导们的；所谓的管理，无非就是扣钱；在工作上，领导们都不能全力以赴，凭什么让员工义无反顾？

李刚并未被这些"公说公有理，婆说婆有理"的表面现象迷惑，而是根据以前掌握的独立原因分析法对从四个方面了解到的综合信息，按重要度排序，然后汇总分析反馈原因，采用的仍是之前总结的驱动因素四步法：

第一步，找出导致这个问题产生的所有原因。

第二步，识别出其中的本质原因，可以通过反证的方式（如果没有这个原因，这个问题还会发生吗？）逐渐剔除非核心因素。

第三步，针对筛选出的这些独立原因，利用"五个为什么"的思路逐一剖析，是什么原因导致了这个问题的产生，一直穷根究底，直到找到最原始的驱动因素。

第四步，分析这些驱动因素的协同效应，明确这些因素是独立的，还是彼此之间具有逻辑或者传导关系，然后再分析这些因素对原始问题的影响的着力点、方向、大小、时序上的差异。

汇总三周多的调研数据，李刚总结出魏总的企业经营下滑的主要原因如下所述。

① 管理层自以为是。没有人意识到自身存在问题，从而缺乏对系列问题的深刻反思。

② 企业缺少长远规划。在企业运营中，各部门并没有清晰的目标，自然就没有具体的落地规划。大家在方向不一致的情况下，各自在凭感觉管理。因目标不清晰，在管理上追求完美主义，总想面面俱到，却什么都难以做好。

③ 经营思路上以商业思维代替制造业思维。混淆了"种苹果"与"卖苹果"两种不同投资回报方式。从高层开始，凡事追求立竿见影的效果，导致在人员、设备的使用上"涸泽而渔"，因而导致大量库存的积压。

④ 在利益分配上过于"自我"。不舍得和不能有效"分钱"，挫伤了各级员工的积极性。

⑤ 缺少核心优势产品。产品线杂乱，看到什么挣钱就上什么，没有

自己真正的"拳头产品"。在技改性研发投入上，不仅投入不够，还缺少系统方法，只有形同虚设的合理化建议和制度等。

⑥ 缺少基本的信任和授权。企业内部关系盘根错节，"有令不行，有禁不止"的现象随处可见。

诊断分析表明，这家企业问题的最大根源在于领导。不仅越级管理严重，在关键的授权上也做得不够充分，严重限制了部属能力的发挥。在有责无权的背景下，各级人员很难放开手脚，做出较佳业绩。

尽管李刚一直梦想自己有朝一日能成为总经理，但他感觉自己在这种环境下很难展开拳脚，创造出理想的业绩。

李刚整理完诊断报告，并向魏总讲解后，就以这段时间家中老人和孩子需要照顾为由，离开了企业。

没想到魏总非常认可李刚的这些原因分析和建议，他再次驱车来到李刚家，告诉李刚，他组织过中层管理人员的集体表决，一致通过了聘任李刚担任企业总经理的决议。魏总居然还让每位管理者签了"军令状"，如果某一天李刚因为管理的需要，对他们进行岗位调整或辞退，任何人不得提出异议。不过，采购部与财务部等部门要待李刚熟悉企业三个月后，再行转交。其他的营销部、生产部、人力资源部、研发部、行政部、品管部等工作都由李刚全权处理。

魏总的诚意让李刚感动不已，李刚连一天做总经理的经验都没有，自己何德何能让一个资产数亿的集团的领导扔下手头重要的工作几次屈尊来找自己，毕竟人以心换心。

随后，31岁的李刚在2010年的最后一天，担任企业总经理。寒意料峭，等待他的是僵化的运行机制、盘根错节的家族势力、紧张复杂的人际关系、人心涣散的组织环境，以及领导急切的变革期待等。

第一篇　征程

14

抓不住关键点，新官上任四把火也没用

> 员工培训是企业风险最小，收益最大的战略性投资。
> ——沃伦·贝尼斯

短暂地享受天伦之乐后，李刚又要远赴他乡。他临行前想再望一眼大海，大海能让他获得心灵的宁静。大海的胸襟与气魄，常常让他忘却了现实中的烦恼。

清晨的海面宁静而安详，海风拂过，连涛声也出奇的轻微，似乎怕吵醒了熟睡中的人们。当太阳渐渐升起，金色的阳光洒在海面上，波光粼粼中，远处的海岛和渔船融为一体。近处，沙滩上的各种贝壳，在闪闪发光中招摇着。寒冷的天气也不能冷却人们亲近大海的热情，海边很热闹。三三两两的游人，渐渐多了起来，他们或立、或坐、或跑，都沉醉在自己的世界中。

他站起身，向大海告别。这次，他自己也说不清将会面对什么……

李刚上任后，并没有采取常规的先规范制度再落实执行的做法。他的经历告诉他，很多看似正确的做法，往往基于某一特定的环境。一家企业，实施强制性规范的前提，是领导有强有力的变革动机和一个比较单纯的组织。如果对盘根错节的复杂组织，也贸然采取此类措施，无疑是火中取栗，也许没等三把火烧完，自己的屁股先被烧焦了，到那时自己只能落荒而逃了。

李刚本来计划先从简单的事情入手，逐步树立起威信，然后再进一步改革企业。但在李刚解决完几个问题后，他很快发现，更多的问题扑面而来，如果陷入这些问题的泥沼之中，纵使自己三头六臂，也会被接踵而来的问题淹没。

显然，当初的想法过于单纯，现在必须尽快想出突破的办法。

可是，让人资部门招聘几个急需的人员，迟迟还没见到动静，催问时人资经理竟满口理由，之后应付性地推荐了几个干了十年还毫无进步、简历却写得天花乱坠的应聘者，李刚真想把简历甩到人资部经理的脸上。

李刚感觉此刻的自己，如同大海中的一叶孤舟，又像舞台中央聚光灯下孤独的舞者，四周满是各怀心思的看客：有些对他满怀期待，有些在看他能搞出什么新鲜事儿，有些在寻找他的破绽，有些则在幸灾乐祸，还有一些在李刚任职后的第一天就给他"倒计时"……

面对僵化的运行机制、人心涣散的组织环境、走马灯似的员工流失、领导急切的变革期待，李刚心急如焚，但茫然四顾，整个公司似乎只有他自己在着急。可仅靠自己，如何能推动这载着600多人的船呢？

在四面受困的情形下，如果没有几个拼命三郎辅佐自己，恐怕累死也枉然。而一旦错过了入职后最佳的变革切入时机，在"看客们"观望期过后，信心会随之消失，那时再开始发力，就是大罗神仙也难以挽回败局。再说，领导也不会接受迟迟见不到动静。

如果将这些管理者分为支持者、观望者和反对者，然后鼓励支持者、团结观望者、抵制反对者，对这种局势而言耗时太长，企业根本等不起，再者他们的下一级又会出现各种类型的问题，效果未必理想。

一个好汉三个帮。李刚记得通用电话公司董事长查尔斯·李曾经说过,最好的CEO是构建团队来达成梦想,即便是迈克尔·乔丹也需要队友来一起打比赛。因此第一件事要解决核心团队"人"的问题。

他想起了自己的徒弟小朱,李刚离开刘志良的公司后,自己推荐过去的负责生产的小朱感觉气不过,也选择了辞职,听说他在新单位干得并不顺心。

李刚和小朱通话后才知道,小朱干得的确不如意,正准备找下家。当初小朱负责生产时李刚就提醒过他,要多学些人力资源方面的知识,这对管理非常重要,小朱言听计从地报了人力资源师培训班。

李刚建议小朱以自己助理的身份,介入人力资源管理,缺乏人资经验的小朱显得有些犹豫。李刚鼓励他,不逼自己一把,怎么会知道自己有多优秀!

小朱接受邀约后,从他那里,李刚得知自己的另一个工艺员徒弟小韩,在获知他们的成长和收入后,也跃跃欲试地想跳槽,但稍显腼腆的小韩没有跟李刚提起这事,可能与李刚平时的严厉形象有关。李刚知道,小韩平时一直在以自己为榜样,对自己创造的那些奇迹一直惊叹不已,说动他应该不成问题。小韩的工龄近10年,比自己参加工作的时间还长,是机械设计专业,平时做事非常严谨,之前也在管理岗位上历练过,如果让他负责制约企业发展的技术部门,应该不成问题。

目前技术部的管理一团糟,领导的一个同学是技术副总,但试制、验证、工艺定额等流程几乎从不遵守,而且独断专行,还动不动"踢皮球",导致产品出现一系列问题,别人又无可奈何。

李刚随即跟小韩通了电话,计划聘他为技术部副经理,小韩当即应允,甚至高兴得连说话都有点磕巴。

对内部关系错综复杂的企业来说,换人的做法显然是下策,而且会造成风声鹤唳的负面影响,上策是必须激发出现有团队的积极性,企业才能迅速扭转局面。

李刚思索良久,终于想出了一个办法,可以通过封闭会议来统一思想,封闭会议并不是告诉大家怎么做,而是告知行为准则和如何去思考。

这次封闭会议,目的在于唤醒核心员工对企业的责任意识,改变他们遇到问题时的思维模式。

小朱和小韩到岗后,李刚安排成立了一个封闭会议筹备小组,让他们全力以赴地协助自己筹备封闭会议。在小朱、小韩的带动下,筹备小组每天工作到深夜,讨论和演练会议的每一个细节。

这三天三夜的封闭会议,内容主要包括:

①人员范围。选取班组长以上及企业的核心骨干,人数控制在100人左右。

②有效分组。随机分组,避免同部门人员带来的压力。每组人数为7~9人,这既能保证自由发言,也有利于充分的讨论。然后用个人和小组的名次来激起个人和集体的荣誉感。小组成立后,每个小组可自行讨论命名、小组口号等,然后将小组名称等打印在事先准备好的空白台签上。

③纪律保障。这家企业一贯纪律松散,正好借此进行规范,将迟到、早退、说话随意、不按要求发言、下班不关电源、离座椅子不归位等现象,一律纳入小组评分。个人得分一律纳入小组计分,以促进内部监督。

④公正评分。纪律、讨论问题、回答提问、各项评比得分,都事先公布评委及评分标准。纪律打分由专人负责,回答问题,由课题主讲人

根据具体情况打分，讨论问题，由评委和非回答问题的小组评分，然后去掉最高分和最低分后进行平均。为了防止领导身份对组员自由发挥的干预，副总们一律进入评委行列，众目睽睽之下，评委们的打分不敢不公正。各小组的得分则一律现场记录、公示。

⑤统一思想。会议进行包括心态、质量、营销、思维方式等方面的培训，同时组织员工对企业问题、价值观、战略目标等进行大讨论。

⑥制造"触及灵魂"的感悟。主持人在主持过程中反复引导，每个小组就相当于一家企业，组名就是自己企业的名字。每天上午、下午、晚上的开始和结束的时间，各组都要喊自己的组名及口号，强化组名在大脑中的印记。小组活动结束后，倒数第一名的班组被强制倒闭解散，即主持人宣布该企业倒闭，将写有企业名字的台签取回后直接扔进垃圾桶（这个刺痛神经的动作必须训练到位）。在这揪心的时刻，宣布倒闭小组的所有成员，重新开始"找工作"。让所有参会人员身临其境地感受倒闭时刻的迷茫、艰辛和被"招聘者"拒绝的痛苦滋味。在此期间，主持人提示各小组要像对待自己的事业一样珍惜小组的未来，以领导的心态来决定是否吸纳新员工。"找工作"时，每个小组都必须质询应聘者在整个活动中的经历。

⑦音乐选取及灯光配合。封闭会议最关键的一个环节是模拟"企业倒闭"时的心理冲击，在倒逼"找工作"阶段，使用提前备好的微弱灯光，此时主持人要用沉重的语调引导参会人员进行反思。这时的背景音乐可选取离别类的伤感音乐，包括期望中含有悲怆的《祝你一路顺风》等。

⑧宣布获奖名单。"找工作"结束后，突然亮灯，主持人开始宣布获奖名次，并强调市场的竞争像突然亮起的灯光一样，不会给任何人适应的时间，市场淘汰你，连招呼都不会跟你打。然后让倒数第一名班组

的所有组员上台分析什么原因导致了自己"企业"的倒闭,自己的问题在哪,应该对"倒闭"承担什么样的责任,在这次失败中自己有什么收获,未来应该怎么做。总结完经验教训,所有组员被惩罚做俯卧撑,组长的数量是组员的3倍。主持人在组员做俯卧撑时强调,企业的倒闭,没有一个组员是无辜的,每个组员只有承担起整个企业的责任,而不仅仅是自身的职责,企业才能活下去。获得第一名的小组,每位成员都上台分享成功的经验,并获得鲜花和掌声,第二三名的班组则由组长介绍经验。个人前十名获得者,其所在的小组名次必须在前50%,因为这个时代不需要个人英雄主义,需要的是团队作战。

⑨回归部门。在各小组的评比结束后,随机组合的小组解散,各部门主管召回自己的人员,现场讨论本部门的年度目标、部门精神和下月计划等,并由领导带领部门员工现场宣誓承诺实现集体目标。个人可以用OKR方法,列出一个"胆大妄为"的目标(不纳入考核)。为了提高效率,13个小组同步进行,个人目标在组内宣誓,但每组要选3名代表向全员宣誓。

……

李刚物色了一圈,没能找出合适的主持人,只能自己上阵。因为这次会议成败的关键,在于主持人能否在每一个重要环节准确诠释环节背后的含义。

会议取得了超出预期的效果。在封闭会议的模拟"倒闭"阶段,昏暗的会场上,从20岁的员工到60岁的副总无一不泪流满面,包括主持人李刚。

在封闭会议的最后阶段,组员回归部门后,再也不像会前那么随意、拖沓,尤其在部门精神挖掘、目标制订、计划分解和个人OKR目标拟定时，所有参会人员都高度严谨、用心。

会后，李刚根据事先的规划，安排各部门将部门的精神、宣誓照片、承诺目标一律上墙，让员工每天都能看到部门的目标和当初的承诺，要求每个部门周一必须重温一遍誓词。

在封闭会议结束后，这个一盘散沙的企业，执行力和员工凝聚力都获得了很大提升，每个人在遇到问题时开始主动想办法去解决。

李刚感觉轻松了许多。

但随着时间的推移，李刚看到部分管理人员开始松懈了，甚至"扯皮"现象有所抬头。李刚立刻召开全员职工大会，并安排企管部在每个管理人员的办公桌上放置一个台签，一面写有部门名称和自己的姓名，另一面写有"问题到这里结束！"。自此，"扯皮"现象就很少见了。

尽管李刚的处境有所好转，但企业的利润却没有出现大幅度的提升。管理的本质，尽管是人性的管理，但并非为了情绪高昂的士气或者一片歌舞升平的和睦景象，目的在于为企业创造辉煌的效益，为消费者带来价值，为社会做出应有的贡献。

作为总经理，李刚没有理由抱怨市场竞争的激烈和消费萎靡的大环境。可作为一家一直处于亏损的常规制造类企业，又该从哪些方面入手，效益才能迅速好转？

15

你以为走出了经营的困境，太天真了

用他，就要信任他；不信任他，就不要用他。

——松下幸之助

三十年河东三十年河西，真是造化弄人，李刚做梦也想不到五年前自己曾亲手将魏总的企业评判为负价值客户，取消了它的供货资格，如今自己却接手了这家企业。现在回想起来，如果让自己重新选择一次，李刚还是会那么做。毕竟每个人要站在自己企业的立场上追求利益最大化，也正是因为自己不为魏总的礼金所打动，才有了魏总对自己人品的认可。

了解完财务数据后，李刚才知道，企业的经营状况远不是魏总轻描淡写的那样，如果不是贸易集团的输血，恐怕这家企业早已不存在。如果继续输血，恐怕贸易集团也会被拖进无底的深渊。

企业需要立即找到开源节流的办法，至少要保证眼下急需的现金流，否则活下去都是个问题。这些固然都迫在眉睫，但最核心的问题却是员工思想涣散，大家都没有了心劲，员工还处于不停的流失中。开源节流的方案固然重要，但更关键的是通过这套方案，让大家看到希望，重建信心。

整体看来，有魏总的贸易集团做后盾，市场开发的工作可以稍缓。但在节流上，必须立即着手。从之前自己调研的情况看，企业的浪费触

第一篇 征程

目惊心，但这些浪费又不仅是表面的"跑冒滴漏"，还有生产损耗、质量损失、库存浪费、"扯皮"内耗、低效产出和采购浪费等。在成本的管理上，连最基本的定额领料制度都没有实施。

如果采用传统的管理方法，从建制度开始，按部就班地规范下来，恐怕企业早就倒闭了。现在企业连发工资都成了问题，哪有那么多资源供自己调遣。眼下最紧迫的任务是"节流造血"，通过梳理企业内部价值链的各个环节，来挖掘财源。

好在封闭培训会议后，核心岗位的员工心态发生了较好的转变。而这种积蓄的力量，正需要一个引导的方向。李刚考虑再三，计划先从沉淀资产和应收账款等几个方面入手，最大程度地盘活现有的资产活力。当大家看到这些可行的步骤后，就吃了定心丸。

他将自己的思路与几位副总协商后，组织召开了中层扩大会议，将自己的方案公布，让大家一起讨论、修订。在会上统一意见后，方案提交给了魏总，很快就被批准。

在方案实施前，李刚组织了全员会议，坦言企业目前存在的问题，以及这些问题产生的根源，同时，把未来的目标、措施向全员做了解释，然后用企业发展历程中攻坚克难的事例来鼓励大家，恳请大家万众一心，因为公司面临的这些暂时性困难，都已经有了解决办法。

随后这些工作迅速、有序地展开。

（1）盘活企业的应收账款

财务部对应收账款进行统计和分类，如账期内欠款、超账期但业务正常欠款和呆死账等。对账期内欠款，制订压缩账期的外部客户、内部营销人员的阶段性激励政策；对超账期的欠款，要逐一分析原因，然后由业务员进行追缴，财务或第三方部门协助；对第三类呆死账，成立清欠办，采取针对性措施，必要时诉诸法律。对以上各类欠款的清理，高层每人监控一块，便于协调资源、监督进度和协助处理应急事项。待时机成熟后，企管的制度再同步跟进，避免后续的反弹。

（2）盘活企业的内部资产

企业冗余的内部资产，不仅占用了资金，还产生了折旧和报废损失，更是增加了管理成本。因此由财务副总牵头、生产部门配合，组织一次资产大盘点，将固定资产的闲置部分进行变卖或对外租赁，对流动资产中的原料、半成品、成品、备品备件、废品等，进行一次彻底整理，留下必备的备件库存，其余的清点后，对能组装或只需加工个别零部件就能变成成品的，一律组装后低价出售，剩余的变卖废品。同时，重新调整订单发货流程，将半成品库存逐步取消。

（3）梳理价值链，保留核心优势业务

由于以前看到什么产品赚钱就去做什么，企业产品非常凌乱，既给几十家中低端的"杂牌军"厂家配套生产零部件，也自产十几款小家电产品和采暖炉等。

配套零部件业务的整合分两步走：一是梳理系列备件产品，对量小和亏损类部件，原则上一律停产，同时优化经销商并加强核心厂家产品质量的管控，由此可减少大量的退货和售后费用；二是安排人手，获取对外出口的资格证书，这既便于未来开发国外市场，也是开发国内中高端市场的敲门砖。

对小家电类产品，利用波士顿矩阵分析法，分类对待。在与营销团队讨论后，先将十多款"瘦狗"类小家电产品砍掉，只保留销路较好的两种"现金牛"产品，然后收尾善后。对其中一款在研发中、有较大销售潜力的产品，停止研发，将优化后的研发组从办公室赶到市场，买回畅销的同类产品，听取用户和售货员的意见，然后将人家的产品经验组合进自己的产品。

对夕阳行业的采暖炉产品，将库存零部件消化完后，直接停止生产。

在具体的配套零部件的质量管理上，品管部——对接厂家的质量要求，满足即可，不搞质量过剩，同时对在产产品针对重点投诉问题进行系统改良。在准时交货方面，重新梳理采购、仓储、生产、组装等环节，并根据生产节拍重新整合，同时安排工艺部限期对相近产品的孔距等进行标准改造，尽量确保模具通用，减少换模时间。在业务的整合上，以集团贸易公司的销售为主，凡与之重合的业务一律停掉。根据产品的整合方向，对业务人员进行重组，将多余的2/3业务人员转交集团贸易公司。

（4）实施灵活的产品价格策略

对不同的产品和区域，实施区别性价格政策，加快资金的周转。在攻坚克难阶段，宁可低利润及时回款，也不做高利润长周期业务。对特殊、量大的现款订单，只要产能允许，微利甚至保本都要争取，哪怕不考虑分摊的间接成本，因为这些订单或许是一家企业的救命稻草。这种规模优势，也有利于降低采购成本和吸纳优秀员工。

（5）提高原料库存周转率

第一步，列出所有常规类原料；第二步，列出以上原材料或零部件的正常采购周期（含订单周转时间、供应商生产周期、在途时间等）；第三步，结合生产线现状，列出各材料采购周期内的生产需求量，此为理论需求量；第四步，把此材料需求量乘以矫正系数1.2~1.4，以留出余量。对能在供应商处库存且不耽误生产的原材物料，一律杜绝入库，避免劳而无功的库存管理和提早计入付款账期。

（6）拓宽企业的融资渠道

除了正常的金融机构融资外，企业与上游供应商、下游客户开展战略性融资合作。综合分析后筛选出的适合战略合作的供应商，利用账期政策进行间接性融资。

（7）统筹支出计划

企业的支出是资金链的输出端，每天都在发生，支付的进度将直接决定资金链的紧张程度。因此对付款支出，要制订不同类别的支付标准和策略，同时制订出周、月付款计划，原则上按计划付款，以免被动。

（8）保住核心客户

核心客户决定了企业是否能有源源不断的订单和资金收入，是企业资金链的主要输入端。根据"80/20"原则，为企业创造价值的客户大约占20%。李刚近阶段的重要任务之一就是走访这些非集团管辖的核心客户，在与客户增进感情的同时，了解他们真实的需求和自己企业存在的问题，然后有的放矢地进行解决。

（9）保住核心员工

企业的生存和发展，靠的就是人才，但很多企业的重视人才只是停留在领导的嘴上。为了避免这种现象，公司根据可替代性和贡献值进行岗位分类，同时培养多能工。对不同类型的核心岗位人员，相应的领导层要定期召开员工座谈会，听取他们的意见，让他们能参与决策，体现出企业对他们的尊重。同时筛选一批储备干部，让他们与在岗干部接受同样的培训。不过在产品线和流程改造后，出现了40%的冗员，这让李刚非常头疼。辞退这些员工，意味着企业会付出不菲的费用，但不辞退，企业就会被拖死。

（10）将成本中心转化为利润中心

从营销到生产到质量到采购一直到服务部门，把所有的部门都作为利润中心或价值中心来考核（节省费用也等同创造利润），譬如质量部门要对比质量成本指标，人资部门要对比人均工效和人均利润。

（11）建立资金、市场风险预警机制

将风险分为欠款风险、客户风险、资金占用风险、资金耗用风险、市场风险、用人风险等，进行风险等级划分并做到事先掌控。

……

以上系列工作说起来容易，但在实际推动中，由于其涉及很多管理者的既得利益，执行起来步履艰难。李刚为此常常工作到深夜。为了维护与核心客户的关系，李刚在拜访客户的途中，不幸发生了车祸，算李刚命大，昏迷了一整天后，捡了条命回来。

一天，财务经理来到他的办公室，汇报公司的收入达到了盈亏平衡，企业走出了困境，现金流也有了保障，李刚一下子怔在了那里。

当历尽千辛万苦，终于把企业从生死线的边缘拉回，他再也不用整日提心吊胆时，李刚一头钻进了自己的宿舍，放声大哭，一直以来憋在心底的委屈，他再也无法压抑……

五个月悄悄过去了，企业的效益开始出现明显好转，但领导承诺的采购和财务业务全面转交依然未见动静。事实上李刚也没太在意，他平时看到这两个部门就头疼，财务部门真正的掌权者是做出纳的"老板娘"，有时领导签完字都不管用，自己接管也是自找罪受。而采购经理是领导的弟弟，工作推动的难度可想而知。这期间为了协调这两个部门，他已经费尽心机。

之前李刚一直困惑，这种家族管理模式怎么让一家企业发展到600

135

多人的规模。不过李刚现在明白了，是由于魏总天才般的营销能力，他在拉动企业不停地复制规模，随后企业因产品质量、交期、成本等管理没跟上，才开始了停滞和衰退。

就在这时，李刚工厂不远处，新开了一家工厂，产品跟李刚公司的产品类似，只是规模小得多。他们只招收熟练工，工资却比李刚所在的公司高出10%~20%，技能工开始大量流失。

李刚心急如焚，他很清楚，每流失一个熟练工，意味着直接或间接损失都是工人工资的数倍甚至十几倍，而且这种人才很难短期培养出来。还有两件事也让李刚焦灼不安，小朱并没有顺利成为人资部经理，在魏总的坚持下，他只做了人资部的副经理。小朱的顶头上司人资经理，同时向魏总和李刚汇报工作，也就是说，人资部门的管理权只有一半在李刚手里。更有意思的是，小韩的长项是技术，但魏总却安排他管理设备。

李刚已顾不了这么多，人员不能再流失了。但企业在这种情形下，大幅度提高工资显然并不现实。再说单纯依靠提高工资，也只能短期留住人。关键是邻近的这家工厂是在定向挖人，企业很难应对。

李刚想起了行为科学家的"蜡烛实验"。

在1945年，心理学家Karl Duncker做了一个实验。

他给参试者一根蜡烛、一个大头针盒和一个图钉，要求把蜡烛固定到墙上，但不能让烛油滴到桌上。其实这并不难，普通人很快就能想出办法：突破原有的"盒子"思维，把装大头针的盒子作为放蜡烛的平台，钉到墙上。

心理学家找了两拨人，对第一拨人说："我要开始倒计时，只想看一下一般人需要花费多长时间才能解决这样的问题。"

他对另一拨人说："我要开始倒计时，如果你是前25%解决问题的人，就能拿到5美元，如果你是今日所有人里面解决最快的，就奖励20美元。"

最终的结果是，第一拨人比第二拨人，平均快了整整三分半钟。

这背后，其实是动机的力量。

日本很多企业的员工一生都不跳槽，就在于企业解决了员工们的后顾之忧。在长期利益保障下，员工只管拼命工作就行，因为企业就是他们永远的"家"。

而现在魏总的企业，跟大多数企业一样，领导与员工是一对欢喜冤家，双方在没有共同利益的情况下，却不切实际地期望自己的利益最大化。领导希望员工对待企业，像对待自己的衣食父母一样，用心而勤奋。员工却只顾眼前的利益，当一天和尚撞一天钟，内心在想，即使企业未来增值了一万倍，与自己一毛钱关系都没有，既然如此凭什么为企业考虑那么多？因此一旦有更好的机会，就会立即走人。企业付出的几年培养，也付之东流。这种"同床异梦"的体制得不到解决，员工与企业就永远不可能一条心！

如果采取股份制，让企业的未来与员工的未来挂钩，企业每一分盈利和成长都与员工息息相关，解决掉员工的后顾之忧后，员工必然会全力以赴。"在岗股"就是一种很好的利益捆绑方式，员工只要在岗，就能长期享受企业的股份和利润分红。

让每个人都持股，显然没有必要。这种大锅饭式的盲目配股，反而让大家都没有感觉。根据"80/20"原则，为企业创造效益的，主要是那20%的核心员工，应该先筛选出他们，再行配股。只有核心员工真正变成企业的主人，以高度的责任心工作，才能真正给企业带来希望。

这种识别体系的设计，可以利用星级评定的方式，将员工的绩效考核成绩、工龄、学历、职称、重大贡献、技能比武结果、劳动纪律、出勤天数、先进或表彰级别等作为评价维度，分配不同的权重，然后对员工进行一至五星的评定（为了控制比例，前三级满足条件自然晋升，四级以上需评委二次评定），不同星级的员工将享受不同的福利待遇，而只有三星级以上的员工才有资格配股，这就避免了学历职称与贡献不匹配的问题，也为员工提供了除职务外的晋升通道。

为了防止高股份让人不思进取，这些配股每年还应根据公开的标准再行审定调整，次年再享受新核定的股份待遇，而当年的分红则按上一年的配股享受。

李刚将这些思路整理好后，就去找魏总汇报。魏总正盯着面前的城市规划图出神，听到股份分配方案后，直接予以否定，并解释说，公司新进的这些高管，已经增加了不少开支，现在企业的效益刚有好转，这些措施暂时没必要。解决人员流失的问题，股份的事，等过段时间看看再说。

李刚知道所谓增加了不少开支，指的是自己及新招聘的小朱、小韩，还有新外聘的品管部辛总和企管的马总，以及新引进的技术人员等，而这个"看看再说"显然就是不要再说的意思。

李刚无精打采地回到办公室，小韩和辛总先后找来，提出了离职。

李刚无奈地为他们办理了离职手续。

他一脸茫然，核心岗位的人员流失，意味着自己精心规划的那些措施也将付之东流。那等待自己命运的又是什么？

李刚突然想起小时候跟邻居家的孩子玩的那次捉迷藏，他想尽办法找到了一个很好的藏匿地点，攀着梯子藏到了谷仓的上面。等了许久，那个孩子也没找到自己。就在他沾沾自喜地感觉胜利在望时，探出头悄悄瞄了一眼谷仓下面，发现梯子竟不见了……

16

一次撤退：总经理辞职信与回信

> 一次良好的撤退，应和一次伟大的胜利一样受到奖赏。
>
> ——瑞士军事理论家菲米尼

有时命运的戏谑就在于，本以为自己是一名长跑健将，可刚迈步就被一箭射中膝盖。

李刚的心情糟糕到了极点。小韩的离职，自己具有不可推卸的责任，当初答应人家做技术经理，但魏总的同学，那位技术副总死活不肯答应，只好在魏总的授意下，让小韩到了生产的设备科负责设备管理，而这并不是小韩的强项，小韩坚持了一段时间，最后还是提出了离职。好在他找到了一家前景不错的企业负责技术，让李刚心里有了些许安慰。

而人资部门更有意思，人资部门居然受自己和魏总的双重领导，人资部门的工作同时要向他们两人汇报。当初和魏总协商好的让小朱做人资经理，以便进行薪酬和考核体系的改进工作，最后在魏总的坚持下，这些都不了了之了。

李刚思忖，也许职业经理新入职，领导的支持力度还会比较大，但随着工作的开展，某些人的利益可能会受到影响，再加上这些人跟随领导多年，对领导的性格、嗜好、避讳也非常了解，领导对他们也更加信任，久而久之就会影响领导对事实的判断，从而众口铄金，积毁销骨。

李刚知道封闭培训只是一剂强心针，作用不可能维持太久，所以紧锣密鼓推动了"价值链梳理11条",在加盟"蜜月期",虽然磕磕绊绊,但总算执行了差不多,但在岗股直接被领导否决,这意味着很多后续工作都没了根基。

其实在初进公司时,李刚就发现自己办公室的摄像头。李刚的一举一动,包括自己跟谁谈话,谈了多长时间,领导在两个中控室里都能看得一清二楚。因此很多人跟李刚谈话时,都小心翼翼,这让李刚如鲠在喉。显然这是魏总的授意。

因为这种不信任,李刚曾在入职一个月后就提出了离职。但魏总言辞恳切,李刚换位思考后,觉得也能理解,也就留了下来。只是他隐隐约约听到一个传言,说厂区已被纳入了征地规划,但李刚对此并没在意。

压垮李刚的最后一根稻草是,一个生产班长的撤职。这个班长,带领的班组业绩极差,之前他就问过生产部经理,为何不另选班长,生产部经理诉苦说,自己早想换掉他,但这是魏总选中的,谁敢动?李刚跟魏总也曾提起过此人,魏总说要给他成长的机会。后来李刚凌晨2点巡查时,居然发现这个值班的班长擅离岗位一个多小时。次日,李刚直接找魏总汇报,建议撤职,魏总居然不置可否。此后大约过了一周,该班的质量问题导致客户索赔,魏总大发雷霆,把生产部经理、人资经理和那个班长叫过去,现场宣布将班长撤职。

李刚实在不喜欢这种工作环境,毕竟一个人的价值观并不是靠几句话就能改变的,魏总显然跟自己不是同一路人,道不同不相为谋。自己远在异乡,再这么继续做下去,也没多大意义,这里并非是自己的梦想之地。

这次,李刚毅然决定离职,为了避免不必要的口舌,李刚给魏总写了一封辞职信。

第一篇　征程

魏总：

您好！

今天，当我不得不怀着复杂的心情提笔时，心中充满了感慨和遗憾。我上任总经理已经五个月了，期间的酸甜苦辣，一言难尽。尽管目前的多项指标已经是我们公司成立以来的最好水平，但我还是决意离开。

一、反思进入公司的决策

1. 是因为原因接受了任命，而非因为目的——我迈出的第一步就错了

当初跟您协商，我对公司进行了为期三周的调研，在呈交管理诊断报告后我选择了放弃。三天后您亲自开车到我家，告诉我，您组织过中层管理人员集体表决，一致通过聘我做总经理的决议，并让他们每个人签了"军令状"，如果某一天因为我的管理需要，对他们进行岗位调整或辞退，任何人不得有异议。我很感动，也知您变革决心之大。种种复杂的原因让我接受了这一任命。

问题恰恰出在这里：我是因为原因接受了任命，而非因为目的——我迈出的第一步就错了。

进入公司一个月后，在意识到公司过分注重短期利益，授权也远不够充分时，我提出了离开，是您的诚心挽留再一次打动了我。

但我们配合的最大问题在于，您希望通过一个职业经理去改变现状时，却没有意识到系统问题的根源大多出在自己身上。职业经理依之，将舍本逐末；反之，也注定要面临失败。

二、反思战略思路的配合

一家企业的战略要统领全局，是企业发展之大纲。战略是基于企业使命，充分分析优势、劣势、机会、威胁等因素并配备必要资源的结果。企业不同的发展阶段需要不同的战略。

先看一下我们公司的部分运营指标和问卷调查数据。

（1）几个主要运营指标

在销售额方面，2009年销售额较2008年增长2.3%，2010年增长率为-10.7%；在质量方面，2010年配套产品退货率为13.8%；成本方面基本变化不大；交货期没有统计数据。

（2）部分调查问卷、访谈和文件记录的数据

了解公司战略规划的员工占比3.8%；因认同企业而留下的占比5.1%；员工公平满意度29.4%；越级指挥普遍性74.5%；规章制度执行率13.4%。

近几年业绩徘徊的原因是：运营指标是结果，问卷调查的数据是原因。您对诊断报告是认同的，我们也不止一次沟通过，企业由快速增长变成停滞不前，已经说明企业发展遇到了瓶颈。

事实上，在我进入公司不久，您重新调整了2011年的年度目标。这个目标是在前三年业绩徘徊的情况下，销售额增长32.8%。

回顾我们公司发展的历史，公司的发展得力于您敏锐的市场洞察力和广泛的社会资源，公司是在行业竞争力极小的情况下，借火爆的行业形势，靠低端产品价格优势迅速发展起来的。

尽管您嘴上承认规范管理为第一要务，但内心似乎更偏好规模效益，更在意的是短期盈利。因此在股份制的改造上，也许您更在意的是自己付出了多少。

但我一直在想，如果员工不能齐心协力，我们的未来怎么办？我们的核心竞争力在哪？靠技术？靠管理？靠市场资源？还是靠价值链？我们没有任何优势可言！

三、反思对下工作的推动

一家企业的成功，80%在于执行力，良好的执行力可以弥补和纠偏战略的不足和失误。而在我们公司有一个很奇怪的现象，同一件事情，不同的人安排，会出现大相径庭的结果。下面从公司最基本的几个方面，分析我们不能有效推动工作的原因。

一家公司，组织结构的确定要服从公司的整体战略，然后根据企业发展的需要进行岗位分析，进而把合适的人员选拔到合适的岗位。而在我们公司，因人设岗现象严重，核心权力层都是跟随您十年以上的老部下，如您身边的司机都陆续做了部门经理、副总经理。回报的方式有多种，如果送他们出去深造，对他们以及企业是不是一种更负责任的做法？

在公司组织伦理方面，您远没有意识到越级指挥给一家企业带来的危害。当您看到工人维修效率太低，挽起袖子自己动手，或者认为哪个地方需要调整，现场就调动起资源，效率倒是有了，但原有的计划也被打乱。试想您担任了多年的"救火队长"，其结果是不是"火势"越来越大？问题也像您带的手机一样变得越来越多？对此我曾不止一次跟您沟通过，您也意识到其中的问题，但您认为自己就是这个脾气。也许您更需要的是个人崇拜，而非组织崇拜。

人事权的控制，将决定一个管理者的权威。在680名员工中近四分之一是亲属关系的复杂环境中，我非常清楚变革的艰难程度。在我们公司，人力资源部经理要接受双重领导，我们的人事调整过于艰难。生产系统一个班长的调整，他的领导都没有权力，但在这个班长工作出问题后，您一怒之下当众将其撤职。如此一来，班长的直接上级权威何在？部属有必要在乎他吗？一个个被架空的主管，员工会服从他们的管理吗？当层层都可以不服从安排，企业会是一个什么样的局面？

法之不行，自上犯之。让一个人做他不太愿意做的事情时，只有两个办法：一个是通过沟通改变其观念，二是设计奖惩制度促使其主动行动。在纪律规范的过程中，为了有效推行企业的一系列举措，我首先组织了封闭会议，然后推行了"企业基本规范十条"，为了有效推动，还实施了检查和处罚两权分立。感谢您在这一点上的大力支持，实际看到的结果是，一路下来被罚的几乎都是一些主管，还有您倚重的那些员工，公司纪律也随之出现空前的好转。但问题在后边，很多人开始提出异议，穿工作服重要吗？开会时手机响就会影响企业效益吗？还不如把精力放到多生产一个配件上。问题是，您的态度也随之发生了动摇。

也许原因在于您承载了企业的核心矛盾，既有自身理性和感性的矛盾，也有自己超前思路与原有滞后管理团队的矛盾，还有原管理层与外聘高管管理思路的冲突。不同力量博弈的结果往往成了判定决策执行的依据。

四、反思如何评价一个管理者

我们的根本分歧在于，缺乏统一的价值评判标准。

一个组织对某人进行评价，如果30%的员工说好，50%的员工不了解，20%的员工说差，人无完人，应该说这个人还是不错的。事实上，这种比例带来的结果却是近70%的人认为这个人不怎么样。原因是影响切身利益的那20%的人会不遗余力地大肆宣扬这个人如何不好，而那30%的人是很少主动站出来纠正的，最后，那些不明真相的员工也就自然倾向于舆论宣传者的观点。

我知道您耳朵里每天塞满了各种各样的声音，您知道吗？您的一个家庭会议，其影响程度超过我几个会议的总和不止。我知道您喜欢听这些声音，兼听则明，这本身没有错，但那些汇报者如果真正想解决问题

（不含投诉），为什么不直接找他的上级？而您又总是在有意无意地寻找支持您信念的信息。

在对待具体问题的处理上，职业经理往往认为，有益于企业发展的就要坚持，错误的就坚决否定；而站在领导的角度，有时即使明知职业经理的做法正确，出于各种因素的考虑，也会断然否定。

魏总，这次我离意已决。我已身心憔悴，也迷失了方向，我不知道接下来该怎么做？

我怀着极其复杂的心情，怀着对公司和您的感恩，怀着希望公司成为百年品牌的良好愿望，一口气写了这么多，说的不一定对，却是我的肺腑之言。

感谢您这五个月来对我的关心和照顾，您的心地宽厚、雷厉风行和敬业精神让我由衷敬佩。为了避免给企业造成一些不必要的负面影响，您可以考虑以一种有利于公司的方式让我退出。

再次感谢！

2011年5月26日

魏总看到李刚去意已决，无法挽回，就以不适应企业发展的"原因"，让李刚当天进行了工作交接。

过了一段时间，网上就出现了一篇与总经理辞职信针锋相对的回复。

关于总经理辞职信的回复

李先生：

你好！

我考虑再三，还是决定提笔回复这封辞职信。

首先非常感谢你阶段性加盟我们的公司，我也代表公司的全体职工对你这段时间的贡献表示感谢。当你坚持离开这片不适合你发展的"土坏"时，我很遗憾，也很痛心。我并不否认你信上所说的这些问题，而这也正是我竭力邀请你加盟的原因。

一、关于你走入企业的决策

我们分歧的根源，看似是管理角色的界定，实质上是两种不同的价值观。

你知道，这家企业在风风雨雨中走了17个年头，才终于走到了今天。周围的企业一个个在我们面前倒下了，我们自己也经历了几次死而复生。不曾参与其中的人，根本无法体会个中滋味。这迫使我战战兢兢，如履薄冰，如同司机开车越久，就越懂得谨慎。

说心里话，我不是不信任你，你的人品我也非常赞赏，否则也不会从18个候选人中选定你。但有些事情我总需要权衡。

你可以认为我思想保守或心理准备不够，但作为一个领导者，由清晰地了解企业的点滴变成只知道企业的大概，这种悬空的感觉，让我一次次从噩梦中惊醒。让我完全放下，谈何容易？我毕竟是人，不是神。说得不客气一点，你可以把企业当成自己某个发展阶段的平台，但我不能，这家企业是我生命的全部！企业一旦经营失败，你可以拍拍屁股走人，找一个下家，而我呢？我只能以企业的倒闭来写我的"辞职信"。

你走入企业，是我们双方各取所需的结果。

二、关于战略思路的配合上

我不否认你超前思路的正确性，但换个角度看，世上的很多事情，并非是表面上看到的那么简单。

我也时常在反思，一个创业者挣钱的目的究竟是什么，钱这东西生不带来，死不带去。再富裕也无非一日三餐，一衣遮体。虽说百年企业人人向往，但一家企业能生存30年、50年已经很不容易了！我们的企业又能走多远？

企业的点点滴滴无不浸透了"老臣"们当年的汗水，车间、门卫室都是他们在三九严寒中一砖一瓦垒起的。发展慢一点没关系，可一旦企业倒闭，他们可能无处谋生。谁也不知道明天和意外哪个先来，所以我必须把短期的利益放到首位。有了过冬的棉袄，才不惧怕寒冬的到来。

也许在你眼里，我很多守成的做法是不思进取的表现。你把企业的指标性业绩放到了第一位，如果期望的业绩不能实现，也许你就会拂袖而去。企业的成长是你们职业经理能力的证明或者生存的意义。而在我眼里，做正确的事远比正确地做事更重要。

三、关于对下工作的推动上

你认为，我对你工作的支持力度不够。其实，通向成功的，不只有一种管理思路，条条大道通罗马。

也许我们出发点不同，行为自然会迥异。从职业经理的角度，你会毫不留情地把不适应企业发展的所有员工撤掉，但这些跟随我多年的员工仍需要企业来养活，企业不可能放弃他们，无论你把这叫作小农意识还是狭隘的个人情结。

也许某一天，当你感觉不适的时候，你会比较轻易地离开，正如你今天的离职。但他们永远不会抛弃我，他们会与企业生死不离，直至终老。

因此，在领导的眼里，忠诚大于能力。

四、关于对职业经理的评价

对职业经理与领导关系的评价，这个话题太大，我不敢妄下结论，但国人几千年来观念的养成、文化的积淀、互信的基础，等等，都会影响到评价，而且这种状况也许不得不在未来很长一段时期内存在。

我希望这家企业能基业长青，这也是我引进你及其他高管的初衷，只是每天我耳朵里充斥着不同的声音，我听到的更多的是抱怨和意见。干部心态的动荡，让我不能不产生疑惑。

在你离开后，我也进行了深刻的反思，在职业经理市场还远不够成熟的今天，一旦企业的战略确定后，让职业经理做总经理，领导做总经理助理或许更适合企业的发展。

之后辞职信和回复都出现在了网上，这个"现象级"的问题引起了网上的热议，也形成了观点截然不同的两大阵营：一个阵营强烈支持李刚，因为他的辞职信说出了很多职业经理压抑已久的心声；一个阵营坚定支持企业领导，因为企业领导要为经营的最终结果负责，有太多不被理解的难处。

就在网上两种针锋相对的观点争论得不可开交时，李刚突然听说，魏总的那个厂区由于业务蒸蒸日上，被征用时损失巨大，因此获得了巨额的赔偿；而那个竞争新厂，背后的领导也是他……

谁在局中？谁又在局外？谁是自以为是的棋手？谁又在谈笑间背后做局？

第二篇　感悟

17

职业成功基因

> 无论你是不是含着金钥匙出生，都要靠自己用力地活着。

自童年开始，每个人都有自己美好的梦想。但随时光流逝，蓦然回首，有些人已经实现了理想，有些人却离当初的梦想越来越远。同时参加工作，彼此之间并没有很大的差别，究竟是什么原因，导致了几年后如此巨大的差异？

《世界上最神奇的24堂课》告诉我们："思想主宰着行动，每个人的思想及思维方式决定了一个人的现状和未来。"

成功基因之一：目标明确

男儿不展风云志，空负天生八尺躯。　　　　　　——冯梦龙

一天，几位同学去拜访大学时的老师。老师问大家生活得怎么样，一句话勾起了大家的满腹牢骚，大家纷纷诉说自己的种种不如意：工作压力大呀，生活烦恼多呀，做生意的商战不顺呀，当官的仕途受阻

呀……一时间大家都成了上帝的弃儿。

见他们说得口干舌燥,老师从房间里拿出很多杯子,摆在茶几上。这些杯子各式各样,有瓷的,有玻璃的,有塑料的,有的杯子看起来高贵典雅,有的杯子看起来粗陋廉价。老师说:"你们要是渴了,自己倒水喝吧。"

等他们每个人手上都端了一杯水时,老师指着茶几上剩下的杯子说:"大家有没有发现,你们挑选的杯子都是最好看的、最别致的杯子,而这些塑料杯就没有人选中它。"没有人觉得奇怪,谁都希望自己手里拿着的是一只好看的杯子。

老师说:"这就是问题的根源所在!我们真正需要的是水,不是杯子,杯子只不过是我们用来盛水的一个工具,而我们的心思却往往放在了杯子上。"

现实中,很多人也陷入了同样的误区,在寻找一种所谓"满意"的感觉,却忘记了自己真正的目的!工作只是一个过程,自己究竟想通过这个过程实现什么?

如果想成为一名优秀的职业经理,那就看组织能不能给你提供学习成长的机会,要不怕苦不怕累不怕下基层;如果想成为一个领导者,那就要选择各种不同阶段的企业深入了解,哪怕不要工资,也要了解对方失败在哪里,日后方可避免;如果想快乐工作,那就找一份与自己兴趣相关的工作,而不是追求高收入;如果想实现自我价值,那就要看企业能不能给你提供实现自我价值的平台,而不是虚荣攀比……

美国哈佛大学为了探讨人生目标对一个人人生的影响,曾做过一个为期30年的跟踪研究,结果是:当初没有人生目标的27%的人几乎都生活在社会的最底层,一直在失败的阴影中挣扎;60%目标模糊的基本上都生活在社会中下层，整日只知为生存而疲于奔命；10%短期目标清晰的大多进入了白领阶层，他们生活在社会中上层；只有3%长期目标清晰的，他们为了既定的目标，几十年如一日，积极进取，百折不挠，最终成为精英人物。

那目标来源于哪里？首先在于深入研究和挖掘自己，充分分析自己的优势、劣势，分析自己想干什么、能干什么，然后将自己的长项打造成核心竞争力，这个核心竞争力所能达到的极限，就是目标。

洛克菲勒发现，最能创造价值的人，是那些能够彻底投身于自己喜欢的领域的人。因为每个人都会忠于自己的天性，想要成为自己渴望成为的那种人，因此目标最好能与自己的爱好相结合。

所以成功的关键在于，要有明确的人生目标。明确的目标是引领一个人前进的原动力。在追求成功的路上，要不断地告诫自己：专注！专注！

不谋万世者，不足谋一时；不谋全局者，不足谋一域。人的一生中，会遇到许多的歧路和诱惑，那边风景再好，不是自己未来想要的，就要学会放弃。放弃该放弃的，是人生之大智慧，"舍得"不是一种态度，而是人生的一种战略。

成功基因之二：规划清晰

　　凡事预则立，不预则废。　　　　　　　　　　——《中庸》

1984年，在东京国际马拉松邀请赛中，名不见经传的日本马拉松运动员山田一本出人意料夺得了冠军。人们认为这个小个子运动员能夺得冠军纯属意外。两年后，他在意大利国际马拉松邀请赛上再次夺冠。当记者问他成功的秘诀时，他回答说："每次比赛之前，我都要乘车把比赛路线仔细观察一遍，将长跑路线上的几个关键地点记得烂熟，每当我跑完一个里程，我就盯着下一个里程的名字，这样，一段40多公里的赛程就在我心里被分成好几段小的里程，而我需要做的就是努力以最快的速度跑完每一个短的里程。"

职业规划同样如此，目标确定后，就要把目标分解成若干阶段性小目标，随着阶段目标的完成，自己既定的人生目标地会逐步实现。

记得在企业内训中，一个员工问我，怎样做才能成为一家企业的高管，或者在最短的时间内依靠自己的收入买上车子、房子？

其实，目标分解后，小目标就会比较容易实现。以一名刚进入企业的新员工为例，其晋升一般要经历员工、班组长、车间主管、经理这几个阶段，随着职位的提升，待遇也会提高。

众所周知，由一名普通员工晋升为兵头将尾的班组长必须具备三方面的条件：技术权威、群众拥戴并被有班长任命权的车间主管认可。想在技术上出类拔萃，唯一的办法就是要比别人付出更多的汗水，为了多掌握一项技术，别人的活要抢着干，哪怕工资归他，而不是每天两眼只盯着加班费和下班的铃声；如果想得到周围员工的拥戴，就须见人三分笑、遇事不计较，多去关心别人、帮助别人，背后多给同事正面评价，等等，而不是执着于自己的个性；对车间主管，不要把心思放在请客送礼上，而是要设法做他工作的参谋，车间的很多实际情况和部属的想法他未必清楚，而你可以从另外一个角度发现和思考问题，多与其沟通，提供一些提升团队业绩的建议，只要你变成他工作中的"拐棍"，他自然愿意提拔你做重要的事情。担任班长后，就须提高自己的管理能力，发下工资后的第一件事就不是购买心仪已久的那件外套，而是买一些管理类书籍，你的时间要用来学习，还要用来跟高管交流一些经验得失等。你今天遇到的问题和困惑，或许正是他昨天经历过的。当你的团队业绩提升后，成为车间主任的机会一旦到来，你会很容易将它抓住。

所以成功的关键在于，规划要清晰，并沿着规划一步一个脚印地走下去。积沙成丘，积少成多，日积月累就会一步步走向成功！

而要清晰地规划，首先需要准确地给自己定位，同时分析目标与自身现状的差距，将行动分解到每年、每月、每周、每天，再把每天遇到的事情按重要、紧迫两个维度分类排序：重要且紧急、重要不紧急、紧急不重要、不紧急不重要，按这个顺序做事。坚持每天进步1%，大约69.7天就能进步一倍。

日本经营之神松下幸之助先生曾经说过："想知道一个人会有什么成就，可以看他晚上的时间在做什么。善用晚上七点到十点的时间的人，他的成就将比一般人高出两倍。"

成功基因之三：心态积极

心态决定行为，行为决定习惯，习惯决定人生。 ——谚语

以前做主管时，曾破格录取了一个小姑娘。当时企业招聘业务人员，要求是男性、本科学历。那个温州的小姑娘居然也来应聘，而且学历只是高中而非本科。被拒绝后，她直接找到复试的地方。我问她为什么应聘业务代表，她告诉我，她今年26岁，想在30岁的时候创业，她现在非常渴望能到一个正规的企业学习营销知识，而且只需集体宿舍，别的无所谓，免得上下班路途太远，耽误了晚上的学习。我了解了她的从业经历，她几乎每次都能从竞争中脱颖而出。我告诉她新员工报到，我们可以全天接待，但我们早上七点上班，她说只要企业需要，可以七点以前赶到，而她租住的房子离我们单位二十多千米，且交通不便，我很疑惑她会怎么做，她毫不迟疑地说无非早起点嘛。

就是这个营销队伍中学历最低的女孩子，五个月后被提拔为领导七十余人的促销主管。

心态决定成败，成功者往往具有的是积极的心态，把问题看成挑战和机会，并想方设法地去解决，成功者的思维方式是"要解决某问题，需要如何"；而失败者则习惯以消极的心态去面对人生，对待问题的思维方式是"因为存在什么原因，所以如何"，把问题看成结果，问题从而变成了真正的问题。

真正打败自己的，往往正是自己！而只有那些具有前瞻性眼光，并真正了解事业真谛的员工，才会以积极的心态去迎接困难和挑战，从而脱颖而出！吴士宏就是靠顽强的学习精神和克服万难的气魄，从最基层的岗位做起，后来成为IBM(中国)销售部总经理，再成为微软中国公司总经理。

所以成功的关键在于，充满激情地全身心投入，勇敢地面对和克服前进路上所有的困难和挫折！向前、向前、再向前！

志不强者智不达。当你非常渴望得到某种东西时，最终就一定能够得到。

一个人能走多远，还将取决于他与谁同行。计算一下自己周围六个朋友的收入就能知道自己的收入。因此你想成为什么人，日常就要去多接触他们，并设法与他们为伍。

成功基因之四：立刻行动

合抱之木，生于毫末；九层之台，起于累土；千里之行，始于足下。

——《老子》

我出生于贫穷僻远的农村，父亲一场意外的重病，彻底打破了原来生活的节奏。为了不再被人看不起，我从此发奋读书，终于从一所普通中学考取了录取率较低的知名大学。

大学毕业后，开始工作的第一年，我处在人生的迷茫中，并没意识到问题出在自己身上，每天在抱怨中得过且过，浑浑噩噩消磨着时光，几乎一事无成。

后来在机缘巧合下，结识了恩师杨成坤，从此改变了自己的命运。在种种艰难困苦面前，自己从未停止过行动，我也因此获得了人生宝贵的经验。

一次，我问一批刚毕业的大学生，如何看待基层实习期？他们比较一致的回答是，无论如何不能超过三个月。其实，你有什么样的基础就会有什么样的未来。基层的锻炼，除了积累工作经验，主要是锻炼一种意志和品质，培养一种人生处事的态度。如果不能真切体会基层员工心态，连员工的想法都不了解，不能知己知彼，未来如何担当重任？

一分耕耘一分收获，有多少积淀就会获得多大的成功。很多人之所以失败，主要根源在于缺少行动。有些人眼高手低，胸怀大志却鲜于行动，整日浑浑噩噩不知所终，结果目标也永远停留在了口头或者想法上；有些人耐不住寂寞，头脑一发热，决心冲云霄，但三分钟热度过后，就放任自己的惰性；还有些人说"现状已经让自己没有时间去顾及其他"，却发现他回家就开始上网、看电视剧。

一个人如果没有超强的勇气和坚韧不拔的毅力，想在任何一个领域做到卓越，几乎是痴人说梦。《菜根谭》告诉我们：欲做精金美玉之人品，定从烈火中煅来；思立掀天揭地之事功，须向薄冰上履过。

所以成功的关键在于，面对自己的目标要有责任感、使命感，立刻行动并百折不回！行动力是一个成功者必备的基本素质，没有行动，一切都是空谈！只要将"立刻行动"连续坚持21天，就能培养出自己的行动力。

奥格·曼狄诺曾经说过："我将决不杞人忧天。我的成功和幸福不会出自翘首张望,而在于,从我做起,从今天做起。那奔流的分分秒秒,不像宝贵的粮食,可以永久储存。"

成功基因之五:勤于反思

吾日三省吾身。　　　　　　　　——孔子《论语·学而》

一位高僧与门徒走在雨后的土路上,他的新布鞋上沾了许多泥点儿。

一位穿了雨鞋的门徒问他:"出来时为什么不换双鞋呢?"高僧望望连着村子与外界的泥泞的道路,意味深长地说:"换鞋不如换路呀。"门徒顿觉心头一震。后来,在高僧的带领下,大家一起硬化了路面,再也不用走泥泞的路了。

做正确的事永远比正确地做事更重要!

对追求成功者而言,不仅需要低头拉车,还需要抬头看路,更要回顾以往:每天都要对自己的行为不断地检讨、反思和总结,自己都有哪些进步?行为是否与目标有关?是否离目标更近了一点?采取的方法是否最佳?有哪些经验可以借鉴?有哪些教训可以吸取?是否及时发现了问题并解决?

记得在魏总的公司任总经理时,我计划成立一个成本管理办公室,但缺少一位主管,人资部门在内部发现了一个还在试用期的员工比较符合条件:本科,财会专业,在原来的企业一直负责成本管理,七年相关经验,且专注于财务工作。我跟他谈了不到一刻钟,谈得他满头大汗。我只好告诉他:"很抱歉,你工作了七年,只学到了工作三个月的东西。我需要的这个职位的收入起码是你目前职位收入的三倍,但非常遗憾。"

现实中,不少的人一生只在重复几个月的工作。

更不可理解的是,有些人"脑袋"跟着"屁股"走,"屁股"跟着"感觉"走，稍不如意就跳来跳去，还居然把这种冲动看成了一种能力，从不去认真反思自己最终的目标是什么。到头来一事无成，留下的，除了岁月在脸上的痕迹就是满脑子的抱怨和理由。

　　这个世界永远没有借口！如果你不满意目前的生活，只能责怪自己三五年前的决定；如果你不想三五年后过眼前的生活，那就要从现在开始改变。

　　天上不会掉馅饼，也永远不会有人来拯救你，只有靠自己，去学习、去反思、去拼搏！

　　所以成功的关键在于，以终极目标为方向，不断地思考和总结事物的本质规律并运用之。

　　一个习惯用脑子干活的人，一生会用脑子干活；一个习惯用手干活的人，一生只能用手干活！

18

四个管理段位

> 花半秒钟就看透事物本质的人，和花一辈子都看不清事物本质的人，注定拥有截然不同的命运。
>
> ——马里奥·普佐，《教父》

李刚回顾自己20多年的职业生涯，从车间的一个普通工人，到代理生产副经理，一路走到营销经理、人资经理，再到副总、总经理，期间经历了太多的困惑与沉浮。面对同样一件事情，当阅历和眼界不同时，看到的会是完全不同的景象。而其时因身在局中，往往昏昏然而不自知。

目睹了不同类型和规模企业的跌宕起伏后，他越来越感觉到，一个人的格局，决定了他看待事物的视角和处事的方式，也决定了其生命的宽度。

一、对就是对，错就是错

这个阶段，属于问题思维阶段，关注表面的现象多于关注实质，而且常常以自我为中心，总坚信自己看到或者经历的就是真理。

1. 个人层面

阅历尚浅，眼里只有"是"与"非"、"对"与"错"、"黑"与"白"，从没有中间的"灰色地带"。正因为眼界和高度不够，只能看到事情的局部和表象，此时却高昂着头颅，谁都不服，井蛙观天却又固执己见。这时有些道理跟自己是讲不通的，讲多了也是徒劳，因为自己只相信眼睛看到的"腹之大象"，甚至有时为了捍卫自以为是的"真理"，宁可争得头破血流。在处理人际关系方面，则是看不惯的人太多，此时只相信物以类聚、人以群分，会跟一两个性格相近的人走得很近，对其他人则爱答不理，人际关系较为紧张。

此时这个人就像一枚棋子，眼里只看到敌对的一方，只知道勇往直前，然后一头扎进问题里再也跳不出来。

譬如，面对拔河比赛，只关注谁输谁赢，而且根深蒂固地认为，输就是输，赢就是赢，难道你能说输的一方赢了吗？

2. 企业层面

这个阶段的企业刚刚度过了最初的生存期，处于制度建设和管理探索阶段，但只知道套用管理理论。此时制度至上，强调执行力，对任何违反制度的行为都会坚决打击，重视苦劳甚于功劳。企业的战略主要关注成本，一切以省钱为大。企业在研发方面，靠的是抄袭仿造。

这个阶段的企业文化只停留在口头上。对待竞争对手，有你没我，有我没你。而在目标上，则是朝令夕改。这种企业套用制度三五年后，就会陷入发展的瓶颈，进而在徘徊滞胀中衰落。

企业的终极规模或行业地位，只能是一个地域性的企业，企业也只是发展阶段的昙花一现。

3. 管理者处理问题层面

譬如，公司制度规定，员工旷工三天，予以辞退。张三连续旷工了三天，也没事先请假，如果不辞退，管理者是接受不了的，因为张三藐视制度和主管的权威，而且还容易导致其他人效仿，这还了得！辞退在很多人眼里就成了唯一的选项。管理者只关注制度层面，不能关注企业经营本质的层面，也不会意识到辞退某个特定对象可能给企业带来的后果。

4. 案例

两位女同事吵得不可开交，领导忍无可忍："太不像话了！吵什么？把原因给我说清楚！"

两人一听，又争先恐后地各执一词吵成一团。

"够了！"领导大吼一声："错的先讲！"

顿时，世界安静了……

如果此时领导忙着去分辨是非，很有可能裁判还没当成，却被双方夹击得体无完肤。要将思维上升一个层级，跳出问题去解决问题。

二、没有对错，只有立场

这个阶段处于原因思维阶段，注重变易，关注原因多于关注目的。此时眼睛向外，遇到问题时能够换位思考，习惯先问为什么，并能跳出问题的表象来探索原因并解决，不过容易陷于就问题解决问题，甚至用问题解决问题的泥潭。

1. 个人的层面

这时个人已进入全面思考阶段，能全方位思考原因。譬如，能在面对对方"荒谬"的做法时，换位思考，并体谅对方。也正因为看透了对方的"伎俩"，处理事情时会顾虑很多，很容易将简单问题复杂化，甚至会见风使舵。由于八面玲珑，人际关系会处理得比较好，能在职场中左右逢源。但这时因将大量心思放在了琢磨人上，就会忽视做事，创造的实际业绩会一般。

不过此时能明白：某件事的对错不能一概而论，而是由立场决定。

此时，这个人已由棋子变成了一个对弈的棋手，不仅会考虑自己该怎么走，还会换位思考，考虑对方为什么会这么走，有时甚至以退为进，迷惑对方，而且能在成功或失败中总结经验教训。

譬如，面对拔河比赛，他会研究比赛规则，分析对方的优势劣势，考虑队形排列、人员安排、如何配合等策略，让局面向有利于自己的方向转化，而不只是拼到最后看结果。

2. 企业层面

这个阶段的企业开始重视统计分析体系，并且有完善的计划总结系统。一些常用的PDCA、5W2H、SMART、4M和"五个为什么"等管理工具会被导入，有时甚至会被过度使用。在解决系统问题时，容易陷入用问题解决问题的迷途。譬如，员工的工作积极性不高，可能就考虑换人，结果发现还是不行，再考虑规范制度和流程，结果制度规范好了还是不行，再考虑加大考核力度，加大考核力度后还是没解决问题……企业就在这种问题解决的循环中，不停地折腾，直到元气大伤。

此时，企业文化只是"墙上"的文化。对待市场竞争，能深入分析市场及竞品的优劣势，然后攻其所短，扬己所长。但企业缺少核心竞争力，制度繁多且不系统，组织的目标难以分解细化至终端执行层。此时一般会实施利润优先战略，研发的动力也来源于对利润的追逐。

这种企业，能阶段性成为行业的领先品牌，不过领先的原因是比同行业其他企业的管理早走了几步，很快就会被后来者超越，进而衰退。如果是在成熟行业的企业，则是靠特有的资源来生存。

3. 管理者处理问题层面

譬如，张三旷工了三天，决策者会根据原因区别对待，不会轻易地一刀裁，会尊重现实，换位思考是否遇到某种不可抗力。因此制度就有了灰度。

4. 案例

一个人请他的盲人朋友吃饭，饭后天色已晚，尽管主人一再挽留，盲人还是坚持要回家去。主人就给他点了一个灯笼，盲人很生气地说："我本来就看不见，你还给我个灯笼，这不是嘲笑我吗？"

主人说："因为我在乎你，才给你点的灯笼。你看不见，别人能看得见，这样你走在黑夜中就不会被别人撞到了。"

三、对即是错，错即是对

这个阶段属于目的思维阶段，注重简易，关注点是目的或结果，眼睛只盯着前方。"对即是错"，在很多不理解的人眼里，这属于标准的"混蛋逻辑"，但处于这个阶段的人则能理解。

1. 个人层面

这个阶段，眼里已经没有单纯的对错，而是基于目的来定义对错。这时他会注重职业的规划等，然后通过不断的努力逐步实现既定的目标。在处理人际关系上，可能显得"势利眼"。有些极端者，甚至为了目的不择手段。

此时，这个人由棋手变成了组局者，看重的不是某人的输赢，而是组局的效果。

譬如，面对拨河比赛，他并不关注双方的输赢，而是在看活跃团队气氛或增进团队感情的目的是否能达到。

2. 企业层面

此时的企业，处于重视愿景和战略规划阶段，能积极探索适合自己的经营模式、赢利模式，并不断优化流程，同时重视员工积极性的调动，包括考核方式的不断改进等。这时企业能垄断某项核心技术或产业链，对员工和管理者的评价，一律用业绩和数据说话。研发的动力则来自客户端的需求。

此时企业注重市场占有率和品牌积淀，"客户是上帝"已不再是一句空话。对待市场竞争，虽有共赢的格局，但绝不允许品牌受到侵蚀，一旦第二、第三品牌开始蚕食自己的目标消费群体时，会不遗余力地反击。这时企业的制度、流程烦琐复杂，企业文化只能部分落地，或选择性执行。

此时企业的规模会比较庞大，甚至把控了主业产业链的上下游，同时也能较为长久地占据行业领先地位，但此时，成功往往阻碍了创新的积极性。其风险来自内部官僚体系的僵化、替代品的出现或新营销模式的颠覆。

3. 管理者处理问题层面

譬如，张三旷工了三天，决策者考量的是各种处理方式对企业的利弊，如果一项重要的任务非他不可，就会采取权变的措施；如果辞退的作用大于留下的贡献，就会选择辞退。总之，管理者会选择最有利于组织的处理方式。

4. 案例

在一次朋友聚会上，单身的小张和女孩小李非常投缘，因为他们都喜欢足球，很快聊得火热，关系也迅速升级，当大家聚会结束后，二人仍相约深聊。

不过小张喜欢德国队，认为这次世界杯德国队必胜，因为德国战车非常严谨，其他国家队到了比赛国往往安排游玩放松，而德国队却憋在房间里研究竞争对手的球场布局，分解对方球员的每一个动作，每一次失误，每个球员的踢球特点、优点、弱点等，然后谋划如何布局和应付，所以他坚信德国队必赢。

而小李呢，喜欢阿根廷队，她是马拉多纳的铁杆球迷，因马拉多纳曾创造了一个人击败一个球队的神话，他的节奏感让他面对任何球队都如履平地。

小张口才好，驳得小李哑口无言。两天后的结果是，德国队以1：0战胜了阿根廷队。

当小张兴高采烈地第一时间把这个消息告诉小李时，小李平静地说："我知道，你胜了！"随即把他拉黑。

故事中，看似小张对了，实则错了。他忘了自己的"目标"是小李，而不是那个阿根廷队。

记得多年前，曾在电视上看过一场大学生关于人之初性本善还是性本恶的辩论，其实，人之初本无善恶，只是一张白纸，在于后来的际遇如何画填。再者，何为善？何为恶？每个人的判断往往与各自的价值观取向和立场有关。当然，谁输谁赢并不重要，重要的是活动通过辩论激发大学生思考的目的达到了。

四、对还是对，错还是错

这个阶段，属于价值思维阶段，注重不易，兼顾变易，思考简易。关注事情的焦点在于创造了多少价值，做出了多少奉献。此时已深刻领悟无为而治，眼里已没有"敌人"，只在仰望和追随自己的信仰。

1. 个人层面

这个阶段，已世事洞明，大道至简，大智若愚。一切都回归本真，为善、助人为其信条。"圣人不积，既以为人，己愈有，既以与人，己愈多。"

此时做事的逻辑已跳出事情的本身，主要精力用于建立系统，能把复杂问题简单化，把简单问题数量化，把数量问题程序化，把程序问题体系化。

此时，这个人不再是一个对弈者或组局者，眼里已经没"棋"。在他眼里，棋局只是一个表象，近看有局，实则无局。棋局也只是一个用来历练人心智，磨炼人心法的工具而已。

譬如，对待拔河比赛，已经跳出了"拔河"的本身，其实什么活动并不重要，关键在于这个阶段的必要性，以及想让参与者明白什么。

这个阶段会选择做正确的事，而不仅是正确地做事。

2. 企业层面

企业已真正进入了言行一致的文化管理阶段，评判是非对错的标准在于企业的价值观，衡量奉献价值的大小在于为企业使命做出的贡献。组织是开放的，能兼收并蓄各种不同的想法和建议，鼓励创新，但价值观的准则不可动摇。对管理者的评价以价值观为基准。

此时企业所有的制度、流程，都以消费者和为社会创造更大的价值为核心，企业存在的意义在于改善人类生活的某个方面。此时决策者的眼光不再紧盯竞争者，他目光所及之处尽是消费者，他思考如何更好地为顾客服务，将真诚服务奉为圭臬，并不断改变自己、提升自己来服务消费者。此时再也不会出现顾客因占座不消费而被驱赶的现象。研发的动力来源于改善客户的体验，为客户创造更大的和价值。

此时的企业只为信仰和价值观而存在。明白了自己要什么，不会贪多求大，更不会无限拓宽多元化。遇到与信仰有悖的业务，哪怕暴利也不会染指。

这种企业规模未必很大，但会长盛不衰。

3. 管理者处理问题层面

譬如，张三旷工了三天，怎么处理取决于价值观，与任何一级管理者无关。只要与价值观相悖，哪怕张三对企业再重要，也会将他舍弃。

4. 案例

在日本龟有车站附近，有家内山果子店，这家果子店开业至今已经50年了，主要销售零食和饮料。店主名叫内山吉雄，90岁高龄。随着年纪的增大，老人的体力越来越无法应付理货等体力活，于是渐渐地，店里只出售香烟。

内山老人本想把店关掉，安度晚年，但是两年前有位客人不小心把包忘在了店里，老人担心关店后，包的主人回来再也找不到他，也担心包被交到了警察局，超过三个月的保管期限就会被处理掉，于是他选择了留守。

虽然两年来从没有人过问包的事，也许连包的主人都已经遗忘了，但内山老人唯恐自己没尽到店主的义务，在余生不多的岁月里，他一直在这个本该歇业的小店里等待着……

我们中国的企业家付出的并不少，什么时候当我们也拥有了内山老人一样的格局和情怀，我们的百年企业才会遍地开花！

19

你所不了解的总经理风光的背后

你只看到了他人前的风光，却没读懂他背后的煎熬和哭泣。

当上总经理之后，李刚感觉自己死不了，活不成。起得比鸡早，睡得比狗晚，吃得比猪差，干得比驴多。对待订单像蚊子见了血一样，每天还绞尽脑汁地琢磨，明天的工资在哪？然后不停地算计、算计、再算计。

自从当上了总经理，李刚感觉同时打开了通往天堂和地狱的窗户。

1. 死不得

当了总经理后，他才知道情怀只留给那些无病呻吟的"玻璃心"们。

以前总觉得自己做得很辛苦，当了总经理才知道，什么叫累不能歇，困不能睡，死不能死。

如果不是经历那次车祸，真不会相信人的潜能无限。

那次出差途中的车祸，让自己昏迷了一整天，恍惚中到了上帝那里，上帝说，你不能死，还有两个订单没有完成。

昏迷中，儿子趴在身上哭喊着爸爸，他还在那里一个劲儿地叫"装车、装车"。一想到这次出差的任务，能让员工三天后的工资有了着落，他居然兴奋地一骨碌爬起来，医生刚喊完奇迹，他又一头栽倒。

李刚的背后，是680名吃饭的员工。

当你被放在太阳下炙烤的时候，才能明白总经理的日子有多难。

2. 病不成

当了总经理后，才知道灵魂跟不上自己的脚步。

自从领导将企业交给他，为了让企业生存和发展下去，他每天不仅要面对工作压力，还要应付各种各样的应酬。酒量不大，只能硬撑。

病不敢病，一边输液一边工作绝不是传说，以生命博事业是一个总经理的常态。

李刚有一个朋友，做了三年的总经理，救活了一家企业，自己却得了抑郁症和偏头疼。在职时不敢病，卸下担子病终生。

因此李刚找到朋友，写下灵隐寺的那副对联，挂在办公室的墙上：人生哪能多如意，万事只求半称心。

3. 没了自己

当了总经理，便从此没有了自己。

时间将不再属于自己，都被各种事项和应酬所占据，也被秘书事先设计好了。

在看似一人之下众人之上的光鲜背后，上有股东的压力，中有盈利的困惑，下有解决不完的问题。明明那些问题已经解决，还没来得及清理战场，蓦然回头，竟又冒出了一堆新的问题来，赶不尽杀不绝。而自己是企业最后的防线，避无可避，必须解决。

遥想当年，自己曾踌躇满志，立志不为君王唱赞歌，只为苍生说人话。如今再也不见了当年那个意气风发的少年，只剩下那象征早衰的"光明顶"还在不眠不休的攻城略地。

两个多月，好不容易抽出几天的时间回家休班，晚上正陪着妻子、儿子散步，突然公司来了一个电话，明天有个重要客户到访。

他丢下妻儿，连夜启程。

一边是妻儿，一边是工作，没人能懂这灵魂撕裂的痛苦。

4. 丢了家庭

总经理没有家，企业就是家。

即使有时妻儿在身边，等满怀疲惫到家的时候，孩子睡了，妻子也睡了，第二天不等他们醒来，自己早已赶往企业。

家就像自己寄宿的一个客栈。

夫妻两个人更像难以并轨的两条火车道，由于缺少沟通，彼此间越来越难以产生共鸣，距离也越拉越大。

"爸爸"这个词，在儿子眼里越来越陌生，直到只剩下背影。

总经理，渐渐地熟悉了企业，慢慢地陌生了家人。总经理注定是一个难以兼顾周全的憋屈角色。

5. 像个孙子

当了总经理后才明白，大家看到的只是聚光灯下的笑容，却看不到幕后灵魂的煎熬和哭泣。

以前，只要在网上抱怨几句就会收到回音，如今却无语话凄凉。

客户那是衣食父母，在客户面前活得像孙子自然认了。对那些分分钟钟就能让自己停摆的部门，活得没有尊严也理所当然。

但是，突然一天，核心研发人员说"世界这么大，我想去看看"，你怎么敢让他去看？一旦去了，工艺的改进和新产品的开发就会戛然而止，企业的未来怎么办？你只好使出十八般武艺恨不能让自己变成那个他向往的"世界"，只为了让他留下。

6. 吝啬如鬼

以前做部门经理在申请费用或要求提高员工福利时，看到总经理斤斤计较如葛朗台，背地里没少骂他奸商！守财奴！吝啬鬼！

如今，面对永远不够用的现金流。不仅在开源上，在节流上也开始算计，算计，再算计。

这些年，原材料价格在涨，人力成本在涨，办公费用在涨，各项开支都在芝麻开花节节高，但唯有产品价格涨不起来。面对薄如蝉翼的利润，对员工报上来的每一笔支出，削减、削减、再削减。

因为他必须知道，明天的工资在哪里。

繁忙和焦灼拖垮了身体，而某些员工却在拿着工资混日子。

但让企业活下去，是总经理最重要的使命！

7. 无人诉说

当了总经理后，

没有订单时的焦灼，

有订单没利润时的恐惧，

有利润没资金时的烦恼，

有资金没法保证交期和质量的困惑……

凡此种种苦楚，却找不到可以倾诉的对象。

这诸多的烦恼只能永驻心底。自己是员工们的精神支柱，万万不能坍塌，更不能轻易表现出心底的痛苦。

回到家里，也不能和妻子谈这些，一是离多聚少的时间里，事情的来龙去脉三两句说不清楚，再者，徒增担心也于事无补。

也不能和朋友说，因为有些信息是商业机密，即使不是商业机密，说出来也未必会被理解。

当了总经理后，才真正明白什么叫度量都是被委屈撑大的。

8. 战战兢兢

眼看他起高楼，眼看他宴宾客，眼看他楼塌了……瞬息万变的市场，一旦不能及时跟进，企业随时就可能倒下。企业生存有多艰难，看一个数字就能明白，《改革开放四十周年浙商生存发展报告》统计：在浙江存续的577万家市场主体中，1979年1月1日前注册、存活40年以上的企业，共计747家，存活率不到万分之一点三。

中层经理和员工犯错，至多是战术层面；而总经理的决策，却是牵一发动全身，一旦失误，可能万劫不复。

诚惶诚恐中连睡觉都要睁一只眼，唯恐一不小心成了千古罪人。

9. 权力昭彰

心有多大，舞台就有多大。这也许就是总经理职位最有诱惑力的地方。

企业的经营模式、盈利模式、制度选择、人员安排，包括资源整合、进度顺序等，自己都有最终裁决权。如果是在朝阳行业，如果是在垄断行业，如果是在品牌已稳获消费者认可的企业，如果企业处于效益较好的阶段，总经理的日子都要好过一些，因为钱几乎可以解决一切问题。但这类企业又有几个引进总经理的？

企业的问题，往往是多年的沉疴造成，可在病来如山倒后，短期内让一个病体成为运动健将，谈何容易⋯⋯

作为总经理，你随时面对的是，猝不及防的打击，始料未及的挫折，从天而降的好处，唾手可得的利益。面对种种考验，你可以上天可以入地，也可以瞎折腾，但所有的后果都要自己承担！

当你明白了在面对充满不确定性的市场时，不变革等死，变革找死，就再也高傲不起来了！

要问当总经理是一种什么样的体验，是责任，是孤独，是心痛，是失眠，是无处流泪，是痛不能言，是高处不胜寒，是误会不能辨，剩下的就是挑战，挑战，再挑战！

20

一张表看透一家企业的命运

一家企业只能在企业家的思维空间之内成长,一家企业的成长被其经营者所能达到的思维空间所限制。

——彼得·德鲁克

时光荏苒,转眼间李刚工作已有20年,他后来曾推动一家企业变成了行业第一,另一个变成了行业第二,"狼之刘"的那家企业在自己离开后延续了几年的辉煌,之后也在艰难中徘徊。而魏总的企业虽然通过置换厂址赚了一大笔钱,但最终从这个世界上消失了。李刚目睹了这些企业的命运,有了更多的反思。

出差途中再次遇到"狼之刘",李刚感触很深。这个能带出狼一样团队的厉害角色,刚过50岁,已满头白发,看上去比实际年龄苍老了20岁。他的企业,曾是同行业中设备较先进,拥有自己多项发明专利,资金也比较充裕的企业,但如今已摇摇欲坠。看来团队建设远不是一家企业长盛不衰的充分条件。

李刚扼腕叹息的同时,更多了一层悲凉。

面对企业领导者,大家只看到他们在台上的光鲜,没人能理解这个群体背后的孤独、艰辛和无奈。他们在市场竞争环境下,负重前行,局外人很难体会到他们半夜的焦虑和借债发工资时按手印的心情。他们撑起了企业的重担,却可能面对员工的抱怨、朋友的误解,甚至仇富者的谴责。员工下班后可以回家休息,他们却从没有上下班的概念,陪伴家人都是一种奢侈。他们也无非一日三餐、一衣蔽体,却承受着来自四面

第二篇 感悟

八方的压力，再大的苦难和委屈也只能深埋在心底，无数次跌倒了，爬起来，来不及包扎伤口，继续前行，也许某一天跌倒了，再也没机会爬起来，那时，世间只是多了一个倒闭企业的案例，而对他们，却是整个世界的暗淡！

员工可以选择跳槽离开，而他们却无法放弃这艘与自己朝夕相处的旧船。这艘船承载了他的生命之重！

这个世界上，没有哪家企业能随随便便成功，每家企业成功的背后都有着不为人知的辛酸、感动和传奇，但在以成败论英雄的市场竞争的丛林法则下，任何理由都是苍白的，市场不相信眼泪！

但见新人笑，谁闻旧人哭？

一家企业，其兴也悖焉，其亡也忽焉。如果作为一个领导者，看不到自己才是问题的根源，发展的瓶颈就永远无法打破。

万事万物皆规律使然。大道至简，敬天利他，方能成就自己。不明者却往往偏执一端，甚至舍本逐末。企业已变，思维却未能转变，还始终把企业看成是自家后院的"自留地"，有些领导者直至企业倒闭那天都没弄明白，自己一直在用私心做公事。不能运筹远虑却在怨天尤人，自身成天花板却去怨怼部属，位责不清而不自知，能者不用而不自省，故企业胜者寡，败者众，恒者鲜。春华秋实，厚积薄发，企业能走多宽，要看消费者的感受；事业能走多远，要看员工的感受。卓越的企业，来自卓越的管理和倾心投入工作的卓越员工，与凤凰同飞必是俊鸟，与虎狼同行必为猛兽！一切以自身利益为重，一切皆往"钱"看的企业，至多只是暂时性地赚取些"小钱"，怎么可能有长久的未来呢？

李刚在心里默默祝福这些为了苍生砥砺前行的企业家们，同时将这些年的管理感悟汇总成一张"企业发展瓶颈表"。

企业发展瓶颈表

格局	企业使命	团队价值观	管理思维	利益分配	典型表现
山外看山；一中有二，二中有一	致力改善人类生活的某方面	德为纲；共赢、感恩、诚信、责任；注重创新、学习与社会奉献，重视服务；视员工为伙伴	价值导向，坚守价值观，挖掘和引导客户，注重资源整合；夯实基础，储备人才，放水养"鱼"，重视员工潜能发挥；价值观是准则，确保长远，兼顾眼前；创新思维主导，管理奉行简易、不易、变易	统筹利益共享	践行倡导的文化理念，"狼"入室，激发团队，胜券沐，拼比卓越；有完善统计分析体系，重视总结与升；员工目标清晰，并以自豪，珍惜岗位，充满激情累并快乐着
山顶看山；一就是一，二就是二	为客户提供满意服务	效为先；客户至上，效益为先，注重规范与学习，重视产品质量；视员工为资本	结果导向，数据说话，满足客户，注重战略布局；功利性培养人才，注重数字化管理结果，重视员工能力使用；绩效结果是准则，确保眼前，兼顾长远；传统管理思维主导，管理侧重于简易、不易	部分环节利益共享	倡导的文化部分落地；机构肿，流程复杂，各岗位工量、压力极不均衡；有完善检查管理体系，重视结果；单问题复杂化，员工缺少情，沦为标准化作业下的一机器
山腰看山；只知其一，不知其二	一切围绕"效益"	能为上；效益为上，强调领导路线，注重资历，强调产	目标导向，重视人才引进，注重"得"大于"失"；思维"形而上"，生搬硬套	阶段性内部员工利益共享	"墙上"的文化，实际氛围是领导的正负向潜在个性；度看似很卓，但缺少关键的标系统数据与合理的评价
山腰看山；只知其一，不知其二	一切围绕"效益"	品质量；视员工为资源	管理制度和模式，强调服从；制度是准则，只顾眼前，阶段性顾及长远；习惯思维主导，管理侧重于不易	阶段性内部员工利益共享	激励体系；职业经理更变繁，低效、扯皮，头疼医头疼医脚，管理者整天忙于"火"；有完善的检查体系，视落实；员工的工作得过且目
山底看山；有一无二，二无一	以短期利益为目的	利为重；赚钱第一，省钱为大，强调利益；视员工为工具	问题导向，就事论事，注重"失"大于"得"，思维方式表现为"因为所以"；强调监督，关注不足，经验至上，独权专断；奉行完美主义；对人才，涸泽而渔；领导评价是准则，僵化思维主导，管理只管眼前，不顾长远	利益独享，可以同苦不能同甘，财聚不散	"嘴上"的文化，且内部负文化泛滥；制度杂乱不系统核心管理岗位多为亲属，诚信，故步自封，越权严重；决策者喜欢"小报告"听不进不同意见，整日琐事身；有完善的监控体系，监无处不在；组织气氛压抑，工充满怨气，流失严重
山脚看山；不知一二	只顾眼前，唯利是图	勤为主；自以为是，亲疏有别，重苦劳；视员工为玩伴	感觉导向，无知无畏，超级自信，喜是准则，管理策略忽而眼前，忽而长远	利益分配凭感觉	没有企业文化概念；核心岗多为亲属，充满哥们义气与情主义，投机取巧，彰显自与个性，拒绝改变

第二篇 感悟

营销模式特点 （非代工或配套类）	管理局限	以擦玻璃为例	终极规模
在整行业高度进行营销策划，目标费群体定位清晰；引领市场，塑造占消费者心智模式的品牌文化和美誉；强大的终端管理和完善的渠道，卖任和潜在的需求（如卖衣服在卖家庭睦或身份标志等）；品牌、竞争、利等产品线规划清晰；内部激励措施较完善	—	告诉目的、标准，信任员工，指导并鼓励员工创新解决问题	持续处行业龙头地位
销规划侧重阶段销量，目标消费群体位较为清晰；追随市场，重点塑造品知名度，有一定的差异化卖点和营销类区隔；完整的终端和渠道，有整合点等促销类手段；卖显在的需求和服（如卖衣服在卖美丽）；产品线有分，却无针对性策略；内部激励措施较理	各管理层级有目标，但未有效与员工个人目标结合；责权利清晰但未必匹配，过分关注企业自身利益，不能与价值链利益共享；传统管理思维不能与时俱进，创新的主体侧重于"事"而非激发"人"	告诉目的、标准，并按复杂的流程去获取抹布等相应资源	处行业前列/行业的大中型企业
少系统营销策划，试图将消费者"一打尽"；销量重于品牌，得过且过决客户的问题；渠	企业有目标，但缺少有效措施和资源的跟进，责权利不清晰，内部资源不能有效共享；强调	目的或标准不清，边干边因资源、责任等不停扯皮，消耗第三方资源	处区域性前列/行业的中
畅或被部分代理商胁迫，用一套政管控所有类型客户，有大致的产品卖说明；卖服务和产品（如卖衣服就是质量好的衣服）；产品多而全，产品概念模糊；业务人员的管理只侧重销额提成和新客户开发	执行力，却没意识到问题的根源在自身；缺少核心竞争优势，且对管理方式不能灵活纳新吐故	来回协调	型企业
场调研及竞品分析极其不足，目标客数次更迭，要么只为一两个客户服务；销售到销售，客户的问题以推卸责任应；终端管控弱，销售靠业务员的自发挥；停留在卖产品且拼价格（如卖衣就是知道拼低价）；产品杂乱或单一，无产线概念；业务人员几乎没月度目标，纯销售额提成或承包制	目标朝令夕改，工作标准在领导嘴里；看问题的角度过于关注"过程"，原因大于目的，定性多于定量；看事精于算计，先看损失，捡芝麻漏西瓜，错把机遇当能力，重视人才在嘴上	监督为主，中间还不停乱指挥，导致无所适从	处行业底层/行业的中小型企业
户单一；无品牌概念；以关系营销为；产品单一；大锅饭形式严重，营销理规则在领导嘴里	偏重家族式管理，对人不对事，做事无章法，抓不住重点，却又总想走捷径	这也不行那也不行，打死不告诉怎么才算行；要么放任不闻不问	处区域性底层/小型企业

说明：栏目中的个别现象在相邻类别的企业也可能同时存在，因篇幅原因，再重复表述；终极规模为企业发展到这种程度后就开始走向衰退。

21

永远在路上……

圣人不积,既以为人,己愈有,既以与人,己愈多。

——老子《道德经》

基业长青,几乎是每一个企业家的梦想。但大浪淘沙,真正能基业长青的企业往往屈指可数。一个组织服务客户的信念有多强烈,发展就会有多快;服务客户的理念有多深入,生命力就会有多长久。

案例一:消费者不让倒闭的企业

在新西兰一个小镇的鲍德温大街上有一家巧克力工厂,突然有一天,这家工厂的厂主出面向大家道歉:公司破产了。这个消息传出去后,人们自发地组织起募捐活动,短短24小时就筹集了738万元,到第二天,这一数字达到了1500万元,连国外的网友也参与进来,这相当于只有450万人口的新西兰每人捐款超过3元,把这家工厂硬生生地救活了。

之前,这家巧克力工厂为了造福儿童,曾多次在倾斜35度的鲍德温大街举办"巧克力豆奔跑大赛"。活动中,每个巧克力豆1元,随着活动影响力增大,参加的人数越来越多,最近一次居然达到了15000人,巧克力豆也达到75000个。

每次活动,他们都会在大家的监督下,把得来的钱一分不少地捐给慈善机构,用以救助身患绝症的儿童或无家可归的孩子、老人。每年企业还自费请来其他城市患有绝症的孩子,用巧克力的甜蜜让孩子们暂时忘却病痛的折磨，沉浸在幸福的一刻。

2002—2016年的整整15年，这家小小的巧克力工厂独立支撑起这项造福儿童的活动，先后筹得90万元用于捐助。但物价飞涨，原材料成本大为增加，参赛人数增多，负担也越来越重。

厂里的员工建议举办比赛时，提高巧克力豆的价格，以部分获利来维持工厂的开支。但厂主一想到那些可怜的孩子，就咬牙坚持不涨价，最终工厂资金链断裂，不得不遗憾地宣布倒闭。

当鲍德温大街的巧克力变成人们的信仰，维护这个品牌的长盛不衰，就成了广大消费者义不容辞的责任。

案例二：市场不让倒闭的企业

罗森伯格公司是一家德国企业，已经有60多年的历史，专注生产无线通信电子技术产品。它在北京生产微波同轴连接器的分厂，规模也就相当于中国随处可见的小型五金加工厂，产品也不复杂，门槛不高，但产品品质卓越，故障率极低，在汽车行业的品牌知名度极高。

走进工厂，这里工作之严谨，管理之精细，生产管理、质量管控和人才培养等体系之完善，让国内大多数规模企业都无法望其项背。

在汽车行业普遍不景气的今天，这家企业的业务仍然每年以百分之三四十的速度增长。它的员工对产品和客户十分敬畏，像对待艺术品一样对待每一件产品，用工匠精神把产品的每一个细节做到极致，让客户换无可换。

这种对待产品的执念，让市场的大门永远为它打开，只要行业不倒，这种企业就不会倒下。

案例三：找死到不得不死的企业

2018年爆出的长生疫苗案，震惊全国。为了追逐高额利润，企业不惜抛弃道德底线在关乎生命的疫苗上造假,导致25万个生命成了潜在受害者。

令人费解的是,企业在毛利率高达80%以上的情况下居然还作假。曝光后,该企业被查出违法违规生产疫苗达4年之久,高层震怒,一次问责了7名中管干部和35名非中管干部,并顶格处罚了疫苗公司91亿元,违法经营者锒铛入狱。那高达239亿元的市值也一路跌去了大半,目前该企业已经被强制退市。

视人命为草芥。这种丧失良知的企业不倒,天地不容!

人们不禁要问,企业到底怎么了?经营企业的底线在哪里?

对企业的制约仅靠罚就能解决吗?如果一家企业追逐的只是金钱,视消费者为牟利的工具,每天只知盯着"上帝"的口袋,再强大的监管又有何用?

中国改革开放40年,经济取得了突飞猛进的发展,这期间企业家们的贡献功不可没。他们每天承受着常人无法承受的巨大社会压力和竞争压力。他们的眼里、心里装的,没有自己,除了企业还是企业。

既然这些企业家每天心系企业,甚至置自己的生命健康于不顾,也已经积攒了大量的财富,实现了生活富足,那为何还出现了上面这种万人唾骂的现象?

有些企业家,每天在匆忙中奔跑,灵魂已被甩得很远。在他们心里,"成功"的概念已经扭曲,不再是为人类做出多少贡献,而是拥有多少金钱以及挣钱的速度。面对信仰的迷失,金钱至上的思想使他们无所不用其极。

企业健康发展离不开四个要素:信仰驱动、系统管理、法治精神和人文关怀,每一个要素都将影响到企业生命的高度、广度和深度。信仰是企业的灵魂、行动的纲领和指南，眼睛看向哪里，资源和精力就会流向哪里。

很多企业恰恰在信仰上出了问题，导致"各领风骚"三五年。当下，中国企业面对的是价值观、格局的重塑，能否重塑成功将决定中国经济环境下的企业在未来竞争中能否开创新的局面。

看一下那些良性成长的企业，它们无一不在敬畏社会，敬畏客户，敬畏产品，敬畏员工，没有一家将"挣钱"作为企业的经营宗旨。人家在踏踏实实用心做产品，某些企业却在想方设法找捷径；人家的精力放在打磨产品上，某些企业的聪明才智用于研究营销的套路和技巧；人家工资最高的是研发人员，某些企业工资最高的是营销人员……

当企业家的价值观不能回归感恩社会、回馈社会并承担起社会责任，企业就只能在投机取巧上做文章，产品也只能沦为赚钱的工具，永远无法成为价值载体。当企业生产产品时缺少"工匠"情怀，创造的价值就无法感动客户，企业也无法跳出短寿的魔咒。

企业的春天在哪里？不在于经济大环境，也不在于宽松的政策支持。如果自身没有强健的身体，一阵寒风就能让赢弱的病体倒下，高照的艳阳也挽救不了日渐衰落的命运。

那些百年企业，哪一个没经历过市场的起起伏伏？因此，只有感恩社会，奉献人类，心无旁骛地为客户创造价值，才能让自己的服务在社会发展中不断创新和升华，并在竞争中超越竞争者。

好在有了华为、格力、福耀玻璃、胖东来……这些令人尊敬的榜样，也让我们看到了中国企业未来的曙光。

老子在《道德经》中曾告诉我们经营的真谛：圣人不积，既以为人，己愈有，既以与人，己愈多。

当我们真正理解了经营的真谛后，我们的眼光就不再局限于与竞争对手一争短长，也不会天天忙着超越自己或他人，而是把心思放在为消费者创造更美好的生活上。

理念先行后，意味着组织内系统管理的升级。目前传统的管理模式，多属于"集权式"管理。日常管理的信息通过层级链条，汇集到权力中心进行决策，然后再逐级传达。从本质上说这是一种"官本位"的管理机制。在这种机制下，一旦部门意见不一致，就会出现来回"扯皮"，内耗大量的资源，甚至很多问题最后都不了了之。国内80%的企业ERP实施并不成功，根源就在于这种各自为政的组织模块的内在矛盾。因此，只有摒弃"官本位"的传统思维，将"官权"转化成为"市场的权力"，才能实现服务客户体系的根本转变。

以传统制造业为例。首先，在组织结构上，目前多数企业采用的是传统的职能式或者机械式组织结构，这种结构的内涵在于各模块之间有效的配合。譬如，订单要由营销部门传递给生产部门，再由生产传递给技术、仓储或者采购部门，采购部门再将信息传递给供应商及内部财务，各环节协调资源完成本模块的工作。有些更复杂的是信息需要先传递给自己的上级，上级与上级沟通完后，再传递下来。由于各模块站在自己的角度上考虑，在物流、资金流、信息流等传递过程中，只要有一个环节出了问题，就会影响全局。问题是，这个被影响的环节，并没有权力来解决上一环节的阻碍。

如果变成以客户满意度为导向的组织，组织结构则变成以市场服务为指挥枢纽的车轮形式，市场中心在向各组织单元快速下达指令，市场中心负责信息的汇集和裁决，而各职能部门则变成了服务机构，而非权力中心，他们由市场中心管控。如此一来，就能有效调动起组织的资源,快速为市场服务。

这种组织结构如下图所示。

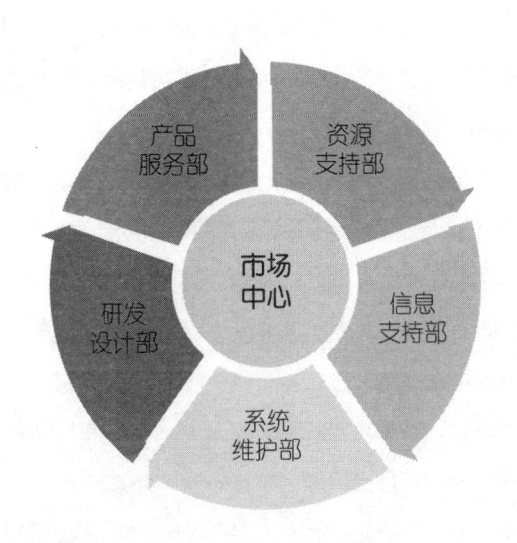

（图：市场中心，周围为产品服务部、资源支持部、信息支持部、系统维护部、研发设计部）

然后,在部门设置上,市场中心统辖产品服务部（含采购、生产、品管等）、资源支持部（含财务、人力资源、行政等）、研发设计部、系统维护部（企业文化、战略、制度流程、考核等）和信息支持部等,而销售、售后、品牌策划等直接面对客户的部门均在市场中心之内。各部门的职能、岗位的职责等,均以服务市场为核心。其中,系统维护部负责价值观的宣贯和落地,也决定了企业的效率、寿命和发展的速度。

再次,在制度流程上,一旦企业以客户满意度为目的,这种组织结构下的流程就会简短、有效,这种理念下的管理模式也会目标明确而不失灵活。这时,所有管理的起点将回归到产品的提升和服务的便捷,资源也会向此倾斜。而战略,则是对市场发展趋势的研究和目标客户潜在需求的挖掘,企业以此形成组织的原则。

最后,在薪酬设计和考核上,考核的重心将直接变成市场满意度的多维度分解。对规模较为庞大的企业而言,则可以细分拆解。譬如,参考阿米巴划小单元的经营模式,但每个单元的考核不再是利润中心,而是高效的服务中心,考核内容变为:服务满意度+费用+其他项目,项目权重也会发生较大变化。

当然,市场服务的满意度也有一定的限度,不可能满足所有层次的客户需求,也不会无限度满足目标客户的所有需求。企业需要在市场调研和系列定位的基础上,引领、挖掘和满足适合自身的那部分目标消费群体的显在和潜在需求,为他们提供令其满意的价值服务,那时,企业的利润自然就有了不尽的源泉。

因此,百年企业,需要百年的胸怀和格局。只有感恩社会,奉献人类,心无旁骛地为客户创造价值,才能不断地超越自我。

最后把《小王子》里的一句话送给企业:"如果你想建造一艘船,先不要发号施令召集人们采集木材,而是要引导大家向往浩瀚无边的大海。"

第三篇　工具包

工具包之 1
职场黑马识别对照表

所谓天才，只不过是把别人喝咖啡的工夫用在了工作上。

——鲁迅

在第三次搬家整理物品时，李刚无意间看到了《日子》：

　　早晨：清晨醒来又一天

　　中午：哈哈哈哈哈哈哈

　　下午：哈哈哈哈哈哈

　　晚上：哈哈哈哈哈哈哈

　　深夜：此番人生不值得

这是20年前，李刚在毕业时的人生迷茫期，写下的当时的状态。

回想这20年来的经历，李刚感觉自己成长最快的时期都是在心态转变后。第一次是父亲突如其来的那场重病，让自己平静的生活陷入了困境，这次苦难倒逼自己考上录取率极低的大学，一贫如洗的家庭则培养了他坚忍不拔、奋发图强的精神；第二次是在大学毕业一年后，机缘巧合下，他遇到了自己人生的贵人杨成坤老师，这次偶遇改变了他的人生，让他从浑浑噩噩的混天撩日，到之后仅仅用了不到九年的时间成长为总经理。

他突然想起了网上一则流传甚广的故事。

美国有一对双胞胎兄弟，小时候家里非常艰苦，他们的父亲是酒鬼，成天喝得烂醉，动不动打兄弟两个。母亲抽烟嗜赌，没事就去拉斯维加斯赌博。在这种家庭环境下，哥哥变成了抢劫犯，弟弟却成了美国一个州的州长。记者在采访哥哥时问，"你这一生偷啊抢啊，最后还要在监狱中度过余生，是什么原因造成的？"

他回答道："因为我的家庭。你看看我的家庭，父亲是酒鬼，母亲是赌徒。我还能怎样？"

记者又去采访了做州长的弟弟，问他是什么原因让他获得了成功。他回答："是因为我的家庭，我不想未来自己的家庭也是这样。"

刚参加工作的第一年，自己就是那个"哥哥"的状态，一边抱怨着工作，一边心不在焉地混着日子。在心态转变后，才奋发拼搏，最终走出了人生的阴霾。

一个人的命运，三分天注定，七分靠打拼。一个人一生成就的大小，不仅仅取决于人生的起点，更取决于后天的努力。这就是为什么在同一所学校，同样的老师，有人考入了清华北大，而有人名落孙山。在同样经历下，有些人通过自身的努力，变成了一匹脱颖而出的"黑马"，实现了自己人生的梦想，而有些人在碌碌无为中怨天尤人，直至终老也没走出人生的沼泽地。二者的区别就在于，是否是具备"黑马"的潜质。

"黑马"一词源于19世纪英国政治家本杰明·迪斯雷利的小说《年轻的公爵》。该小说有一处对赛马比赛精彩的描写,比赛刚开始,两匹被视为最有可能夺冠的良种马一路领先,眼看其中一匹马胜券在握,全场为之狂呼,不料在最后关头,一匹不起眼的黑马忽然从后面奋力追赶上来,把两匹良种马甩在身后,率先抵达终点。

　　"黑马"常常用来形容那些潜心努力、不畏强手而一举成名的后起之秀。

　　巴菲特说过,人生的起点并不重要,重要的是你最后抵达了哪里。在职场中,那些从普通员工成长为精英人物的,他们往往都具备这种"黑马"的潜质。李刚将"黑马"与普通人的心态与行为进行了比较。

方面	要素	"黑马"	普通人
目标格局	目标	阶段性目标清晰,知道哪些事情是对自己最重要的,不会被其他事情干扰	随波逐流,走哪山砍哪柴
	思维导向	结果导向,做事情用结果说话	问题导向、原因导向
	格局高度	能跳出事本身来思考,从而能看清事物的本质	就事论事,一叶障目
	计划性	明白计划的重要性,针对重大事情做好规划,提前思考可能出现的问题	被动等待,船到桥头自然直
	信念坚守	只许成功,永不退缩,一直拼搏到无能为力	三天一立志,五天一变化

续表

方面	要素	"黑马"	普通人
工作心态	主动性	自带马达,明白工作的意义,时时刻刻主动掌握知识,历练自己	当一天和尚撞一天钟
	对待职责	创造自身被利用的价值,让自己变得无法被取代	给多少工资干多少活
	对待工作	用心、全力以赴、力求完美	当成任务,差不多就行,或者认真做完即可
	分外工作	少一事不如多一事,把每项工作都看成锻炼自己的机会	多一事不如少一事
根源归因	命运归属	我命由我不由天,命运掌握在自己手里	攀比、抱怨
	工资哪来	自己挣的	企业给的
	出了问题	归因在己,至少要找到更好的解决办法	责怪环境和他人
人脉关系	贵人指点	尽可能结识人生的导师,行万里路不如高手指路	自己就是"高手"
	人脉资源	交朋友,不在数量,而在"质量",判断依据在于能否有助于自己的成长	与自己打交道的人数
能力提高	技能学习	主动学习,充实自己。利用一切能利用的机会来学习、提升自己	骄傲自满,眼高手低,时间宁可用于聚会、游戏
	行动力	有超强行动力,崇尚立即行动	火烧眉毛才着急
	挑战超越	事在人为,没有不可能	自我设限,认为不可能
	总结反思	定期归纳反思,不让自己在同一个地方跌倒两次,并尽力规避别人犯过的错误	设法发泄情绪
对待回报	收入待遇	付出总有回报,也许回报会体现在别的方面	干多少活必须给多少钱

续表

方面	要素	"黑马"	普通人
与人相处	与领导相处	把领导当成资源，同时用业绩说话	根据眼缘，来决定自己的工作状态
	与领导意见相左时	原因在于信息不对称或者自己站的高度还不够	片面评判
	汇报工作	同时提供几个备选方案，让领导做判断题	让领导做填空题
	与同事相处	换位思考，帮其所需	他怎么对自己，自己就怎么对他
异常处理	遇到困难	一次难得的锻炼机会，可以挑战自己	能逃避则逃避
	遇到挫折	反思自己，总结教训，重新启航	无法走出负面情绪
	遇到问题	首先是自己的问题，哪怕自己的责任只占20%，也要先解决好	责任能推则推
	遇到不确定性	宁肯试错，也不错过	安于现状，尽量规避

人的一生不可能一帆风顺，在面对困难时，"心态"是检验一个人的试金石。当一个人心态积极时，就会想方设法去克服遇到的困难和问题，也会深入分析自己，寻求更高的人生目标，同时会主动掌握必备的技能和知识。一旦一个人的心态是消极的，他的人生便会止步于此。

上表的两种人的行为，分别通向了两种完全不同的人生。

弗兰克·迈耶曾说过：当你因成功内心充满喜悦的时候，我没有时间颓废。一个人的命运，完全取决于自己不同的选择。

工具包之 2

如何成功面试进入心仪公司

同样一个人,不同的面试表现,会带来完全不同的结果。很多人因面试表现不佳,与心仪的企业失之交臂。

由于企业的规模不同、知名度不同、岗位性质不同、面试流程不同、面试官个性不同、面试问题不同以及应聘者工作经验不同、基础不同、面试职位不同等,应对面试的方法也会有所不同。但其中也有一定的共性,就是充分展现与应聘职位匹配的能力,在面试中脱颖而出。

下面将面试中常遇到的问题和注意事项归纳如下。

一、应聘前准备

适合才是最好的。是否去一家企业应聘,取决于这家企业或这个岗位是否适合自己未来的职业规划。

自己未来究竟要干什么?或者多年后要过一种怎样的生活?如果这个岗位有助于这个目标的实现,那就全力以赴;如果不符合,哪怕再心仪的公司,也应该放弃。如果面试的初衷只是为了锻炼,则另当别论。

去企业应聘前,以下的准备工作尤为重要。

1. 研究招聘启事

知己知彼,百战不殆。一家规范的公司,招聘启事一般都会比较严谨,会详细介绍任职资格和工作内容等,最好先将该岗位需要的任职资格和核心能力罗列出来,然后根据这些要素梳理自己与之相关的经验或个性特点，同时分别找出体现自己能力的代表性事例。之后在撰写简历或面试过程中，都要围绕这些内容进行展示。

2. 研究企业情况

在正式参加面试前，最好能全面了解应聘企业的情况，包括发展历程、企业文化、公司规模、行业地位、产品系列、市场分布、企业动态等，关注企业最近的动态。如果记不住就记到笔记本上，在面试的时候带上。面试时说出几项企业某方面的具体情况，会让面试官对你刮目相看。

面试前，如果条件允许，最好能实地了解公司的情况。一是熟悉路线，便于规划时间；二是观察员工的穿戴，让自己面试时的穿着尽量跟他们一致，这会给面试官一种"自家人"的亲近感。

3、了解面试方式

面试前，最好能结识一两个招聘公司的员工，一是从他们那里可以了解到面试流程；二是如果有内部人员的举荐，面试的成功率也会增加。

如果实在找不到熟悉的朋友，可以通过微信"摇一摇"等方式来结识。

对有些知名企业，可以网上搜索。譬如，网上可以搜到微软的面试题：

• 有2个骰子，每一个骰子都是6面的正方体，每一面上只能放0到9的数字一个，这2个骰子如何组合，可以达到显示日历的效果（01—31）？

• 上海有多少辆自行车？

• 井盖为什么是圆的？

这些问题如果不能事先了解，现场回答时往往容易手足无措。

4. 穿着等准备

人靠衣裳马靠鞍，一身职业装能让自己显得格外精神。此外，对发型、装饰、鞋子等细节也要检查到位。如果应聘时身穿奇装异服，或者浓妆艳抹等，很有可能会被拒之门外。

在面试的前一天最好确认需要携带的物品，包括企业要求的简历、证书、身份证、照片，等等，可集中放置在一起，临行时就不会手忙脚乱，有利于应聘者沉稳应对面试。其中，简历必须提前确认是投给该企业的那份，如果拿错，后果会很严重。

二、简历

有些人习惯用一套简历来应对所有的应聘岗位，结果很多人因空泛的内容无法打动HR，丢掉了面试的机会。而有些人则唯恐企业不能了解自己，自我介绍、照片、身份证复印件、奖状、证书、论文等林林总总都呈现出来，简历成了厚厚的"一本书"，结果HR根本没有时间和精力看，甚至因表达的内容过多，没有重点，效果适得其反。

简历不能取代面试，撰写简历的目的是，对方看完简历后能约见自己，这样想，思路就会清晰起来。要确保在HR看简历的30秒内，抓住其眼球，让看到其所需要的最有价值的信息。

这就需要针对应聘岗位的需求，提炼出自己与之匹配的特点，最好分项陈述，每项都用重点突出的一句话概括，其后再具体介绍内容。而在内容表述上，要体现"做成了什么""取得了什么成果"，而不是"做过了什么"，在业绩的表述上，能用数字的地方尽量使用数字，数字对视觉的冲击力要远大于文字。

就简历投递的方式看，一般会有两种类型。

一种是招聘会。知名企业的招聘往往让大家趋之若鹜，他们一次性会收到大量的简历，这时与众不同的设计就显得尤为重要。因此除了精心构思内容外，在简历的尺寸选择上也要别出心裁，譬如可以比一般A4纸略宽一点、略短一点。HR在整理简历时，很容易将这样的简历拽出来放在最上面。当然，如果长度和宽度都大，就容易被放在最下面垫底了。总之，别具一格的简历总能引起HR的注意。

第二种方式是网上投递。因为优秀企业每天会收到大量的简历，HR很难有那么多精力——浏览，为了避免简历石沉大海，投递时，标题就要有视觉冲击力。"姓名+应聘岗位"是常规方式，其实最吸引HR眼球的格式是"N个优势+应聘岗位"，譬如"具备3个优势适合某某职位""5年的程序设计经验"，但措辞要低调，不要用"正是您寻找已久的骏马"等风格的标题。简历的文件类型最好是PDF，避免出现不同软件版本下打不开的情况。

对重要岗位的应聘者而言，投递简历前，可以事先联系该企业的HR，并主动告诉自己的姓名、应聘的职位和投递的时间等。联系后，HR一般都会主动关注。如果是应聘高层级的职位，甚至可以以深入了解企业的名义，要到对方的微信或QQ联系方式以"一对一"的形式发送简历。这个渠道还便于了解简历流转的进度和面试者的意见反馈。

投递完简历后，并非万事大吉。最好能在简历投递后再电话确认（可以选在次日），一是能体现一个人做事有始有终，另外也迫使对方不得不打开邮箱查看是否已收到，HR一旦对你留下了印象，一般都会重点关注。

三、参加面试

优秀企业的招聘，往往报名者众多，能否脱颖而出，在于两个方面。一个是"硬实力"，也就是招聘岗位需要的能力。在展示自己时不要试图用能力来说服HR，而是应该将HR期望的形象展示给他，以证明HR选人的正确性，这两种思路会导致完全不同的回答策略。一个是"软实力"，这一点极为重要，要让面试官感受到你良好的综合素质。

1. 面试等待

在很多企业，应聘者从迈进企业大门的那一刻起，就已经进入了面试官的视线。这时，任何一个细节的疏忽，都有可能导致面试的失败。

当同等条件的应聘者众多时，HR只能通过细节来区分。有些企业甚至会在等待面试者的队伍中安插观察员，有些企业则通过摄像头来观察面试者的系列行为，所以，很多面试者连自己怎么失败的都不明白。

很多企业招聘会上，在应聘者排队等待时，面试就已经开始了，凡在这个过程中表现好的和差的，HR一般都会在他的简历上偷偷做上标记。那些主动帮助企业维持纪律或者主动为他们分忧解难的，都会被列入优先录用的名单。而那些大大咧咧，甚至不服从指挥的，会一律进入HR的黑名单。

2. 面试应对

一般来说，一对一面试的情形比较多，但有些企业为了缩短面试流程，会同时安排多个岗位的面试官一起面试。当出现多个面试官时，要迅速识别出哪个职位最高，在自我介绍或回答问题时就要重点关注他的态度，同时兼顾其他人。

识别对方的职位高低时，不能因为谁提的问题多就"认定"他是领导。一般来说，职位高的会坐在面试官一排的中间，但有时也不是这样，这时就要通过面试官们的眼神和动作来区分。譬如，职位高的领导发言时，其他面试官一般都会专注倾听，表情略带思考状；直接打断其他面试官发言的人职位一般会比较高。还有一点是，最晚进面试室，又不道歉的那个一般都是最高领导。

一个人最认可的是自己。因此在交流时的身体语言上，最好与面试官的习惯动作保持一致，但要慢半拍，以免让对方意识到你在模仿他，弄巧成拙。譬如，面试官习惯两手托腮，自己也要两手托腮；如果面试官习惯抱肩，自己也要抱肩；面试官习惯两手交叉或跷二郎腿，自己的姿势也要尽量一致。在他的潜意识中，他看到的是另外一个自己，从而不自觉地认可了你。

面试时，最好带个笔记本，记录对方谈到的重要内容，避免问题遗忘，更重要的是让面试官有一种被尊重的感觉，而且认为自己已经是其下属中的一员。

3. 自我介绍

自我介绍，几乎是所有企业面试时的第一个环节。很多应聘者把自己的经历像流水账一样介绍一遍。其实，你应该告诉面试者的，不是自己的过往，而是其录用你的理由。在自我介绍中，要重点介绍你所具有的应聘岗位所需要的业绩创造能力，其他经历则可简略带过。

自我介绍环节如果能展现亮点，第一轮面试一般都能顺利通过。而一旦啰里啰唆或者描述太多空洞的内容时，就容易给自己"埋雷"，面试官随后就有可能根据你提供的内容进行诘问。当面试官询问跳槽的原因时，最好不要推卸责任，要坦诚地具体介绍离职的原因。如果简历中呈现的跳槽经历过于频繁，再高明的理由也挽救不了被淘汰的命运。

自我介绍时，要设法隐藏自己的短处，展示自己最优秀的一面，同时强调能为企业带来的价值。譬如，毫无优势的刚毕业的学生，而且毕业院校也不知名时，就只需简单介绍自己的名字，毕业时间，所学专业，专业成绩等，然后重点叙述与面试岗位有关的项目经历，自己在项目中担任的角色，克服了哪些困难，取得了怎样的成果，提升了哪些能力等，然后总结积累的经验和技能，而这些技能正好与应聘的岗位相匹配。如果是有经验的应聘者，可能要复杂一些，但思路相同。

无论应聘管理类岗位还是技术类岗位，无论应聘者的经历多么丰富，针对应聘岗位的亮点介绍时，重要的经历最好不要超过三个，而且介绍时不要过多叙述经历中的烦琐细节，只介绍担任的角色、挑战的解决、创造的价值、反思收获等重要内容，创造的价值也最好用数字来表示。通常来说，面试官并不关心你做过什么，而是透过你的经历，去观察、揣摩你的智力、品格以及分析问题、解决问题的能力都达到了怎样的水平。

另外，表述时要自然，正常聊天语速即可，要看着面试官面部的上三角区，一方面可以捕捉到对方表情的变化，及时调整叙述的内容，另一方面也便于互动。

4. 问题回答

对于求职者而言，重要的是调动起面试官积极的情绪，从而建立起被认可的形象。如果回答问题时，能时时处处体现出比其他应聘者对企业更加"用心"，就容易获得面试官的认可。可以通过提前收集有关企业的资料、关注企业的动态等获取相关的信息，然后回答时，不时穿插这类的内容。

面试中的常见问题一般分为五类：表述优点类问题、诱导性问题、无差别类问题、消极假设类问题、表述缺点类问题等，只要能识别出问题是哪一种，就可以有的放矢地回答。

（1）表述优点类问题回答技巧

如"请告诉我，你的三个优点"，这时，不是随便列举自以为是的三个优点，而是要阐述对应岗位需要的三个优点。也就是说，所有需要正面回答的问题，包括为什么聘用你等，其答案都要回归到价值创造的潜力上。面试官想通过这类问题，了解一个求职者能否具备为企业创造预期价值的优势。

（2）诱导性问题回答技巧

比如，你觉得，你用多长时间能够胜任这份工作？这个问题的提出，是想了解一个人岗位匹配的基础胜任能力，属于胜任力模型的内容。因此，回答所有诱导性问题时都要回归到对应职位要求匹配的经验和任职资格上。

（3）无差别类问题回答技巧

如，猫、兔子、狗、狼，你最喜欢其中的哪种动物？HR提出这种不区分对与错的问题，是想了解应聘者的个性特点。比如，财务类岗位需要忠诚，那就是"狗"的性格；亲和力对应"猫"，团队合作对应"狼"，等等。职位期待你像谁，最好你的回答就是谁。

（4）消极假设类问题回答技巧

消极类问题是个陷阱，一不小心就会中招。如果沿着面试官的思路回答，怎么回答都难以圆满。这时就要对问题进行"颠覆"。

如，你与上级出现不可调和的矛盾时，你要怎么处理？回答时就要说，这种情况一般不会出现，因为大家目标一致。

（5）表述缺点类问题回答技巧

如"请告诉我你有哪些缺点"。回答这类问题时，不能采用坦白的策略，把自己身上的缺点全抖搂出来，更不要说"最大的缺点就是太完美"等。回答这类问题时，要尽量选择技能类、可通过历练改变的方面，万不可是秉性类的内容。譬如，可以回答自己某方面（不要说应聘岗位所需的方面）的基础目前还比较薄弱。最好的办法是，巧妙地将缺点进行反转，变缺点为优点。叙述自己之前经历的某件类似的事情（可以与职位要求有关），表现自己从中通过超强的学习能力和坚忍不拔的性格将曾经的缺点转化为了优点。

四、面试之后

面试后一般只有两种结果，成功或者失败。至于公司所说的进入人才储备库，听听就好，不要当真。面试成功了并非万事大吉，面试失败了也没必要灰心丧气。

1. 面试成功

面试成功者应该将面试一环作为经营企业人脉的一部分，以便于未来顺利施展自己的抱负。毕竟面试时很可能接触到自己的上级或者是上上级，如果能乘机加上微信，在正式进入企业之前，就比其他应聘者先行了一步。这时可以通过主动要求做一些力所能及的工作，给领导留下良好的印象。这种第一印象的"标签"一旦形成，你就会有更多成长的机会。譬如，从新人中选拔组织者或带队者时，领导第一个想到的就会是你。

不过，在加了领导的微信后，自己朋友圈的内容就要积极向上，有些不合适的内容该删除的要及时删掉。

2. 面试失败

面试失败，未必就是最终的结局，一般有两种办法可以挽回败局。一是采用"曲线救国"的策略，可以先应聘层级更低的职位，如车间操作类岗位，甚至是保洁员，先进入企业再说。相信你的入职会变成企业的故事，会引起领导们的注意，这种精神正是企业形象宣传所需要的，只要工作期间表现得足够优秀，一般很快就会被安排到初次应聘的岗位上。第二是发扬锲而不舍的精神，采取"屡败屡登门"的策略，这种情况下，多数企业的HR都会被你的毅力感动，一般也会给你一次机会，但管理和技术类岗位除外。

五、注意事项

在接触企业的过程中，还有几项需要注意。

①硬件不够，软件来凑。譬如对方要求"985""211"等院校毕业，当自己条件不具备时，可以用业绩、能力来打动对方。毕竟设立学历的门槛等是为了保证应聘者有能力。既然如此，那就直接越过这把尺子，用能力来证明自己，一步到位。

②尽量不要强调自己"是来学习的"。这听起来好像比较谦逊，但公司不是学校，公司招人不是为了培养，而是为了解决问题、创造价值。因此此表述的重点应该转向自己将来为公司创造价值的潜力。

③不要把"惨"当成竞争力。同情你不代表录用你。苦难不是财富，而苦难中历练出的能力才是财富。因此你要展示钻石璀璨夺目的一面，而不是被切割和打磨时的艰辛过程。

④至于薪酬谈判，要看自己的底牌够不够，对方需求的紧急程度如何，以及企业的规范程度怎样。

⑤面试紧张时，应该采取相应的办法缓解。如果是入场前，可以深呼吸。吸气时将两手逐步攥紧，吸气到饱和点时，拳头也变得最紧，然后大口地把气呼出去，拳头也同时缓缓放开。每次呼吸的时间尽量延长，一般10秒左右一次，但不要憋气，那只会让自己更紧张。一般5~9次深呼吸就能有效缓解。如果是在入场后紧张，这时可以直接告诉面试官自己很紧张，一旦说出来后，心情反而会轻松，而且面试官也会主动调节有利于自己面试的气氛。

上文系统地介绍了面试前的准备、面试时的应对措施和面试后的注意事项等，只要应聘者做好充分的面试准备，就能让企业比较全面地了解自己，也能通过展示自己的匹配优势，让自己在众多竞聘者中脱颖而出。

但作为应聘者必须要牢记，实力决定一切。面试能否成功，主要还在于自身的实力，再高明的面试技巧也只能是锦上添花。因此需要打造自己的能力，先有了"金刚钻"，再去"揽瓷器活儿"。

工具包之 3

如何一眼看透对方的心思

《教父》的作者马里奥·普佐曾说过，花半秒钟就看透事物本质的人，和花一辈子都看不清事物本质的人，注定会有两种不同的命运。

在我们的日常工作或人际交往中，由于种种原因，对方未必会说出自己真实的想法，有时甚至会故意放烟幕弹。此时如果不能准确了解对方的意图，就很容易误判。譬如，在商业谈判中，对方尽管嘴上不同意，其实内心已经接受了自己的条件，但如果自己还蒙在鼓里的话，会一直不停地让步。

人类大脑中的由杏仁核和海马体构成的边缘系统，主要感受来自周围世界的信息，然后将这些信息传递给其他部位。而所有的身体语言，都是这个边缘系统的直接反应，是一种未经"加工"的真实信息。

如果能够读懂这些真实的信息，就能推断出对方思想的变化，从而改变自己的策略，让事态朝向自己期望的方向发展；如果能读懂一个人的身体语言，还能了解彼此之间关系的亲疏，避免襄王有意神女无情时，还在浪费精力穷追不舍；如果能读懂一个人的行为特点，也能大致推测出他下一步可能采取的行动，便于掌握主动权。

虽然一个人可以信口开河，但边缘神经系统控制的表情、眼神或动作等，却极难控制。因此一旦了解了一个人的身体语言，对方的谎言就会无所遁形。

一、如何准确判断彼此之间的关系

无论是在工作中还是在生活中，只有准确掌握同事之间、朋友之间关系的亲疏，才能在处理事情的过程中游刃有余。

可以通过四个方面的观察来了解彼此之间关系的亲疏。

1. 站立时

在残酷的自然界生存环境中，动物潜意识里都有"领地"的概念，这"领地"是其赖以生存的重要资源。"家"本身也是一种"领地"。

一个人的领地，往往只允许与自己关系亲近的人靠近，彼此关系越近，越能接近领地的中心，否则就会被视为一种侵犯。

因此，无论跟一个人初次见面，还是面对一个熟人，都可以通过聊天时身体的距离来判断你们之间的关系。譬如，跟对方站着聊天时，可以不经意地向前挪动身体，对方允许的距离越近，说明他对你接受度越高，越不对你设防。

这种距离测试，可以应用于首次见面，譬如，握手后，轻轻后退一步，看对方的动作，如果对方靠近，说明他希望跟你进一步接触，如果后退，说明他不希望你们的关系太近。

一般来说，彼此之间不同的距离代表着不同的关系：密友，0.5米以下（私人空间）；一般朋友，0.5~1.2米（朋友之间）；不太熟悉，1.2~3.6米（社交空间）。

2. 坐在一起时

坐在长条的沙发或椅子上时，可以装作不经意地逐渐靠近，然后看对方的反应。还可以通过对方身体的朝向来判断，如果一方反感另一方，往往会把身体转向相反的一侧。如果对方将手臂搭在离你较近的椅背或沙发背上，说明他希望彼此关系更亲近或者能够征服你。

如果双方分别坐在固定的、相邻的椅子上，则可以通过对方身体的朝向、脚尖的方向以及脚踝相叠时上面脚的朝向来判断。一般来说，如果喜欢对方，姿势会长时间保持不变。当对方跟你聊天时，假如他的腿脚在晃动，说明你们交流的话题让他极为兴奋，或者你们的结识让他非常开心。

3. 坐在对面时

隔桌而坐，在闲聊过程中，可以假装不经意地把自己的杯子移近对方的杯子，如果对方没有移动杯子的话，就说明你们的关系可以进一步拉近；如果对方默默把杯子移开，说明你们还是维持现状比较好。因为对方并没打算跟你进一步发展关系。

如果没有水杯，也可以用手机等其他物品代替，基本上可以测试出彼此的关系。

如果对方坐在椅子的边沿，两腿并紧，说明他对你非常尊重。如果斜靠在椅背上，说明他很随意和自信，或者根本没把你放到眼里。

4. 姿势随意时

姿势随意时，可以用动物保护部位的朝向，来判断你们之间关系的亲疏。无论是人还是动物，对两个生理位置会不自觉地进行保护。一个是脖颈，一个是聚集着五脏六腑的胸腹部。如果一个人对另一个人很放心和信任，他就会身体放松，近距离地向对方展示这些脆弱的部位，没有任何遮挡。宠物对主人撒娇时都会将肚子朝上。

当感觉到事情不妙，如关系发生了变化或遇到不喜欢的话题、不喜欢的人时，就会迅速转换姿势，如转身离开或者下意识地用手臂或其他物品为自己筑起一道壁垒。这在心理学上叫作"腹侧否决"行为。

二、如何透过迹象推测对方未来可能采取的行动

在英剧《神探夏洛克》中，福尔摩斯第一次见到华生的时候，只花了几分钟，就通过身体语言，推测出华生是一名军医，而且参加过阿富汗战争。

首先，他看到华生的手腕黑白分明，显然是被晒成这样的；其次，华生虽然走路有点瘸，但是宁愿站着也不坐着，而且站姿还很端正，所以他应该是一名军医；再次，当时只有阿富汗出现过他们国家参与的战争。

下面用一个更复杂的案例——"纽约炸弹狂人"案，来说明一个人的性格特点决定了他的行为。

1940年的一天，人们在爱迪生电力公司的一个大楼里发现了一枚没有爆炸的炸弹。炸弹旁边有一张字迹工工整整的字条：爱迪生公司的骗子们，这是为你们准备的。F.P

没有留下任何指纹等线索，炸弹也没有爆炸。在以后的五年里，报社、旅店和百货商店也纷纷收到了类似的纸条。此后陆续发生了爆炸事件，引起民众巨大的恐慌。

到1955年，"炸弹狂人"先后放置了至少33枚炸弹，其中22枚爆炸，共导致15人受伤。

纽约警察局用尽各种办法，依然找不到罪犯，侦探长霍华德就带着炸弹的碎片、F.P的纸条和爆炸地点的几张照片找到了心理学家詹姆斯·布鲁塞尔博士。布鲁塞尔花了4个小时的时间进行了分析，推断出如下信息。

1. 基本状况

①此人为男性。依据是，能制造炸弹，并在远距离多处放置，还狂妄地留下字条，以及字迹的特点等。

②年龄在50~60岁。F.P认为爱迪生公司害了他，渐渐地认为整个世界都在欺骗他，进而变成"偏执狂"。偏执狂有潜伏期，但是一过35岁就变得一发不可收拾。此人放置炸弹已经有16年了，所以年龄应该在50岁以上。

③不胖不瘦，中等身材，体格匀称。从心理学角度看，人类的体格、个性和精神疾病的发展都会有关系，85%的偏执狂具有运动员的身材。

④独身，没有朋友，与年长的女性亲属共同生活。此人经历过失去母爱的重大痛苦，此后也没有人给他爱情和友谊，创伤一直没有愈合，导致这种怪异行为的连续发生。因为缺少母爱，所以会寻找年长的女性亲属共同生活，如果没有这个女性亲属的陪伴，其狂躁程度、爆炸的密集度和频率都会改变。

⑤居住地在布里奇波特区。匿名恐吓信是从两个地方投寄的，因此此人的住所可能在两地之间。

⑥居住在一个单独的院落中。制造炸弹必须有一个设备较好的工作室，也不会妨碍邻居，并不被人发现。

2. 性格特点及所受的教育

①受过良好的中等教育。从清秀的字体可以看出。

②衣着整齐，风度翩翩。一个偏执狂在衣着或举止上，会有完美性格倾向。

③工作一丝不苟，属于模范职员。从清秀的字体和干净的信纸，推断罪犯的工作态度一定不错。

3. 民族

①不是纯粹的美国血统。字条上的某些词用得不够美国味儿。他还把爱迪生公司写成"Society Edison"，而不是美国人常用的

"Consolidated Edison"的缩写"Cons. ED"。

②是斯拉夫人，居住在布里奇波特区。报复仇敌的方式因地而异，地中海沿岸的人多用匕首，斯堪的纳维亚人用绞索，斯拉夫人用炸弹。而布里奇波特区就是斯拉夫人集中居住区。

③信仰天主教，并定时上教堂。斯拉夫人大都信仰天主教，规律性的行为正是他的习惯之一。

4. 事件起因

①此人曾是爱迪生公司的职工。

②工作期间，公司曾对他有过不适当的处置，这种憎恨让他做出了报复行为。

③曾经受过一定程度的心理创伤，有恋母情结并憎恨父亲。男孩在幼年时会由于恋母情结而憎恨父亲，从而产生对权威的反抗。

④身患心血管疾病。他在字条中，一再声称自己是病人，他可能患癌症、肺结核或心血管疾病。患癌症的话难活过16年，患肺结核的话应该已经治愈，所以他患心血管疾病可能性最大。

警察根据这些线索，很快锁定了犯罪嫌疑人。在彻查爱迪生公司档案时，发现了一个叫乔治·梅特斯基的人。他原是爱迪生公司的职员，1931年9月因公受伤，得到了公司的工伤补贴。几个月后，公司裁减人员时将他除名。1934年1月，他自称患了肺结核，申请终身残疾津贴，但未能如愿。

梅特斯基生于1904年，1940年他36岁，1957年他53岁。他是波兰裔，罗马天主教徒，家住康涅狄克州（布里奇波特即在此州）。梅特斯基终生未婚，和他的两个姐姐住在一栋独院住宅里，父母双亡。他身高1.75米（在美国属于中等身材），体重75千克。他没有前科。他的邻居们评价他对人总是彬彬有礼,但很少与人来往。在职期间,梅特斯基工作出色,一丝不苟,遵守纪律,与人和善,属于模范职员。

当警察来到了梅特斯基家,出现在他们面前的是一个身穿褪色睡衣、戴金丝边眼镜、体格匀称的男人。制造炸弹的房间也被他整理得井井有条。当警察要带他走时,他要求进卧室换一身双排纽扣的蓝色细条纹的整洁西服,3粒纽扣也扣得整整齐齐,头发也梳得一丝不苟,脚上的皮鞋擦得雪亮……

工具包之 4

如何瞬间打开对方的心扉

人是社会性群体动物,一个人的生存和发展离不开别人的帮助、指导和支持,一个人发展的高度和速度很大程度上取决于他与别人沟通的能力。

无论在工作还是生活中,由于种种原因,对方未必会说出自己真实的想法,有时甚至会故意放烟幕弹,如在商业谈判、销售、面试等场合中。如果能迅速打开对方的心扉,就能进一步建立和巩固与对方的良好关系。

瞬间打开一个人的心扉,可以从以下四个方面入手。

一、了解对方的性格

很多人在与别人见面后,希望能迅速拉近彼此的距离,但苦于找不到好的切入点,只能聊一些有关天气、日常工作等的无趣话题。进入不了对方的内心世界,自然很多想法也就无从谈起。

由于多数人在陌生人面前都不想轻易地展露自己,因此需要从对方最不容易防范的话题切入,才能在他不知不觉中了解到他的需求、态度或性格特点等。

第一种办法,通过询问对方喜欢的动物或宠物,了解对方的个性。

心理学家石井裕之一般使用宠物作为话题。譬如下面的对话。

"最近我想饲养宠物,您喜欢什么宠物?"

"如果要养的话,我想养猫。"

"嗯，养猫啊。您喜欢猫的什么地方？"

"喔，应该是猫的自由自在与随性吧。"

其实，饲养什么并不重要，重要的是选择那个宠物的理由。对方就不知不觉地展露出"自己内心的希望"，也就是说，希望自己是一个"自由自在"与"随性"的人。

这种内心深处的性格在平时往往深受压抑，但聊天时，如果你通过动物的话题了解到他的性格并认同他，他就会感觉你很了解他，产生一种莫名的亲近感。

第二种办法，设法了解对方喜欢的性格。

一个人最喜欢的动物，往往是内心真实的"自我"，代表自己期望被别人认同的性格；第二喜欢的动物，便是他所喜欢的别人的性格。可以参考下面的对话来了解对方喜欢哪类人。

"您说喜欢猫，除了猫外，您还喜欢什么？"

"嗯，像是大蜥蜴啦，或是爬虫类我也蛮有兴趣的。"

"啊，为什么？"

"有危险的感觉才棒呢！"

由此可得知他可能更喜欢有冒险精神的人。

这时在谈到自己时，就可以以类似的话题切入。譬如，探险旅游、悬疑小说，或者鬼屋游戏等。

当你成为他喜欢的类型后，你们的关系就立刻拉近了很多。

二、打开对方的心扉

了解对方的性格，是为了彼此深入地交流。而在深入交流前，需要找到对方感兴趣的话题，以进一步引起对方聊天的欲望。一般来说，双方正式谈判前的时间，是打开对方心扉的最佳时间段，因为大家都认为这是闲谈，没有戒备心理。

这时可以使用"事实法"来找出对方感兴趣的话题，譬如：

"你看起来好像喜欢足球。"

"啊？是吗？其实我平时喜欢乒乓球。"

"哦，我也很喜欢，每到周六都去活动室找人打乒乓球呢。"

也就是先说出一个明确的答案，让对方来更正，之后再聊对方谈到的爱好。这比直接问"你喜欢什么体育项目"，更容易让对方放下戒心，也避免给对方留下生硬地套近乎的印象。如果正好说中，对方兴致会更高。

"你看起来好像喜欢足球。"

"哇！你怎么知道的？"

"我也喜欢足球，所以能感觉得出来。"

"你都喜欢哪支球队？"

如果担心说错了尴尬，也可以用"事实反问法"，也能让对方不知不觉地展示自己。譬如，若是你直接问对方"你住在哪里？"，对方肯定会提高警觉，你若是用"事实反问法"："你住在某某小区？"用疑问句而不是陈述句，对方通常会毫无戒心地回答："不是，我住在某某小区。"无论他怎么回答，话题都可以顺利展开。

也可以用"暗示法"，让对方打开心扉。譬如，"你不太能对人敞开心扉，这是很可惜的！其实你感情丰富，也很能调动气氛，是个极有魅力的人，只是还没有全部展现出来。"

如果直接开门见山地赞美："你是个充满感情的人，而且拥有使人开心的魅力。"对方就会立刻警觉："他为何要奉承我？什么目的？"一旦对方怀有戒心，很多人就会闭紧心门。用"还没有全部展现出来"，以及用"感情丰富""极有魅力"等进行肯定，对方为了展现被认同的"完美"形象，就会一致"不太能对人敞开心扉（所以无法发挥长处）"的状态。

于是，在不知不觉中，他就对你敞开了心扉。当然，也可以选用音乐等其他话题切入。

三、让对方说出真话

跟对方交流时，很多时候对方未必肯说出实情。这时，就需要判断对方说的话是真是假，如果判断是假话，可以设法让对方在不知不觉中暴露出真实的意图。

判断对方说话内容的真假，可使用"压力质问法"。

"我现在只问你一个问题，不会再问其他，请你一定要诚实回答。"然后，就盯着对方的眼睛问："某件事你有没有做？"

如果对方简单地回答说"没有"，那就是实话。

如果对方回答"你为什么会这么问？"或者"我做了什么让你怀疑的事了？"或者"不用说你也应该明白"，等等，他多半是在撒谎。

在对方不肯直言不讳地说出自己的想法时，也可以采用"情绪相关法"询问。

譬如，你送给朋友一份礼物。他满怀希望地打开包装，脸却突然一沉，不过马上又开心地说："哇！好高兴！"

像这种情况，就可以在过一会儿后，装作若无其事地问他："最近是不是遇到了不开心的事情？"

正常情况下，压抑的情绪终究要得到宣泄。一旦出现有关同类情绪的提问，内心就会产生共鸣。你在沟通中就会了解到他的真实想法。

四、消除见面时的紧张

第一次见到陌生人，尤其是自己内心仰慕的"大人物"，或者参加重要活动时，容易紧张。譬如，第一次演讲，面对台下众多的观众，本来准备充分，却突然间乱了方寸，继之脑子一片空白。很多首次演讲者，都有类似的经历。

初次上台或者面试等，紧张是难免的，这是一种正常的心理现象，这时只需在上场前做深呼吸、按摩小手指以及反复握紧拳头，心情就会逐渐平静。其中，在做握拳动作时，要配合呼吸，随着吸气的加深，拳头越握越紧，吸饱气时也握到极紧，稍一停顿，但不要憋气，那会增加紧张感，然后缓缓呼气，同时拳头也慢慢松开。一般来说，连续做七八次后，心情就会变得比较平静。

还有一种办法，就是利用催眠术中的自我暗示法，在心里默默告诉自己："我慢慢从1数到20，每数一个数字，我就更放松一些，数到20的时候，我就冷静清醒，充满信心，上台报告的时候，我会口齿清晰，语言流畅，顺利完成。"然后每3~5秒数一个数，配合呼吸，每次吐气时想象吐出的是一股压力、紧张的黑气，数完后也会冷静很多。

如果面对的是一对一的沟通，还有另外一种办法，可以在心里想象着：伸出自己的双手，去碰触对方的双肩。通过这种方法，自己也能很快镇定下来。背后的心理学原理是，心手相连，而潜意识无法区分"实际触摸的感觉"和"想象的感觉"。潜意识会认为，我跟这个人的关系是可以碰触肩膀的亲密，因此就会很放松。

只要打开了对方的心扉，就容易找到共同的话题，和对方建立起融洽的关系，从而促成问题的解决。

工具包之 5

如何培养职场高情商

故事一：有一次，在一家超市排队结账时，看到前面的老奶奶消费了49.5元，老奶奶拿出了100元递给了收银员。收银员打开抽屉扫了一眼，随口问道："阿姨，您有50吗？"

老奶奶笑得合不拢嘴，乐呵呵地答道："哈哈，还50呢，都60多啦。"

收银员微微一笑："看您这么年轻，一点儿都不像啊。"

然后将零钱交给了老奶奶，老奶奶乐呵呵地离开了。

故事二：有个单身汉，一次乘坐公交，他前面一位优雅的男士在看到身边一位女士的裙子拉链忘记拉上时，就顺手帮那女士拉上了拉链，那女士注意到周围的人诧异的眼神，就朝那男士莞尔一笑，轻吻一下，"谢谢你，一会儿跟你走。"

到了公交站点，那位女士居然真的挽着那男士的手臂一起下了车。

那单身汉大吃一惊，原来这样就能赢得女士的芳心。

于是，在以后乘坐公交时，即使有空闲的座位他也故意站着，就是为了能及时发现机会，做点类似的好人好事赢得女士的好感。

终于有一天，他发现刚上车的一位单身美女，裙子的拉链没有拉好，就主动凑上去，帮人拉上。

可他还没等来那甜蜜的一吻，横空的一巴掌让他眼冒金星："臭流氓！"

这一巴掌让这单身汉清醒了许多，原来情商还需要让对方感觉舒服。他不清楚的是，他之前看到的那两位，人家原本就是夫妻。

故事三：小王参加工作五年了，在单位里是个出了名的老好人，特别好说话，很多人遇到麻烦事、做不完的事情甚至跑腿的事，都会找到他，交由他做。而每次他都尽量有求必应，为了维护人际关系，他甚至宁可先放下自己手头的事情，也要迁就对方，久而久之，大家也就养成了习惯，而他每天忙得团团转。

一次，在民主选举中层管理者时，小王信心满满地认为自己会高票当选，因为在技术等其他方面他并不比那些竞争者差，评议的结果让他大跌眼镜，前三名中居然没有他。

情商意思是"情绪智慧"或"情绪智商"，是一个人自我情绪管理以及管理他人情绪的能力指数。情商由自我意识、情绪控制、自我激励、认知他人情绪和处理相互关系这五种特征组成。

情商如今越来越多地被应用在企业管理上，对于组织的管理者而言，情商是领导力的重要构成部分。放眼整个世界，成功的企业家或管理者几乎无一不具有很高的情商。

哈佛大学心理学博士戈尔曼的研究表明，一个人的成功，80%在于情商，智商只占到20%。卡耐基也曾说过，一个管理者的成功，专业知识所起的作用只有15%，而交际能力却占到85%。

俗话说，"良言一句三冬暖，恶语伤人六月寒。"我们每天都离不开语言的沟通，无论是书面上的，还是口头上的；无论是实际生活中的，还是虚拟网络上的。无时无处不需要我们"好好说话"。

但问题是，在看了越来越多的情商方面的书籍之后，感觉自己连话都不知道该怎么说了。正如韩寒的《后会无期》所说："听过很多道理，却依然过不好这一生。"

因为没人告诉你，同样的高情商的做法，在环境或对象发生变化后，有可能失效甚至起反作用，如故事二中的那个单身汉的遭遇。

所以对职场人士而言，"高情商"的内涵应该是有助于实现自身目标的情绪管理能力。否则，即使再会说话，情商再高，办不成事，这种情商也没有什么意义。

真正的职场高情商应该从目标、边界、情绪管理和影响对方等四个维度来考量。

一、目标是否明确

大家在赞叹第一个故事中收银员的情商高的时候，却未必意识到，她让顾客舒服的高情商，正契合了超市的经营宗旨：能提高顾客的满意度，增加复购率。

因此，如果运用高情商，首先取决于自己目的、定位和所处的环境。

1. 厘清自己的目的

老子《道德经》中有"天地所以能长且久者，以其不自生，故能长生。是以圣人后其身而身先，外其身而身存。非以其无私邪，故能成其私。"意思是，天和地那么长久地存在，是因为它们自然地运行着，不是为了自己的生存，所以能够长久。因此，有道的圣人遇事谦退无争，反而能在众人之中领先，将自己置身于事外，反而能保全自身。这不正因他的无私才成就了他更大的自私吗？

华人首富李嘉诚在跟人做生意时，从来不让对方吃亏。李嘉诚曾经这样跟他的儿子李泽楷说：和别人合作，假如他拿七分合理，八分也可以，那么只拿六分就可以了，剩下四分留给别人，绝不让别人吃亏。

正是他这种不让别人吃亏的风度和气量，才让越来越多的人乐于跟他合作，他的业务也越做越大，遍布全球。

台湾的王永庆也秉持同样的观点，从他做米店的伙计开始，就设身处地地为顾客考虑，因此做到了台湾的首富。

但是，他们的大度针对的是"合作方"，如果面对的是竞争对手呢？

因此，目的决定了高情商如何运用。

2. 明确自己的定位

目的明确后，必须清楚自身的角色和定位。譬如，说明同样一件事情，对上级、同级和下级就需要完全不同的说辞，而彼此关系的亲疏，也决定了语气和方式的不同。

因此，有些时候需要宽容大度，而有些时候则需要据理力争、寸步不让，这主要取决于自己的角色。譬如，面对一个员工"扯皮"拖沓的组织，你作为管理者，如果一味宽容忍让，只会让这个组织变成一盘散沙，这时你要恩威并施，杀伐果决。

当需要证明自身的能力时，不同的定位也决定了方法的不同。

小赵所在的公司新聘任了一位总经理，小赵平时的业绩不错，但他的职位只是中层经理。他为了给新领导留下良好的印象，有事没事地就跑去新领导的办公室。结果过了一段时间，他就感觉分管自己的副总眼神不对，而新任领导也对他敬而远之。这种越级做法，显然冒犯了直属领导，也引起了总经理的猜忌，对他的发展只会起反作用。

因此在什么位，就要说什么话，办什么事。当明白了自己的目标和定位后，哪些事情该做，那些事情该顺其自然，哪些事情该避免，就会一目了然。

3. 选择适合目标的策略

在二十世纪三十年代的上海，曾有一位名动一时的枭雄，名叫杜月笙，无论历史对他怎么评价，但没有人会否认他的高情商。

杜月笙曾利用"场面""体面"和"情面"这"三碗面"，一步步走到了人生的巅峰。

杜月笙初入上海滩时，只是个小混混，后经人介绍做了黄金荣手下的一个看门小弟，还属于职级最低的那种。19岁那年，在黄金荣老婆林桂生生病时，他衣不解带，悉心侍候数日，他用这种做人的"场面"赢得了林桂生的好感以及黄金荣的刮目相看，这为他日后攀上黄金荣这棵大树奠定了基础。他在被邀处理法租界的工人罢工时，曾动用自己的30万大洋，给工人们垫付了罢工期间的薪水。当然，他也因此获得更多。

"体面"，从他对待拒绝清华大学邀请的一代国学大师章太炎的做法上可见一斑。一次杜月笙拜访章太炎，他知道章太炎缺钱，但他并不说破。在他走后，章太炎却发现他的茶杯底下压着一张两千银圆的支票。感动之余，章太炎主动帮"杜月生"改名为杜镛，号月笙，并亲笔为其修订了家谱，让出身卑微的杜月笙一跃成为帝王之系、名人之后。

即使在临去世时，杜月笙也将"情面"用到了极致。到了1951年，他的哮喘病越来越严重，他清楚自己将不久于人世，就让大女儿杜美如去银行取来一个保险柜，保险柜打开后，里面满满都是借条。最少的一张是5000美元，最多的一张是500根金条，涉及众多商界大亨、政界大腕等。杜月笙一张一张看，然后又一张一张撕掉。儿女们非常不解。他说：借出去的看上去是钱，实际上是交情。感恩的，会永远记住杜家的好。不感恩的，你们去要，也只会给自己招来杀身之祸。

其实，在职场上道理也完全一样。既然培养情商是为了成功做事，其原则就是，依靠情商手段将那些资源要素，转化为成功的铺路石。

二、清楚彼此的边界

心理学家霍尔的研究表明：两人的距离为0.5米以下时，为私人距离；当两人相距0.5~1.2米时，为朋友距离；在1.2~3.6米时，为社交距离；当两人相距3.6米以上时，为公共距离。人们会根据彼此的关系，不自觉地保持相应的距离。

同样，人与人之间不仅有看得见的物理距离，也有看不见的心理距离，而且这二者是相关联的。因此俗话说，交浅而不言深，就是这个道理。

在现实生活中，很多人并没有"边界感"。春节回家，邻居大妈来串门时，开始只是简单的问候，后来就会"热情"地问起"XX，你现在的工资多少啊？听说北上广的消费高，每月两万以上才能生存，你应该也只多不少吧？""你该有XX岁了吧？怎么还没带个女朋友回来？跟你一样大的XX，儿子都会打酱油了。差不多就行了，别挑肥拣瘦，越挑越瘦"……

己所不欲，勿施于人。只有说话、办事懂得分寸，掌握好彼此的边界，人际关系才能处理得得心应手。下面是常见的越界行为的应对办法。

1. 遇到隐私越界者

在每个成年人的世界里，都有数不清的脆弱瞬间。而在每个人内心的最深处，总有一块不希望被人侵犯的领地。可有些人总是出于这样或那样的原因，去探究别人的隐私。

对付这类人最好的办法是——答非所问。譬如他问你工资，你就说"不比别人多"；他问谁是你晋升的后台，就说"全托你的福"。这样既不会得罪对方，又让对方感觉索然无味，从而终止自己的话题。

2. 遇到喋喋不休者

这类人只顾自己发泄，从不考虑对方的感受和忙闲，也不管你乐不乐意听，在那里滔滔不绝。你如果生硬地打断他，他会觉得你不懂得体谅别人，做人太冷血。

对付这类人最好的办法，就是提一些让其错愕、不知怎么回答的问题，譬如，"牛顿第一定律的公式是什么？""诺曼底登陆是哪一年？"。你也可以直接切断话题："打扰一下，现在几点了？"。一旦转移了话题，他盎然的兴致就会突然被打击，他会觉得跟你继续聊下去也没什么意思。

3. 遇到来说是非者

"来说是非者，必是是非人"。乐于道人是非者，往往妒心太强。这种人巴不得别人越来越倒霉。

对付这类人最好的办法是沉默，对他的话题不置可否，当没人接他的话题后，他也就失去了谈论的兴趣。

4. 遇到自我吹捧者

这些人内心自卑，却表现得相当自负。其实他们潜意识里期望引起别人的关注，以此满足自己的虚荣心。因此在不伤大雅的情况下，尽量以鼓励他们为主，但对太离谱的那类则另当别论。这类人对自己所说的大话，心里也非常清楚，如果你肯定了，他认为你傻；如果你加以驳斥，他又会认为你缺乏同情心。

因此对付这类人最好的办法，是以幽默的语气，顺着他的话题，将他捧到"天上"，但目的是揭露他的真面目。譬如，"你这么大的能耐，下一届的市长该是你的吧？""某大佬都见了，他怎么还没聘你当老总？"这样一来，他自然也就不敢继续自讨无趣了。

5. 遇到利益侵犯者

攫取利益者，往往会得寸进尺，一旦有了第一次，就会有第二次、第三次，而且会越来越甚。当然，如果只是偶尔的一点小事，也无须上纲上线，只要不是得寸进尺就好。但在核心利益或原则问题上，就绝不能让步。

记得小时候，农村可玩的东西比较少，几个淘气孩子就去惹邻家的狗玩，狗追上来时撒腿就跑，次数多了，本来不咬人的狗到后来也咬人。被咬的次数多了后，就总结出了一条经验，偷偷在怀里揣着一根木棍，待狗追上来时，猛地劈头一棍，从此那狗看见自己就会溜溜地躲起来。

在侵犯第一次发生时，当头棒喝，让侵犯者知道你的原则和边界。如果对方提出要求是在大庭广众之下，建议不要当场拒绝，以免激化矛盾，然后再找个单独见面的机会，了解他的具体想法及这样做的原因，再有针对性地解决。

6. 遇到灭人志气者

这类人大多有阴暗的心理，看什么事情都只看到消极的一面；或者他本身就看不起你，故意泼你的冷水；有些人则是别有用心，是为了打击你的自信，以防某一天你超越了他。

对付这类人最好的办法，是将话题转移到对方的身上，攻其痛处：列举他曾做过的那些愚蠢、无能、可笑之事，或者抓住他逻辑的漏洞，让他心生不快，从而管住嘴巴。

当然，以上只是列举了一部分事例，越界的类型还有很多，包括谎话连篇者、啰唆说教者、不懂装懂者等，因篇幅关系，不再一一展开。

三、情绪觉知与管理

高情商的人能耿直而不伤人，幽默而不低俗，往往几句话就能赶走乌云。因为他们能站在对方的角度去思考，懂得他人欲言又止背后的原因。因此，情商高的人说话会让人感觉如沐春风，发人深省，而有些人一句话能噎倒一头驴，让人半天回不过神。

记得有一次，跟同事一起去找新领导汇报工作，但在汇报时出现了小小的口误，为了给领导留下谦逊的印象，就开始道歉，领导也不以为意。这时同事在一边插了一句，"领导，没事，他都习惯了。"

不管是有意还是无意，这种话总是很伤人。

在现实生活中，了解情绪相对比较容易，但真正的难题是，如何管理自己的情绪。

哲学家杜威认为，人类天性中最本质的冲动，就是被人尊重的欲望。因此，如需构建和谐的人际关系，需要从以下几个方面入手。

1. 对自己

• 要认识和了解自己，知道自己的缺点和长处，并学会与自己融洽相处，乐观自信，这是个人身心健康的前提。

• 心胸要宽广，懂得宽容，这样就会"多一个朋友多一条路"。

• 做人要低调，哪怕自己才华横溢，也不要轻易卖弄。水低为海，人低为王。

• 守时、守信，并说到做到。这样领导才敢相信并重用你。

• 话到舌尖留半句，不把话说满，给自己留有余地。因为谁也不知道意外和明天究竟哪个先到。

• 要懂得激励自己，乐观、阳光、积极、向上。这样才会坚忍不拔，勇往直前。

• 不要盲目攀比。尺有所短，寸有所长。塞翁失马，焉知非福。

• 管住自己的嘴巴，要懂得"祸从口出"。

2. 对别人

- 要懂得感恩,并学会欣赏他人的优点。
- 要懂得换位思考,尊重和体谅对方。己所不欲,勿施于人。
- 要学会倾听,以同理心来理解别人的难处。
- 不抱怨,不指责,能包容别人的缺点和不经意造成的过失。
- 看破而不说破,点到为止。也许有些事情对方并非不明白,而是真有难言之隐。
- 做事不做绝,更不要轻易置对方于死地,最好的做法是用善良和真诚去感化对方。
- 不要轻信别人对他人的传言,许多传言都是因利益而生。
- 在集体活动中,要关注角落里的那个人,必要时给他以善意的鼓励。

3. 互动时

- 学会控制自己的情绪,不任性,不意气用事,不做情绪的奴隶。
- 沟通中,要尽量使用建议的口吻,而不是命令的语气。学会尊重对方,才能赢得对方的尊重。
- 不要斤斤计较,因为每个人的经历不同,视角不同,驳倒了对方,可能少了一个朋友。
- 在非核心利益竞争上,尽量不要起争端,退一步海阔天空,让他三尺又何妨。
- 不要轻易去评判别人,毕竟你未必真正了解这个人。
- 能帮人时尽量施以援手,你今天布施的春风,明天就会变成秋果。
- 不要试图去改造别人,每个人都有自己的活法,自己的人生观未必就是放之四海而皆准的真理。

• 关键时候敢说不，不要让自己的善意引来欺凌。

一个人对情绪觉知和管理的能力，决定了他未来的成就。智商高、情商也高的人，春风得意；智商不高、情商高的人，贵人相助；智商高、情商不高的人，怀才不遇；智商不高、情商也不高的人，一事无成。

四、能够影响对方

在这个世界上，每个人都不是孤立的，想要做成一件事情，往往需要别人的配合与协助。高情商的人，往往不仅能让自己活得潇洒自在，还能云淡风轻地化解他人的尴尬，消除矛盾于无形，并赢得别人的信任和尊重。

一次，一个人到闺蜜家去串门，恰巧那天闺蜜的儿子带着女朋友回家。这人认真地说道，"这孩子跟他爸一样，会挑。"短短十个字，把在场的四个人全夸到了。

1. 高情商者能准确识别出是情绪还是问题

如果你的闺蜜向你抱怨，"真是烦透了，想马上跟他离了！"假如你跟她讲一通道理，或者认真分析利弊，甚至也义愤填膺地"补上一刀"，恐怕以后这闺蜜都没法做了。

其实她只是想找个人发泄情绪，这时你只需当一个聆听者。她只要把内心的苦闷说出来，伤口就好了一半。此时如果不明所以，效果往往适得其反。

因此，一个人的抱怨，有时候缘于问题，有时候只是缘于一种负面情绪，只有首先学会区分情绪和问题，才能有针对性地解决问题。

2. 高情商能规避矛盾

刚参加工作时，有次领导过来视察，请我们技术部的人员吃饭，期间领导举着酒杯来到了我们这桌，所有的人都举起了酒杯，这时一个同事突然说："抱歉，我不喝！"

大家都觉得气氛有点儿尴尬。就在这时，经理站了起来，面带微笑地解释道："张总，他是我们技术部今晚的临时司机，待会还要逐个送同事回家，所有人都能喝，唯独他不能呀。"

领导听了，笑了笑："哦！开车千万不能喝酒啊……"

一次情商课上，老师用一句话精辟地诠释了高情商：高情商就是用你的真诚和善良打动对方，让他愉快地帮你实现目标。

因此，高情商就是：

- 目的第一，方法第二。
- 先解决彼此的关系，再水到渠成地解决具体的问题。
- 想让别人怎么对自己，就怎么去对待别人。想得到，先给予。
- 懂得距离和分寸，知道在什么场合对什么人该说什么话。
- 能好好说话解决的，就不发脾气。
- 能够觉察自身的情绪，及时调整或控制。
- 能用对方满意的方式解决问题，并能实现多赢。

工具包之 6

笔迹分析，看这一篇就足够了

故事一　笔迹分析破解疑案

1940年的一天，人们在爱迪生电力公司的一个大楼里，发现了一枚没有爆炸的炸弹。炸弹旁边有一张字写得工工整整的字条：爱迪生公司的骗子们，这是为你们准备的。F.P

没有留下任何指纹等线索，炸弹也没有爆炸。在以后的五年里，报社、旅店和百货商店也纷纷收到了类似的纸条。但此后陆续发生了爆炸事件，引起了民众巨大的恐慌。到1955年，这个"炸弹狂人"先后放置了至少33枚炸弹，其中22枚爆炸，共导致了15人受伤。

纽约警察局用尽各种办法，十余年来依然找不到罪犯，侦探长霍华德就带着炸弹的碎片、F.P的纸条和爆炸地点的几张照片找到了心理学家詹姆斯·布鲁塞尔博士。

布鲁塞尔花了4个小时的时间进行了分析，推断此人的特点是：男性、斯拉夫人、曾是爱迪生公司的职工、年龄在50~60岁、中等身材、独身、居住地在布里奇波特区、居住在一个单独的院落中、与年长的女性亲属共同生活、受过良好的教育、风度翩翩、信仰天主教并定时上教堂、曾经受过一定程度的心理创伤、身患心血管疾病等。

警察根据这些线索，很快锁定了犯罪嫌疑人乔治·梅特斯基，他的实际情形几乎跟笔迹分析的结果完全一致。

布鲁塞尔分析的依据之一就是罪犯的笔迹。

故事二　用笔迹分析预测未来

据报载，海湾战争前，伊拉克在科威特边境陈兵10万。西方许多人士及科威特首脑均认为伊拉克不会贸然发动战争。但以色列情报机关通过分析萨达姆的笔迹，从笔迹的行文、力量的大小以及字句的改动等因素中分析出萨达姆性情怪异，敢于草率做出任何重大决定。1990年8月1日，以色列报刊公布了这一结论，第二天，伊拉克便开始了进攻并占领了科威特。这是海湾战争中通过笔迹分析进行军事预测的一个著名案例。

笔迹分析是一门科学，也是一种实用技术，笔迹分析之所以能够准确判断和预测很多事情，在于其背后有着完整、系统的理论和方法。

一、笔迹分析的原理

笔迹是大脑反射活动的产物，也是一个人内在个性的具象化，此所谓心手相通，字如其人。美国心理学家爱维认为，手写实际上是大脑在写，从笔尖流出的是人的潜意识。人的手臂复杂多样的书写动作，是人的心理品质的外在表现。

心理学家研究发现，一些失去手臂用嘴或脚趾写字的残疾人，他们的笔迹特点并没有因此而改变。

二、笔迹分析的价值

现代企业的管理，从本质上说是基于"人"的管理，因此在市场竞争环境越来越复杂的今天，如何更加快速有效地识别人才就显得尤为重要。

由于笔迹与人格的紧密关联性，笔迹分析被广泛应用于现代企业管理中的人才测评、选拔等，分析者通过书写者笔迹，对其性格、成就、思维模式、能力潜力、人际关系、行为方式、主要优点及不足等做出判断，并评估其是否具备职位要求的条件。

分析者仅通过随意书写的一段文字，在没有与书写者见面的情况下，就能分析出书写者的性格、能力、思维、情感、情绪、人际、婚姻、职业、优缺点等多方面的信息，有时甚至能窥测到连书写者自己都认识不到的事情，就像"肚子里的蛔虫"一样令人惊叹。

笔迹分析在法国、德国、奥地利、比利时、荷兰和意大利等国得到广泛的应用。笔迹分析法是欧洲大陆国家有关人员经常使用的一种人才测评方法，主要用于人才招聘和选拔。法国的两名教授曾对837家法国企业和咨询中心进行调查，在人才招聘或选拔中使用笔迹分析的达93%，仅次于面试99%的比例，高于智力测验63%和人格测验61%的比例。日本一些公司在人员招聘、提拔时，会先将候选人的笔迹送到字相公司，以字相公司的鉴定意见作为参考依据。

对个人而言，无论做事、交朋友，都少不了跟人打交道。虽然日久见人心，但在工作、生活节奏越来越快的今天，你根本没有足够的时间和精力通过长期相处来判断一个人。笔迹分析也许可以帮助你快速洞察一个人的内心世界。

三、笔迹分析的方法

一个人的笔迹，可以从以下八个方面进行分析。

1. 整体布局

在一张没有线格限制的白纸上书写，分析者就能根据这些文字的布局，大致分析出书写者的性格。

（1）整洁程度

书面干净整洁，说明书写者举止高雅，平时喜欢干净整齐，对穿着较为讲究，会比较注重自己日常的仪表和形象。如果书面有多处涂抹，字迹潦草，说明书写者可能有穿着随便、不修边幅、不拘小节、性格急躁等特点。

（2）文字位置

字写在纸上方的人，性格往往比较积极；越写在下方的人，性格一般越消极。

写在偏左方的人，有拘泥于过去、留恋过去的倾向，这种人会追求安全感，对挑战未来的勇气不足，平时做事常依赖过去的经验；写在偏右方的人，有未来取向的特征，平时常会思考和策划未来的事情。

写在偏左上方的人，个性积极但不太敢于冒险；写在偏右上方的人，一般是积极向上的行动型；写在左下方的人，多是没有自信、不太愿意挑战新事物的保守型；写在右下方的人，常是那些能够预见未来，但又内心感到不安的焦虑型。

如果内容较多，也可以通过留白来判断：左边空白大，书写者有把握事物全局的能力，为人和善、谦虚，能注意倾听他人的意见。右边空白大，书写者凭直觉办事，不喜欢逻辑推理，性格比较固执，做事易走极端，遇到困难容易消极面对。左右留白较少，书写者往往有着很强的占有欲和控制欲，私心较重。

（3）文字特点

通过文字通篇的一致性，可以判断对方性格的稳定性、多重性和可塑性等。

开始写得整齐，后面就开始潦草起来的书写者，往往焦虑、不耐烦，虽然想改掉自己急性子的性格，但一直成效不大。

有心理问题的人，字迹一般会出现膨胀、纠结、扭曲等特征；精神疾病患者的字会错位、刻板、残缺等。

2. 文字排列

通过查看笔迹排列及走向，同样也能判断一个人的性格特征。

如果笔迹的每一行都很平直，说明书写者做事有主见，只要自己认定的事，一般不为他人所左右，而且有较好的自控力，不会轻易暴露自己的情绪，但平时做事会比较刻板。

整行越写越上倾，说明书写者积极向上，有进取精神。这种人常常雄心勃勃，有远大的抱负，并常以较大的热情付诸实践。字行过分上倾，说明书写者除有上述特征之外，还非常固执。字行下倾，说明书写者看问题非常现实，有消极心理，遇到问题容易看到阴暗面。

整行字看上去忽高忽低，说明书写者情绪不稳定，心理调控能力较弱，但他们不乏机智。当然，稍许的波动属正常现象，这反映的是一种情绪的平衡。

字迹过分紧凑的人，为人比较吝啬、谨慎。

3. 字、行间距

行间距代表了一个人的思维和计划性，行与行排列整齐，说明书写者有良好的教养，头脑清晰，做事有条不紊，讲究计划性、系统性和程序性，并有较强的自尊心、责任感和荣誉感。行间距非常小，几乎无法辨认，说明书写者的思维有可能混乱。相反，行间距过大，说明书写者感知敏锐、注重细节。行与行排列不整齐，说明书写者头脑比较简单，条理性较差，做事马马虎虎，缺乏责任感。

字间距代表一个人在社交中的舒适度。字（单词）排列非常紧密，表示书写者是个喜欢与他人接触的人，沟通能力会比较强。字写得稀疏则表明书写者对人防备心理较重，平时不会轻易敞开心扉与人真诚交往，可能更喜欢独处。

4. 字体大小

字大，代表书写者做事比较积极，性格外向，兴趣广泛，思维开阔，不拘小节，但会比较自我，缺乏耐心，做事不够精益求精等。如果字体大到不受格线的限制，说明书写者过于自负，举止随意，常常不遵守组织的规则。

字小，表明书写者性格偏于内向、保守，习惯克制，沉默朴实，做事认真有耐心，并顾及他人感受，但心胸不够开阔，遇事容易想不开，常常处在消极和自我压抑的状态。

适中字体，说明书写者能有效集中自己的注意力，但常常无法注意到具体的细节。习惯于写中等字的人，对外界环境适应能力强，注重实践，工作中容易与他人相处。

习惯于写非常细小字的人，平时不喜欢引人注意，性格怯弱、顺从，自信心不足，气量较小，多疑多虑，办事过于谨慎小心，警觉性很高，容易受外界环境的影响，常常生活在别人的评价中。但他很具有自我牺牲和自我奉献精神，容易与人相处，有非常好的观察力和专注力。

字体先大后小，说明书写者习惯伪装，虚张声势，开始会表现得比较豪迈，但逐渐会现出"原形"。字体先小后大，说明书写者平时比较低调，不善于表现自己，但比较善于计谋，在关键时候能突然出手，置对方于死地。

字体大小不一，说明书写者随机应变能力较强，处事灵活，习惯跨越性思维，但缺乏自制力。

字体上小下大，说明书写者做事稳重，能包容别人。字体上大下小，说明书写者自卑，做事三分钟热度，虎头蛇尾，待人也忽冷忽热。字中间松垮，说明书写者是个马大哈，心大心粗，属标准的乐天派。

5. 字体结构

字体结构严谨，说明书写者有较强的逻辑思维能力，性格笃实，思虑周全，办事认真谨慎，但他容易循规蹈矩，难有创新思路。字体结构松散，说明书写者为人宽厚，包容性强，发散思维能力较强，为人心直口快，热情大方，但常常粗枝大叶。

字体较长，说明书写者自信心强，比较有进取心，富有行动力，具有反传统的开拓精神，但做事容易急躁。字体扁平，说明书写者个性比较稳定，做事踏实、认真，有顽强的毅力，但思维刻板僵化，进取心不强，固执己见，还爱钻牛角尖。字形方正者品行端正，为人正直，责任心强，遵纪守法，不屈从权威，自我控制力较强，但他的情感不易外露。习惯于书写圆形字的人，一般性情比较随和，善解人意，能温和谦让，善于处理人际关系，平时奉行中庸之道，情商较高，很少与人产生正面冲突，但行动不够果断，做重大决定时常常犹豫不决。笔迹有棱有角，往往书写者是个意志坚定的人，眼里揉不进沙子，且不会轻易改变自己的立场，常常与观点不同者争辩得面红耳赤，甚至出现极端行为。

6. 下笔轻重

书写的力度反映了一个人精神的状态和能量。下笔重者，其个性自信、开放、刚强，做事果断，但偏于专横、顽固；下笔轻者其个性保守，满足于现况，主动性差、缺少勇气和主见，对他人有依赖性。

下笔力量均匀适中者，有自制力，稳重，对自己所喜欢的工作能竭尽全力去完成；反之，轻重不均的书写者往往想象力丰富，但情绪不够稳定，做事瞻前顾后，而且妒忌心强。

写字头一笔很重者，性格偏固执，主观性强，有毅力和开拓精神，能心无旁骛，勇往直前。写字末笔特别重者，凡事注重结果，做事会不择手段。

7. 书写速度

书写速度与人理解力有关。快速书写的人反应快，抽象、概括能力强，但恒心不足；书写缓慢的人则小心谨慎、遵守纪律，但偏于保守。

字迹潦草而且写字很快者，思维敏捷，动作迅速，效率较高，但有时性急，容易冲动。这类人一遇到精细的工作就会心烦，座右铭是"先行动再修改"。写字较慢者，反应迟缓，性情和蔼，富于耐心，办事讲究准确性，不过一旦被催促，发挥就容易失常。

连笔程度反映了思维与行为的协调性。连笔反映了书写者有较强的判断、推理能力和恒心；不连笔者则有较强的分析能力，比较节制和独立性较强。

8. 签名特征

一些笔迹学家认为，签名代表了书写者希望他人如何看待自己，显示的是书写者期望的定位和身份，而非真实的自我。

签名的清晰度，代表着对内容的认可程度。如果签名清晰，表示书写者对所写的内容感到满意。如果一个人的签名和其平时笔迹完全不同，则表明他私下的形象与公众形象差别巨大。

签名的繁简程度，代表着对自身形象的重视程度。一个炫丽的使用了很多修饰的签名，代表着此人内心渴望被社会认可，签名末尾处有华丽的弧线（尤其是当它朝向上方时）代表了他渴望被注意。签名很小，表示这可能是个腼腆而谦逊的人。签名很简单、跟平时笔迹没有什么区别，说明他非常务实、自信，做人诚信、正直。

四、笔迹分析的应用与局限

通过以上的方法，基本就能判断出一个人的个性与习惯，乃至适合的工作类型。

分析时最好使用归纳法，就是对规律性的、出现频率较高的书写特点进行汇总、分析，避免单一分析导致的以偏概全。

当出现不同角度分析的结论不一致时，可以本着两个原则来判断：一是以出现概率较大的个性特点为准；二是在两类个性特点出现频率相近的情况下，以格局大者的分析为准，即"整体胜局部，结构胜笔画"。

笔迹分析不仅能看透一个人，还能帮助人们确定与对方合作的方式。我们也能通过笔迹分析的结果，来选择适合的工作领域或匹配的岗位类别，以充分发挥自己的长处，创造出更大的成就。譬如：

①完美型个性：适合那些坚持原则的职位，如律师、医生、审计、工程师等。

②助人型个性：适合服务类工作，如教师、护士、客服、工会人员、内勤、文秘、推销人员等职位。

③成就型个性：这类人的目的性极强，具有强烈的成就动机，因此适合挑战类工作，如职业经理、创业者。

④自我型个性：适合从事艺术创作类的工作，如美术、音乐、文学、产品设计等领域。

⑤思考型个性：擅长将大量数据分门别类，有过人的洞察和分析能力，适合科学家、咨询顾问、战略管理、规划师、计划员、程序员、研究员等职位。

⑥忠诚型个性：在需要细心、耐心、警惕、忠诚等品质的岗位上，能充分发挥他们的天赋优势，适合警察、情报人员、财务人员、技术员、保卫人员等职位。

⑦活跃型个性：能活跃团队气氛，适合导游、主持人、销售员、讲

师、活动组织者等岗位。

⑧领导型个性：有大局观及领导的才能和天赋，这类人同时具有冒险的精神。适合创业者、高管等职位。

⑨和平型个性：注重和谐，怕得罪人，害怕冲突，适合顾问、专家、售后及研发等职位。

总体来说，笔迹分析虽然应用越来越广泛，具有一定的科学性，但也有自身的局限性。毕竟笔迹只是一个人某种特质的一种表现形式。笔迹分析的结果只能作为一种辅助性的参考依据。想要全面深入地了解一个人，还需进一步结合现实中的实际表现，这才是笔迹分析的正确使用方法。

工具包之 7
领导眼里的"红人"都长什么样子

小王与小李大学毕业后，到同一家公司工作，都是从最基层的工艺员做起，但八年后，小王还是技术部的一名普通设计师，而小李已经是公司的副总，薪资也是小王的数倍。

小王知道小李跟自己一样，并没有什么特殊的背景和关系，而自己也没少花心思和精力，该表现的时候都表现了，感觉自己跟领导的关系也不错，那为什么小李的职务一直攀升，而自己还在原地踏步？

职场中，这种现象极为常见，那小王与小李的差别究竟在哪儿？

一、格局不同

格局，是一个人认识或思考问题的高度、广度和深度。

面对同一件事情，拥有不同格局的人，会有不同的看法和心态，自然最终的结果也会迥然不同。

网上有一则故事：

有人经过建筑工地，问石匠们在干什么。第一个石匠回答："混口饭吃。"第二个石匠回答："我在做最棒的石匠工作。"第三个石匠满怀期望地仰望天空："我正在建一座教堂。"

同样在凿石头，三种不同的格局，决定他们有三种不同的命运。20年后，第三个石匠变成了领导者；第二个石匠当上了师傅，过上了小康生活；而第一个石匠在为生计奔波的同时，却在感叹，这都是命啊！

在激烈的职场竞争中，格局不同的人，根本就不是在同一个竞争层面上。

你在用归纳法升维制胜，人家在用演绎法降维打击；你在考虑如何讨好上司的"术"，人家在思考如何影响他人的"道"；你在为了自己的观点据理力争，人家为了彼此的融洽一笑而过；人家对待批评心怀感恩，你却认为对方在故意刁难；你在为原因寻找借口，人家却在为结果寻找方法。

高下立判，何须竞争？

格局不同会表现在方方面面。譬如，跟上司观点不同时，格局小的人会直接提出反驳意见，格局大的人会"复述对方的主要意见+你说得有道理+为着某个目标，我们是不是还可以（自己的补充意见）"。

格局大的人往往能一眼看透事物的本质，目标也会更加清晰。他们在实现目标的过程中，也不会纠结于小事，"将军赶路莫要追兔"。他们只选择正确的事做，而不仅仅考虑正确地做事。

格局不同，行为不同。当你还沉溺在游戏中手舞足蹈时，人家已经看完了三本管理学书籍；当你还在经营无效的社交时，别人却在用这个时间提升了自己的能力，创造了价值；当你"晚上想想千条路，早上醒来走原路"时，别人却在为实现目标，坚持不懈地"积跬步"。久而久之，格局的差距最后变成了结果的差距，而且这种差距会越拉越大。

二、心态不同

心态决定了一个人的做事方式。面对同样的事情，积极心态和消极心态，会带来完全不同的结果。

心态影响结果的最著名理论是ABC理论，它是由美国心理学家埃利斯创建的。他认为激发事件A(activating event)只是引发情绪和行为后果

C(consequence)的间接原因,而引起C的直接原因则是个体对激发事件A的认知和评价产生的信念B(belief)。

埃利斯认为,正是我们常有的一些不合理的信念才使我们产生情绪困扰,久而久之,还会引起情绪障碍。在ABC理论中,A表示诱发性事件,B表示个体针对此诱发性事件产生的信念,即对这件事的一些看法、解释,C表示因此产生的情绪和行为的结果。

如下图中,A(Antecedent)指事情的前因,C(Consequence)指事情的后果,有前因必有后果,但是有同样的前因A,产生了不一样的后果C_1和C_2。这是因为前因到结果之间,有一座桥梁B(Belief),这座桥梁就是信念和我们对情境的评价与解释。又因为,在同一情境下(A),不同的人的信念以及评价与解释不同(B_1和B_2),就会得到不同结果(C_1和C_2)。因此,事情发生的一切根源是我们的信念、评价与解释。

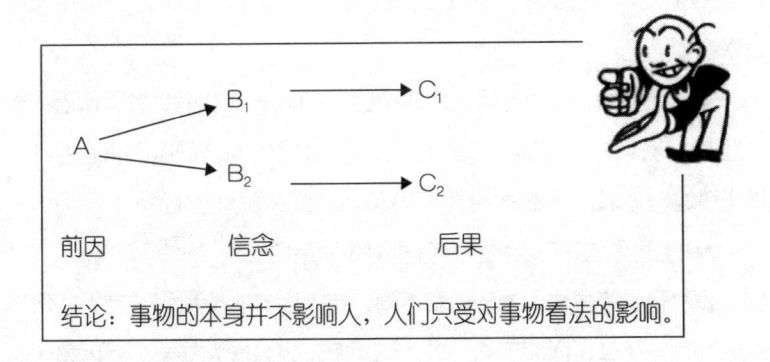

结论:事物的本身并不影响人,人们只受对事物看法的影响。

现实中,这种现象比比皆是。

心态积极的人,把公司的事当成是自己的事,工作主动,明白工作为己,所以能力在不断提升;消极的人则习惯抱怨,当一天和尚撞一天钟，工作多年，能力仍未提升。

心态积极的人认真履职，增加自身被利用的价值，让自己无法被取代；消极的人则给多少工资干多少活，随时有可能被淘汰。

心态积极的人，工作用心，做事时全力以赴，力求完美，无人超越；消极的人将工作当成任务，差不多就行，最多能做到认真做完。

心态积极的人，少一事不如多一事，把分外的事看成锻炼自己的机会；消极的人则斤斤计较，多一事不如少一事。

久而久之，二者距离慢慢被拉开。

前者在能力、资源方面都奠定了坚实的基础后，就等待机会的来临。而机会永远只会垂青这些有准备的人。

三、机会识别能力不同

机会，对每个人来说都弥足珍贵。

据某机构调查，人的一生中会出现7次能改变命运的机会，每次机会大约相隔7年，而这些机会往往在25岁之后开始出现，在75岁左右结束。

第一次机会，会因为年轻而抓不住，最后一次机会，会因年迈而无力把握。这样，人生就剩下5次机会，其中还会因为客观原因或者各种遗憾错过2次。因此，人的一生中只有3次可以改变命运的机会。

因此能否抓住这3次机会，就显得极为重要。

而对同样的事情，由于理解不同，有人将其看成机会，有人却将其看成陷阱，还有人视而不见。以人脉为例，有人认为交友广泛就是人脉广，结果花了大量的时间浪费在无用社交上，当真正遇到困难时，却连一个交心的朋友都找不到。

就职务升迁的机会而言，一般会在四种情况下出现：

①主管的业绩太差。这时一有机会，上级就会安排人取而代之。

②组织变革阶段。这时往往会有新的高层加入，或者有管理咨询公司介入，"一朝天子一朝臣"，一般都会换掉那些能力跟不上企业发展步伐的主管。

③公司在推动涉及前途和未来的重大、紧急工作时。特殊时期，如果主管达不到工作的要求，会被撤换。

④某些主管出现重大失误时。

这时，如果事先得到上级的认可，就很可能获得职位提升的机会。

四、能否巧妙地展现自己

善于表达的人，一句话能让人记住自己。

一次，小王和小李下班后在电梯里遇到了新上任不久的总经理，小王只是笑笑，而小李主动问道："赵总，您8月19日培训的内容《如何变成高效能的员工》，里面讲到的5个时间管理方法，我们技术部的同事都在使用，麻烦问一下，您的下一次培训在什么时候？"

小李跟赵总很快就培训话题热烈地探讨起来，而小王则被晾到一边插不上嘴。

小李的问话中包含了几个关键要素：培训的效果是培训者最关注的，尤其对于新上任想树立威信的领导而言，小李话题的切入点正是对方最感兴趣的内容；几个数字能说明小李听课时的认真程度、用心程度和对领导的尊重；说出"技术部"则是在自报家门；最后的期待性问话，巧妙地植入了自己的赞赏，而且又让对方不能不继续交流。

那如何让"上上级"领导认识、熟识，并欣赏自己？

经历那次谈话后，小王开始反思自己。他知道，领导平时工作繁忙，指望在工作上让领导发现自己，实属不易，而领导也喜欢部属们主动接近自己。于是，小王就有意无意地接近"上上级"领导，甚至时常借故到其办公室汇报。

过了不久，小王发现"上上级"领导有意识地在躲避自己，而直接主管对自己的态度也是急转直下。

小王不明白，他已经犯了职场大忌。越级汇报在直接主管眼里等于"背叛"，而在"上上级"领导的眼里，这叫坏了"规矩"。一个连职场规则都不明白的人，还指望他能担当什么大任。因员工"溜须拍马"而将其提拔，也会毁了自己的声誉，因此"上上级"对小王避之唯恐不及。

让领导欣赏自己，需要掌握一定的策略。

1. 创造彼此认识的渠道

主动结识"上上级"领导，最好是在正规场合，不要让别人感觉到自己是刻意为之。

譬如，"上上级"领导组织会议、培训时，尽量往前排坐，并主动发言或回答问题，引起他的注意。

如果公司有干部储备体系，最好能够进入其中，并积极参加相应的系列活动；一旦有机会，积极参与公司领导高度关注的项目或活动，力争在这些活动中崭露头角；积极参加高层管理者重视的社交活动，尤其一些义务活动，如公司的对外慈善捐助活动等，只要表现得体，很容易给领导留下良好的印象；主动向公司提出一些促进公司发展、业绩提升、成本节约等方面的合理建议，即使提议没被采纳，也会给领导留下很好的印象。

在路上遇到领导时，要主动打招呼，而不只是笑着点头，或故意不理睬。如果领导时间比较空闲，又不影响其正常工作，就可以找个领导关注的话题主动交流几句。

2. 让"上上级"熟悉你

熟识，意味着你的形象要经常在对方面前出现。因为跟"上上级"领导不是直属关系，关系处理起来就非常微妙。

这时，如果企业有内刊或信息平台，最好时不时在上面发表一些饱含正能量的文章，以增加自己的曝光度；如果能有机会通过微信与领导联系，尽量保持联系，让他通过你的"朋友圈"了解你对工作的付出。

在"上上级"领导关注的活动中，尽量多出现。有机会的话，最好能融入其圈子。譬如，与他有共同爱好，这时就可以以请求指导的名义，在非工作时间跟他交流。

3. 让"上上级"欣赏你

参考方法有如下五种：

一是"关键事件法"。平时做十件事，也不如关键时候做一件事。危难时刻见真情，当领导有难以安排的工作时，要主动站出来请缨，这时哪怕失败，领导也不会过分责怪。在遇到"上上级"领导关注的紧急的任务时，哪怕不是自己分内的，也要主动搭一把手。

二是敬业。一个人的成就，往往在8小时之外。因此最好利用早来晚走的时间，多做一些分外的工作，这既给领导留下了敬业的印象，也能迅速提高自己的能力。

三是创造唯一。注重培养自己某一项特殊技能，最好与工作有关，譬如写作、做表等。

四是靠谱。平时要言行一致，遇到领导安排的事情，要立即行动，并做到"凡事有交代，件件有着落，事事有回音"。

五是卓越。譬如，遇到"上上级"领导组织的会议，要提前围绕主题，做好充分的论点、证据准备，然后争取发言的机会。

展现自己的能力，让"上上级"领导赏识你，才有更好的前途和未来。当然创造出最好的业绩，才是能力的证明，才能被领导看重，否则再好的"机会"，也会失之交臂。

五、利用价值不同

所有的晋升方法，最终还是要回归到业绩和能力上。

怀才不遇，是很多迟迟不得升迁者的共同心态。很多人连马步都扎不稳，却盼着武林大会上名扬四海。这些人陶醉在自己编织的美梦中，眼高手低，却看不到自己与别人的差距。

没有展现出自己，甚至没有过人之处，却期望领导"慧眼识才"，如果真给了他带队的机会，一个连自己都管理不好的管理者，能带出一支业绩优良的团队吗？

那些认为自己怀才不遇的人，都可以先试着回答以下几个问题：

- 你在同类岗位中，做到第一了吗？
- 你在自己的岗位上，做到别人无法取代了吗？
- 你的敬业精神，一直是员工的表率吗？
- 对于整个部门的所有核心岗位的工作，你都能得心应手吗？
- 你的威信，在同级员工中最高吗？
- 你所做的每一项工作，在组织内都无人超越吗？
- 能分析、解决别人无法解决的问题的那个人，是你吗？
- 你是学习创新能力最强的人吗？
- 你带领的团队一直是业绩最优秀的那支吗？

如果没有上面的这些"硬核"条件，那还是先收起自己的抱怨。

任何一位领导者，都希望选拔出一些优秀的管理者，带领团队创造出卓越的绩效。

现实是，很多人谈吐不俗、举止优雅，涉猎面极广，仿若天文地理无所不知，可一旦把事情交给他去做，往往需要反复催促，结果也不能让人满意。

也许在你的眼里，目前的在职者也不具备上述这些能力，但跟他们比较的是你。只要你能具备了上面说的这些能力，再参考前文所说的方法，升职自然指日可待。

领导者真正欣赏的是一个人的"铁能力"。只有落地的真才实学，才能征服别人。

工具包之 8
如何接手不同业绩部门的管理

案例：某技术部门共8人，李经理、3个老年工程师和4个青年工程师，李经理日常要求员工必须对自己的工作有充分的了解，并相互协作。因技术部门业绩非常优秀，李经理被调到集团任技术总监，技术部经理由新聘任的张经理担任。

张经理上任后，经过观察和了解，很快拟定出了一套提升部门业绩的方案，在部门会议上，他首先对过去的业绩进行了充分的肯定，然后说，"金无足赤，人无完人，再好的部门也会存在问题和不足，经过了解和征求部分人的意见，新拟定的工作计划如下……"他发现，大家的脸色怪怪的。

一天，张经理急需某个编程软件，要求其中的两个青年工程师第二天早上8：30交给他。两人问他要这软件有什么用，为什么这么急，他很不高兴，也没有回答他们，他认为这是主管的问题，没必要向他们解释，但两个人还是加班完成后，按时交给了他。

不久，张经理对制度、流程重新进行了规范，并对人员分工进行了相应的调整，尽管他一直在不遗余力地推动实施新的制度和流程，但贯彻的效果始终不尽如人意。

有一次，一位青年工程师找到他："张经理，明天我们同学聚会，我很希望能参加这次聚会，想请一天假，明天的工作我已经提前加班做完了。"张经理就严肃地跟他讨论起来：我们还有这么多事情急着向前赶，如果每个人都有理由请假，今天是你，明天是他，那我们的工作怎么办？讨论的结果是没有准假。这个小伙子当即生气了，摔门而出。

从这以后，张经理就感到部门中有一种无形的压力，部门内死气沉沉，部属们阳奉阴违，对待工作能拖则拖，部门业绩迅速下滑，相关部门也开始抱怨……

问题究竟出在了哪里？

一般来说，单纯的问题解决，对主管而言往往不难，但如何增强部属的凝聚力，让大家齐心协力地实现组织的目标，这往往是摆在管理者面前的重大挑战。

在实际管理中，不少新任管理者陷入了案例中的误区，执着于自己的管理风格，或者忙着烧起三把火，结果三把火没烧完，先把自己烧焦了。不少人认为通过引进一套科学、规范的管理制度并落实下去，就可以引领组织走向成功，若以此论，任何一家企业都可以照搬世界500强的制度。每一种制度都有其适应的发展阶段、资源和文化基础，同样的一套制度，在这家企业能够获得成功，换了一家企业也许事倍功半。因此，管理是一门科学，更是一门艺术。

但是，管理也有规律和共性，比如，一定要了解透彻执行的土壤。那么，一个管理者面对不同业绩的部门，切入点在哪？应该以什么样的方式介入？都需要了解哪些因素？如何去了解？怎样做才能确保部门绩效的提高？

下面以业绩较好和业绩较差两类典型部门的管理为例，进行探讨。

一、如何管理业绩较好部门

一般来说，业绩较好的部门往往都会有一套成熟的制度和流程（未必是书面的），主管不在也未必影响业务的正常开展，所以新任主管此时不应急于改变什么，而应迅速融入。

1. 管理者角色定位

面对一个业绩优良的部门，新任主管首先要了解，上一任主管被调离或升迁的背景原因是什么。是基于重点培养的轮调？是高层岗位缺位后的升迁？还是与上级主管管理风格不一致？根据原主管调离的原因，你可以明确须重点改善的方面，也能短期内获得相关人员的认可。

业绩优良部门的工作虽然有序，但往往有一种群体性思维：大家的努力终于推动主管获得了提升，面对这个缺位，不少人暗地里摩拳擦掌，甚至会心照不宣地认定某一位将是他们未来的主管。你的出现可能会让大家感到意外和心理失衡。

因此，作为新任主管，要低调介入，策略是"无为而治"，角色是"服务者"：少说、多听、多看、谦恭、笑口常开。待时机成熟后，再策略性推出必要的业绩改进方案。

2. 如何融入团队

接任业绩优良部门的新任主管必须设法让自己在短期内迅速融入团队，如果超过三个月仍是"局外人"，则败局基本已定。以调入主管为例，融入的方式可以参考以下几个方面：

开始阶段最好不要涉足日常工作，更不要轻易指手画脚，即使遇到部属汇报工作，也尽量尊重他们的习惯做法。在缺少信任基础的这个阶段，除了服务类行为外，几乎做什么都是"错"。有些行为方式即使看不惯，也不要轻易评价，毕竟"存在"即有其合理性，因此自己更多的精力应该放在多观察、勤了解、多思考，并多问几个为什么。

要设法"请教"上一任主管。此时他正春风得意，必然乐于回答：

他为什么能把这个部门管理得这么优秀,他对你有什么建议,部门内的每个人都有哪些优点,等等。认真做好记录,确保随口说出任何一名部属的几项优点。

不仅要记住每一个直接部属的名字,还要利用一切机会,与部属交流,话题切入点可以是该部属的优点,进而深入了解每一个直接部属的家庭情况、生活状况以及性格特点等,要多在一些生活细节上去关心、体贴部属。

日常工作中要以鼓励为主。期间,尽快识别出部门的核心人物,并有意识地与其接触。

注意了解班后的小集体活动,并有意识地参与其中。这类部门的员工往往彼此爱好相近,无论自己是否喜欢这类活动,都要积极参与。

3. 关键事件处理

新任主管在业绩优良的部门几乎无一例外要遭遇一"关"——部属可能会用专业问题来"刁难"自己,这决定了部属对新任主管业务能力是否认可。

解决这个问题前,首先要了解部属这么做的原因是什么。他无非是想证明自己的水平更高,那这种证明的意义何在?其实是他潜意识里的对尊重的需求。所以,此时要放弃敌意,坦诚交流,尽量告诉他解决办法,并真诚地征求对方的意见。如果是外行领导内行,就必须开诚布公地说明自己不懂,永远不要试图靠辩论来证明自己,那是搬起石头砸自己的脚,在驳倒对方的同时,已经将他推到了自己的对立面。

4. 提升业绩方案导入

业绩方案的制订往往比较容易。了解自己的上级主管对自己有哪些期望,对部门有什么特别的要求,了解所有关联部门主管希望本部门在哪些方面进一步改进，通过日常交流，了解部属存在哪些想法和建议等，然后结合自己的思考就能初步勾画出大致的方案。

在管理中，方案的制订不是目的，关键在于执行。一个70分的方案如果得到有效贯彻，结果就会是70分；一个100分的方案，如果不能得到有效贯彻，结果也许只能是10分、20分。

新方案的提出策略至关重要。方法之一是，找到部门的"意见领袖"进行讨论，思路基本统一后，委托其协助制订具体的方案，方案出来后，再组织大家一起讨论，并由该部属讲解，部门思想统一后就可正式公布实施。

只要赢得了大家的信任和认可，以后的工作推动就相对容易了，遇到问题时，也会有人主动站出来替你解围，部门向心力也会不知不觉地转向你。

二、如何管理业绩较差部门

不少职业经理在接手业绩较差的部门时，往往把问题想得过于简单，单纯地认为业绩差的原因无非制度不合理、执行不到位，于是制订出一套所谓规范的管理制度，并强势推行。忙乱一场，结果可能是一场空。

1. 管理者角色定位

针对这类部门，如果用渐进式的管理方式，不仅见效太慢，而且有可能事与愿违。因为这类部门经历的失败太多，其中不乏个别唯恐天下不乱的"害群之马"。

这种部门需要的是组织的"灵魂"，所以主管要掌控管理之"势"。《孙子兵法》曰："故善战人之势，如转圆石于千仞之山者，势也。"

主管把自己塑造一个慎言、强势的领导者，日常行为须做到"四要"：处事要公，公生明；律己要严，严生威；待人要诚，诚生信；工作要勤，勤生效。

2. 获取必要授权

接手业绩较差的部门前，新任主管必须争取两项权力："人事权"和"奖惩权"。如果上级部门不能满足这两个条件，宁可不接。

对害群之马必须手起刀落，对其他人才会有震慑力，便于新工作方式的推行。其他人一旦看到你态度坚决，自然就会认真起来。

3. 了解组织现状

了解组织现状可以从以下几个步骤入手：

业绩较差的部门，一般可能有一两个问题制造者，他们往往决定着员工的动向。对这种关键人物处理得妥善与否，也是自己在这个部门能否立足的关键。所以要对这些"刺头"深入分析，他为什么要这么做？他希望通过这种行为达到什么目的？是怀才不遇，是表现欲，还是本身阴暗心理使然？然后了解这个人对企业的作用，一般正常运营的企业很少因缺少某个人而影响企业的运转，万一此人掌握关键技术，则需采用"怀柔政策"去感化他。只要了解其动机，定向感化一个人会比较容易。

了解上级主管对这个部门有什么期望，包括看法、要求及指导意见等（不建议咨询原主管，即使没有隔阂，他的认识及管理思路可能会误导你）。

了解关联部门的具体接口人员，了解本部门与其工作配合方面都存在哪些问题，进而了解其主管对自己部门有什么期望或需求。

尽量逐一了解所有的部属，并单独约谈，了解部门的问题究竟出在哪里，核心原因是什么，问问部属有什么措施建议，对新主管有什么期望或要求等，从中识别出支持者、观望者和反对者。

慎言，并保持某种"距离感"。任何措施在正式公布前都不要轻易泄露，让谁都无法摸清你下一步的动向。俗话说，剑悬于顶，威胁最大；拳蓄势待发，威力最强。

4. 提升业绩方案导入

方案制订后，将面临：是否需要征求意见？征求谁的意见？如何去颁布？

就笔者的经验看，新思路形成后，可以征求自己的上级和业界朋友的意见，最好先不要征求部属、原主管和公司内部人员的意见，否则，声音太多太杂可能会让你混乱。

方案的公布，最好采用正式会议的方式。公布后，密切跟踪方案的执行进度，重点要关注过程，对不能有效执行的部属及时纠偏。因为有了第一次制度推行的影响，新方案推动一般比较容易。这期间很重要的一项工作就是加强培训，通过培训，在提高部属业务能力的同时，培养员工正确的工作心态。

良好的开端是成功的一半，新任主管只有在充分分析组织形势的基础上，采取适当的措施，才能赢得大家的支持和信任。

工具包之 9

空降兵如何落地生根

案例一：南方某家企业，曾花半年时间从另一家著名公司"挖"来了一位营销总监。在不到三个月的时间里，这位营销总监就把工作搞得有声有色。然而，由于定位沟通不够，就在大家都普遍看好这位年轻的营销总监时，他却选择了黯然离去。

案例二：本书中的魏总，曾三顾茅庐请来李刚做总经理，经过不到半年的管理，人均产能增长了21%，产销比达到了98.7%，总成品率也由原来的93.6%提升为95.7%。在人均产能、产销率、质量、成本等指标均创下该公司历史最高纪录的时候，因管理风格不相容，领导的苦留也没能挽回这位总经理离去的决心。

……

现实中，这种职业经理"短寿"的现象比比皆是，网上的讨论更是不绝于耳。针对这一重大而普遍的社会现象，《企业管理》杂志曾组织国内知名的专家、企业领导和职业经理人进行专题讨论。据一份关于职业经理的市场调查报告显示，国内职业经理人的"平均企业服务寿命"只有短短的一年。

尽管职业经理离职的原因各异，尽管企业领导与职业经理之间在企业管理理念、方法、习惯等诸多方面存在一定的矛盾冲突，但面对这种无法回避的企业生态，作为一名职业经理，该如何由"空降"顺利过渡到"落地生根"?

面对不同管理风格的领导,面对不同的管理团队和不同的企业文化氛围时,职业经理的切入点在哪?需要了解哪些因素?如何去了解?以怎样的方式介入?

本文就职业经理"空降"过程中遇到的一些常见问题,展开探讨。

一、目的研究不充分——职业经理目的的迷失

在实际管理中,不少职业经理"空降"到企业后,不问青红皂白,就开始了变革,甚至不明白变革的目的为何,就一路狂"砍",砍架构、砍人员、砍项目,砍到最后把自己也砍成了孤家寡人,只好卷铺盖走人;也有不少管理者偏执于自己所谓的管理风格,沿着自己的思路一路狂奔,到后来却突然发现方向错了。

职业经理首先应该明白,这家企业聘你来的原因是什么?真实目的又是什么?原因只是问题,目的才是根本!职业经理不能想当然地认为企业招聘你来就是为了业绩,也许是为了解决一个"瓶颈",也许是为了让你规范平台,还有可能是为了实现组织的"鲇鱼"效应,等等。因此,职业经理在面对决策者的需要、组织发展的需要和自我推断的需要时,必须以满足决策者的需要为第一要务,然后与决策者在深入沟通中达成共识。

一般来说,职业经理接手的往往是一些业绩较差的部门,这类部门的前任主管由于种种原因离职,但问题是,到底是什么决定了这个部门主管的去留?要识别出背后的驱动因素,找出前几任经理离职的真正原因,做到心中有数,找到自己日后工作的重点所在。

但职业经理的"着陆"法则却是永恒不变:先生存,后发展。否则,皮之不存,毛将焉附!

二、了解领导不深入——对与老板匹配度的研究不够

现实中，不少职业经理与企业的合作凭感觉，仅凭一面之缘，彼此感觉不错，谈完待遇后就匆忙上阵，结果工作了一年半载，就不得不遗憾地"分手"。

目前，中小企业领导者普遍存在一个误区，希望招聘的职业经理能按自己的管理思路去管控、执行，然后达到他所希望的目标，而且固执地认为，企业的执行力不够、凝聚力不强，原因都在下属。这种领导者自始至终就没搞明白，企业的很多现象表现在员工，深层根源却在自己，正是他的管理思路导致了今天的结果。一个执行力差的企业，背后几乎无一例外有一个习惯越级指挥或越级汇报的决策者；一个没人肯承担责任的企业，背后必然有一个不肯授权、大事小事一把抓的"一言堂"的领导者。一个朝令夕改的组织天天在喊诚信，职工却在下面偷笑，那么，这个组织必然会盛行欺上瞒下。

因此，领导有什么样的格局，就会有什么样的企业。如果职业经理感觉自己跟领导的战略思路不能一致，价值观又不同，那就干脆别合作；或者面对一个不肯主动求变，固执己见而又因循守旧的领导时，在试用期内就要结束合作。道不同，不相为谋，这个世界没有对与错，只有适合与不适合。

因此，必须清晰地了解领导的要求是什么，现状与目标差距有多大，自己是否有能力去实现，自己是否适应领导的处事风格，等等。

一旦过了试用期，就不要心猿意马。管理观点不一致属正常现象，永远不要抱怨，而是应该以积极的态度去界定职责、权限，并在工作磨合过程中及时沟通，以求同存异，取长补短，发挥各自的作用。

三、平台研究不透彻——没有深入了解"降落"之后的环境

行且远,不仅要低头拉车,更要抬头看路。

现实中的很多企业在招聘职业经理人时,未必都有充分的准备,更谈不上为经理人提供一个不受掣肘、没有内耗、轻松干事的工作空间。作为高成本"能人"的职业经理,面对的往往是:呆滞僵化的运行机制、盘根错节的家族势力、紧张复杂的人际关系、人心涣散的组织环境、领导急切的变革期待,等等。知己知彼,方能谋定而后动。因此,客观、全面地了解企业发展的轨迹和现状,是一切工作的基础,也是未来各项决策的重要依据。

在这里,介绍较为复杂的总经理类职位的调研方法。

根据中医理论的"望闻问切",可以从四个方面进行调研:现场了解(望)、问卷调查(闻)、员工访谈(问)和文件查阅(切),下面逐一说明。

现场了解,就是深入到一线各工位,实地查看各项规定的执行情况,了解记录填写的真实性、员工思想的动态等。譬如,了解一家企业员工的积极性,可以调查员工集中到岗的时间。大多数员工提前较长时间到岗,说明员工的积极性比较高;集中在上班时到岗,说明这家企业管理上倚重罚款;上班后仍有一些人陆续到岗,说明这家企业的制度形同虚设。至于了解各项工作的落地执行情况,则可以参考ISO9001质量管理体系的内审方法。

调查问卷,是研究员工内心真实想法的一个重要手段。问卷的设计可以本着六个原则:板块要全、重点突出、问题直接、便于选填、保密严谨、适合统计。针对关键事项导入测谎性验证。具体填写调查问卷的抽样比例可根据企业实际人数并结合想了解的重点问题确定。为了确

保员工能真实填写，调查问卷宜采用无记名式，且要集中填写，现场收缴。切忌一发了之，否则就失去了问卷调查的意义。

文件查阅，就是通过对企业相关制度、标准、流程、表单、记录数据等的收集，来了解关键制度的完善程度与合理性，同时通过制度与记录的比对，了解制度的落地情况。以下是笔者收集的部分数据清单，以供参考：阶段内销售对比数据、盈亏平衡点、产品成本构成、资产负债率、流动比率、速动比率、质量对比数据、成本数据、交期数据、绩效数据、人员流失率、工龄构成、学历构成、奖罚汇总、设备停机率汇总、晋升去职记录、计划总结执行情况、会议纪要追踪情况、产品研发报告、市场分析报告、工伤汇总报告和风险评估报告，等等。

员工访谈则是深入了解问题产生根源的重要途径。实施访谈时，最好以第三方顾问的身份出现，以便获得相对真实的信息。为了打消对方的顾虑，访谈时最好不要有第三方在场，而且也要设法了解企业内部的人际关系脉络，这对以后开展工作非常必要。访谈前可以分管理人员与普通员工两类列明访谈提纲，更有针对性。以下是笔者对管理层的部分访谈提纲：叙述您所了解的公司战略；各部门的设置及分工是否清晰、合理；目前规章制度是否切合实际，能否得到有效执行；概括一下企业的优良传统；公司授权方面有哪些措施；影响销量的主要因素是什么；企业未来的主要威胁是什么；目前员工的积极性如何，问题在哪；对薪资和考核体系的意见和建议；员工晋升的依据是什么；曾接受过哪些培训；品质、交期、成本主要管控方式及存在问题；企业处理问题的公平公正性评价；建议企业目前先从哪些方面入手改善；自己对公司最不满意的方面是什么？等等。

就以上四个方面，将收集的信息进行分类汇总、整理和分析，基本就能摸清一个组织的现状和主要存在的问题，然后就可以有针对性地采取措施。

四、自我剖析过于粗浅——没有细致分析自己适合的职位类型

从家门口到自己卧室多少步？数十年来面对的办公楼上的那行大字是什么？恐怕很多人说不上来——灯下黑，反映人类思维的盲区。

每一粒种子不是都适合所有的土壤，不同的性格，往往会适合不同的岗位。热情、善谈、喜欢挑战的人，相对来说比较适合做营销和公关等管理类工作；如果自己内向、认真，可能适合做财会或技术类工作。

老子曰：知人者智，自知者明。一个职业经理人，如果不能透彻地了解自己，就不可能获得很好的业绩，更不可能获得一个理想的职业人生。

职业经理，就是利用企业的资源，通过自己的影响力，激发团队的斗志，引领大家实现组织的目标。下君尽己之能，中君尽人之力，上君尽人之智。所以，职业经理必须具备足够的沟通能力、协调能力、规划与统整能力、决策与执行能力、培训能力和统驭能力等。只有全面准确地分析自己的性格、技能、优势劣势，才能找到适合自己的岗位。

对自己的素质模型的分析，可以通过管理技能、个人特质、人际关系等三个维度进行系统分析。适合才是最好的，如果一时没有适合的，那就学会调整自己，以适应岗位的要求。

五、安身立命缺基础——没有选准"降落"时的切入点

中国职业经理的悲哀是：他们往往不是败在业绩上，而是败在处理人际关系上。

有些职业经理由于缺乏变革的经验，一上来就大刀阔斧地推行变革，还没开始就已经注定了失败，结果就是，没等三把火烧完，自己的屁股先被烧焦了。因此，职业经理人际关系处理得好坏，将直接决定他

"空降"后的命运。

　　作为一个初进企业的职业经理，做事要先做人。如果不被部属所认可，你能力再强也没用。其实部属最关心的，往往不是谁来当主管，而是谁能给自己带来"实惠"并让自己看到希望。因此，职业经理要充分利用与领导的"蜜月期"，多为员工办一些"实事"，才能得到部属的拥护，便于自己日后开展工作。所以职业经理能否迅速融入团队，也是对其生存能力的重要考验，如果超过三个月仍是"局外人"，则败局基本已定。

　　至于管理过程中，究竟是选择"无为而治"还是"强势进入"，则要根据企业的实际情况而定。

　　一般而言，一个业绩优秀的部门，员工通常都有固定的工作流程和模式，主管即使不在，也不会影响太大。这时就要选择低调进入，不要轻易指手画脚。最好选择"无为而治"，角色定位为"服务者"：少说、多听、多看、谦恭、笑口常开，多表扬少批评，多关心少指责，必要时进行家访等。同时要尽快识别出意见领袖，然后对其以诚相待，让他走在台前，待时机成熟后再让他辅助推出业绩改善方案。

　　业绩差的部门，必须让员工重新燃起希望。开始，可以给员工设定一个较易实现的目标，在他们完成后兑现你的奖励承诺，然后不断地用阶段性目标激励强化部属对你的信任。在此期间，你的角色定位为慎言、强势的领导者，言必行，行必果。激励支持者，团结观望者，孤立消极者，以赢得绝大多数部属的支持。

　　不同的组织环境，不同的业绩部门，管理方式截然不同，不过只要选准切入点，很快就能获得同事和上级领导的认可与支持，工作的推动也会势如破竹。

六、工作方法欠妥当——关键事件上处理失策

职业经理"空降"后，大家往往处于一种观望状态。职业经理的一举一动，都被密切注视着。这时，一招不慎，有可能满盘皆输。而且初来乍到，职业经理几乎无一例外会遭遇一"关"——个别部属会用各种各样的问题来"刁难"自己，考验自己的业务能力。

在解决这个问题前，职业经理首先要洞悉对方这么做的动机是什么。是想考验你一下，还是想证明自己的水平更高？如果对方是为了满足自己潜意识中的尊重需求，就要放弃敌意，坦诚交流。如果对方的目的是挑战自己的权威，那么化"敌"为"友"的难度会非常大，此时要坚定自己的原则，让对方体验到你的威严。如果这种人犯错你无法力主按律严惩，建议还是尽早离开，这家企业没有适合职业经理生存的土壤。

权威，有权才能立威。现实中的很多老板，嘴上说让你放手去管，实际却不肯授权。

妥善处理关键事件的目的，是掌握管理的主动权，以高屋建瓴的高度驾驭整个局势，为下一步组织的变革铺平道路。职业经理只要主动掌控了管理之"势"，工作开展就会如鱼得水。故孙子曰："故善战人之势，如转圆石于千仞之山者，势也。"

七、企业目标预期不实际——对对方的期望过高

落落者，难合亦难分；欣欣者，易亲亦易散。是以君子宁以刚方见惮，毋以媚悦取容。

企业在以高薪引进职业经理人时，往往对其寄予了很高的期望，认为请来一个"高手"，就一切顺利，甚至不管企业沉疴多重，总希望能一招见效。

也有些企业，尽管引进职业经理是众望所归，但不同岗位的人其实

各怀心思：领导的希望是规范企业管理和创造理想业绩；中层的想法却是让经理人出面改变领导的管理方式或者改善员工待遇；员工的想法则是比较单纯地要求公正和待遇改善等。

而个别职业经理人，一旦遇上求贤若渴的老板，就开始自我膨胀，以为自己是人家企业的救世主，认为企业的原有主管无能，便眼睛朝天，缺少敬畏，不是团结大多数，在原有基础上改善，而是将企业多年积淀的宝贵经验全部推翻。当这样的经理人挥霍完自己的信用，却未见实效时，企业也元气大伤。

也有不少职业经理是线性思维，单纯地认为，企业的问题无非是制度不合理、执行不到位，远没考虑到问题的复杂性、严重性以及阻力有多大，就信誓旦旦地向企业领导者拍胸脯，之后信心满满地制订出一套所谓规范的管理制度，并强势推行，开始阶段尽管头破血流，尚能执行一部分，但久而久之，企业又恢复原状，到最后，四面楚歌，自己不得不落荒而逃。

因此，职业经理人的困境是，成果往往由企业的多种因素决定，而现状却是多年积累的结果，又很难一朝一夕改变；但对领导者来说，经理人短期内不能扭转局势，经营管理上未快速见到起色，就会对职业经理失去信心，重新回归以前的习惯做法。

这种期望与结果的对比，往往决定了领导者对职业经理的认可程度，从而决定了职业经理的去留。所以，职业经理的智慧在于，要设法给对方一个较低的预期，还要避免对方抱有急于求成的心理。因此提供一份切实可行的计划就显得尤为重要，计划中可以列明工作的步骤、方法和时间节点、阶段性目标成果等，然后在执行期间及时沟通、汇报，这就给领导者吃了一颗"定心丸"。

当然，降低领导的预期，并不意味着降低对自己的要求。职业经理的日常行为，员工看在眼里。

一个"空降兵"，只要注意以上几个方面，基本就能顺利地渡过"着陆危险期"，接下来就可以专注于提升企业业绩了，这恰恰是职业经理的强项。

工具包之 **10**

成功者的思维方式

一个人在麦田里寻找最大的麦穗,但他只有一次机会,且只能向前走。选择了眼前的这个,意味着放弃了接下来所有的机会;放弃了眼前这个,则意味着再没有机会重新选择。而前面的麦穗又具有不确定性,该如何选择?

究竟该如何选择最优策略?如何成功做事?又如何透过表面探寻动因及推演未来?

一、如何选择最优策略

1. 群体决策方式

一群刚入学的大学生,彼此都很陌生,因未来四年的时光大家要一起度过,同学们都希望通过某种轻松的方式相互熟识。班长组织班委一起讨论,有人提出去海边看一看,另一个人马上站出来反驳,大海实在没什么可看的;有人提出可以去百里外的泰山旅游一次,另一人马上反对,泰山地形险要,曾有游客出过意外,如果有同学受伤该怎么办……

班委们提出了种种不同的方案,但均因意见不一致而没有结果。最后班长急了,随手指着在场的唯一的女孩:"不再讨论了,你说去哪儿就去哪儿!"那女孩说,干脆围着咱校园转一圈吧。最终结果是校园也没能转成。

这类情形在很多企业乃至家庭的决策过程中经常出现。

上例中，如果首先列出这件事的目的——彼此熟识，然后讨论达到这个目的所需的标准或条件，如环境要求、所需时间、可承受的费用，最后再列举一些具体的地点，就会发现总有一两个地方能够满足要求。这既节省了时间，又能很好地达到目的。

其实，问题的根源在于，大家只是在就事论事，没有回归问题的本质。有一种逻辑思维方式特别适用于这种情况：第一步为"目的"，第二步为"条件因素分析"，第三步为"具体措施"。

在需要群体决策的事件中，如果以这种思维方式组织会议，就能让会议快速且有效。

2. 个人决策方式

个人决策与群体决策在本质上有相通之处，但也不完全相同。

例如，面对某套房子，买吧，不是特别理想，不买吧，就有可能错过机会，究竟是买还是不买？

针对这类问题进行决策可以分为四步：第一步，列明自己的目的；第二步，列出各方案的优、缺点；第三步，比照目的后做出选择；第四步，进行风险评估，即明确一旦这个决策失误，自己是否能承受其后果。

我以一次关于购房的决策加以说明。

本次购买商品房（二套）的目的：

1. 长期居住
2. 兼顾孩子未来教育
3. 更好的工作机会
4. 资金保值增值

选择某小区的一套商品房

利：

- 环境清静，家人均喜欢
- 户型、楼层较好
- 周围有9所大学，教育资源较好
- 位于省会城市，未来工作机会较多
- 性价比相对合理
- 经济上能承受得了，不用贷款
- 外地人居多，不会欺生
- 能保值
- 3年后周围将建国家级花卉展览馆
- 离目前的工作地点比较近

……

弊：

- 面积100平方米，稍小
- 两年后才能入住，短期内生活不便（可逆）
- 一旦选择，将失去其他购买机会
- 孩子小，不急于居住
- 两年后户口政策可能发生变化
- 近年内周围不再建房
- 该地人脉资源相对较少（可逆）
- 去市里不方便（可逆）
- 资金套牢（可逆）
- 近期劳务合同到期后不准备续签，新单位未必仍在这个城市

……

本节的两个案例性质不同。班委案例是为寻找合适的对象，故根据目的先列出标准，然后寻找最佳的方案；购房案例则是对已有的对象进行分析、判别，然后决定取舍。

二、如何成功做事

在这里，把成功做事分为两类：一类是主要依靠自身努力达成；另一类是必须依靠他人的协助达到。

1. 靠自身努力即可完成类

第一要清楚自己"要什么"，也就是目的；然后要知道自己"在哪里"，也就是目前所处的位置；第三是进行分析，找出二者的差距，也

就是考虑"做什么";最后是"怎么做"。

下面用不同类型的事例加以说明。

事例一:需要先分析目的,进而考虑解决方案。

笔者多年前就读大学时,由于长途客车非常少,载客量又小,车票更是没有座号,只有流水号,因此春运期间谁能坐上车谁就可以早回家。司机一般会在发车前三五分钟才上车开门,这时等候已久的乘客会一拥而上,挤个你死我活。而我通常采用的办法是,在那些乘客挤在车门口等候司机时,把车窗逐个开一遍,总有一两个没关的,然后就把行李扔进去,待他们挤完后,自己则可以慢悠悠地上去找到自己的座位。

为什么这种方法很多人没想到?原因在于大家天天在喊"挤"公共汽车,思维始终限制在一个"挤"字上。其实"挤"仅仅是一个过程,"坐上车"才是目的。如果把思维稍一转换,任何人都能很容易地想到这类办法。

事例二:目的已明,通过原理分析来达成。

英国伦敦有家报纸曾经刊登了一则广告:以5万英镑征集由伦敦到罗马的最快捷旅行方法。因为奖金不菲,问题奇特,一时应者如云。最后,刊登广告的事主将奖金颁发给一位中年妇女。她的答案是:找到一位心仪的旅伴。

问题是,她的这个思路是如何产生的?

通过分析就会发现数万人冥思苦想的答案其实非常简单。时间有相对和绝对之分,如何才能实现相对时间的缩短?只要做自己喜欢的事情,时间就会过得很快,于是答案跃然纸上。

2. 通过影响对方来实现成功

首先要明确目的,然后分析需要对方如何做才能确保实现自己的目的，再次分析在什么情况下对方才会按这种要求去做，最后把对方最希望的或最担心的事情与是否做这件事联系起来。

用一个故事来说明这种思维方式背后的逻辑。

在美国有一家农场，生活着一对相依为命的父子，他们日子过得非常惬意。一天，一位陌生人来到这个农场，告诉父亲，可以给他儿子在城里找一份工作。由于美国拥有农场的人比一般城里人过得舒服，父亲当即拒绝。那人继续说，不仅给他儿子找一份工作，而且给他在城里找一个女朋友。因为儿子长得一表人才，而且家境富有，介绍对象的简直应接不暇，父亲自然也不会在意。那人又说，要介绍的女朋友的父亲是世界首富。那位父亲一听，欣然应允。

那人又找到那位世界首富，说，给您女儿介绍个男朋友。首富满脸厌烦，"皇帝"女儿还愁嫁？那人又继续说，介绍的男朋友是世界银行的副行长，同时拿出帅小伙的照片。首富看到对方这么年轻有为，欣然同意。

那人又找到世界银行行长，说要给他找个副行长，行长勃然大怒，做一个普通职员都要掂量掂量！那人继续说，这个人可是世界首富的女婿，行长转怒为笑，欣然应允。

当然，这仅仅是一个故事，但读者可以有自己的体会、领悟。下面，用一个销售案例来具体分析。

多年前的一个秋天，笔者到某个采暖炉市场去调研，看到一对夫妇正从该地的专营店离开，就迎了上去。笔者对这对夫妇由放弃转为购买的过程做一下剖析：

首先，要了解他们购买采暖炉的目的是什么，也就是他们最关注和最期望的是什么。因为这位妻子已经怀孕，显然购买采暖炉的目的是孩子出生后给大人、孩子取暖。

然后，设法取得对方信任，再进而给他相应建议。因此开始的沟通极为关键。

"二位请留步，我是这个炉具厂家的。"——消除对方对陌生人的担心。

"我也是从你们这个阶段过来的，我的孩子今年都会打酱油了，你看，给你们提个建议好不好？"——抓住对方兴趣点，促使其听下去。

"孩子百日期间，大人、孩子的保暖务必要注意，大人一旦受寒将来治疗会很麻烦；而孩子太小时受凉有可能影响一辈子。"——列出他们最担心的事情。

"目前的保暖措施一般有四种，最佳的方式是集中供暖，其次是采暖炉、电热器和空调。"——站在对方角度帮他们分析。

"月子期间为了补养身体，一般要多食用一些炖烂的老母鸡，而且还要多熬一些小米粥。在同等情况下，味道最好的燃料是用木柴，其次是煤球炉，再次是用电，最后是用煤气。既然买一次，最好能买一个同时可以烧水、做饭的；由于煤炭价格越来越高，最好买个能省煤的，根据炉火旋转上升的原理，要选上小下大的圆炉膛；为了防止夜间炉火灭掉后大人孩子受凉，最好选嵌入式而非直板式炉门；还有一点，炉具一般要用七八年，最好能选有保温层的，免得孩子稍大调皮时不注意被烫伤。"——挖掘顾客的诉求点，获取对方信任。

事实上，笔者担任总经理的那家企业是国内唯一注册炊暖炉的企业；而其炉膛的设计正是下粗上细，为了保证炉火的高效；嵌入式炉门则是这家公司特有的专利。也就是说，把顾客的诉求点和自己产品的优点有效联系在一起（如果该顾客不是自己的目标消费群体，建议不要促成购买）。事实上，在笔者边谈边往店里移步的时候，他们已经不知不觉跟着进店了，最后笔者建议他们多去一些品牌店比较一下——你不让人家去，人家也会去。在整个推销过程中，笔者自始至终没有谈我们品牌半个字，到最后，他们开始按刚刚了解的标准查看，没出店就定下了。

其实，卖给和尚梳子、三十六计中的空城计等许多计策的思路皆为此类。

三、透过迹象探寻动因及推演未来

透过迹象既能分析出对方的目的，也能推演出对方下一步的行为。从管理学的角度讲，可以做到提前应对。

下面通过一个具体案例来分析。

春秋战国时期，齐国本是一个海边的小国，姜太公初封时也不过方圆百里，齐国的土地很多是不适合粮食生长的盐碱地，粮食生产和人口都不多。

管仲劝齐桓公穿绨做的衣服，并且让大臣都穿。一时间，齐国上下以绨为时尚，国内绨价格大涨。管仲趁机诱使鲁国、梁国与其贸易并且出价远远高于市场价格。鲁国和梁国在与齐国通商的过程中大发横财，遂举国织绨，放弃农业生产。

与此同时，齐国大力发展农业生产，增加粮食储备。待时机成熟，管仲又劝齐桓公改穿帛料衣服，不再让老百姓穿绨织衣服，然后，管仲故意闭关不与鲁、梁通商。几个月后，鲁梁之民饿馑相及，此时国君幡然醒悟，然为时已晚，粮食不可能在短时间内产出，不得已归顺齐国。齐国从而一跃成为东方强国。

其实，如果当初鲁、梁能透过迹象仔细分析，而不是被短期利益冲昏头脑，完全可以分析出"项庄舞剑，意在沛公"，从而避免受制于他国。

工具包之 11

你一生的成就，取决于人生的这四个阶段

人生就是一本书，封面是父母给的，内容是自己写的，厚度是由经历决定的。

当刚工作时听到敲门声，就想，幸福就要来了！

工作两年后听到敲门声，就想，烦不烦啊！

工作五年后听到敲门声，就想，不幸终于来了！

工作多年后听到敲门声，就想，这是生命里注定的遇见。

人生就是这样一个经由盲目自信、不知无措、绝望痛苦，再到坦然面对的过程，在这个过程中，有人收获了丰硕的成果，实现了人生的理想，有人却陷入其中的某个过程走不出来。

1995年4月19日，在美国宾夕法尼亚州的匹兹堡，不到一个小时之内连续发生了两起银行抢劫事件。警察接到报警之后，调出了银行的监控录像，发现两起抢劫案的罪犯竟是同一个人，令人匪夷所思的是，该罪犯没做任何面部遮挡，竟在光天化日之下，大摇大摆地进银行抢劫。

于是警察很快就逮捕了这个罪犯。这个罪犯名叫惠勒，他在被捕的时候，惊奇地问道，你们怎么这么快就找到我了？他的第二句话是"我已经涂了柠檬汁啊！"

原来惠勒利用自己了解的有关柠檬汁的知识，推理认为，将柠檬汁涂在脸上，自己的脸就会在摄像头下面"隐形"。

当年惠勒登上了世界最愚蠢罪犯的榜单。

这个事件引起了康奈尔大学心理学教授邓宁的兴趣，他和同事克鲁格一起研究了关于这方面的系列心理机制。

在实验中，邓宁和克鲁格先让专业的喜剧演员为30个笑话的有趣程度评级，以作为标准答案，然后再让65名大学本科生也对这些笑话进行评级，之后对这些学生的得分进行排名，同时让这些学生对自己的判断水平进行打分，并评价自己与他人相比较时的情况。

结果邓宁发现，在自我幽默感判断上，大部分人自评分过高，而在与他人的对比评价上，得分最低的学生反而认为自己的水平要优于其他2/3的人。

经过一系列的试验，邓宁和克鲁格最后得出的结论是：

- 能力差的人通常会高估自己的技能水平。
- 能力差的人不能正确认识其他人的水平。
- 能力差的人无法认知且正视自身的不足，以及不足的严重程度。
- 如果能够经过恰当的训练，大幅度提高技能，能力差的人最终会认识到且能承认自己之前的无知程度。

这就是心理学界非常著名的邓宁—克鲁格效应，简称达克效应。

达克效应说明，人一生的认知会有四个阶段：第一阶段，不知道自己不知道；第二阶段，知道自己不知道；第三阶段，知道自己知道；第四阶段，不知道自己知道。这四个阶段循序渐进，但并不是所有人都能经历完这四个阶段，大多数人只经历了其中的前两个或三个阶段，只有极少数的人才能到达第四阶段。而一个人的这种认识水平，也决定了他的成就和所处的社会阶层。

一个人越无知，就会越自信，只有阅历不断增加，才会认识到自己的不足，然后开始奋起并逐步提升自己的能力水平。

一、不知道自己不知道

处在这个阶段的人看事情是一维的，看到的只是事物的表面。他眼里的世界凸凹不平，也找不到自己前进的方向。往往以为任何事情都很容易，知道点皮毛就认为自己无所不能，做事总想走捷径，总想一夜暴富。这个阶段最缺少的就是行动力，最典型的表现是"拖延症"。他们并不明白知易行难的道理，眼高手低，一事无成。

好比面对一场比赛，他只停留在空想阶段，而内心其实是拒绝接受这场竞争的。

1、认知层面

①在看待事情上，往往狂妄自大，目空一切。平时习惯夸夸其谈，纸上谈兵，就是不见行动。他们在原因思维的导向下，习惯找借口，拒绝改变，空想大于行动。晚上想来千条路，早晨醒来走老路。

②在看待自己上，正因为自己的无知，得出的结论是自己无所不知。越无知，他就越高估自己，也越想当然，越不反思自身的问题。达尔文说，无知要比知识更容易产生自信。

③在问题归因上，将自身的状况归咎于外界的原因。在原因思维的导向下，把眼前的现象当成一种无法改变的事实，于是开始怪罪自己的出身，或者怪罪自己的运气，继之开始抱怨、攀比。

④在面对别人的建议上，由于他不具备判断事物好坏的能力，所以很多道理跟他根本讲不通。如同汽车后视镜的盲区，你说那里站着一个人，但他根本就看不到，所以他会认为你在骗他或在套用某种不切实际的理论。由于他发现不了自己的错误，于是执拗倔强，听不进不同意见。

2、职场表现

处于这种认知层次的员工，会缺乏基本的责任心，工作不思进取，得过且过。一旦出了问题，他的第一反应就是别人的错。由于不懂得反思自己，所以常常重复性犯错。如果一个人长时间走不出这种认知局限，就只能被企业或社会所淘汰，进入社会的最底层。

3、举例说明

如果给这类人安排一件稍微复杂点的工作，他不是想着如何去更好地完成这项工作，而是开始抱怨和攀比，为什么不安排给张三或李四？即使迫不得已做了，也是在敷衍。他们手上的工作进度往往很少主动向领导反馈。

4、如何突破

处在这个阶段的人，往往具有勇敢和一往无前的精神。要想走出自己的无知，就要笃信实践出真知的道理，在行万里路中去认识这个世界。无知无畏，也适合放开手脚去大胆地尝试，也许能闯出一条思想成熟者无法看到的道路。

在这个阶段，最好主动去接触一些更高水平的强者。当发现人外有人、天外有天时，就会颠覆之前的世界观。譬如，自认为象棋水平无敌时，就去找一个真正的高手对弈一次。那时盲目的自信顷刻就会土崩瓦解，从而认识到自己真实的状态。

二、知道自己不知道

处在这个阶段的人看事情是二维的，二元对立，非黑即白，非对即错。处在这个阶段时，眼里世界的方向是向下的。因经历了许多的挫折，挫败感让其消极悲观，并无限放大事情的困难程度。这个阶段最缺少的就是思考力，最典型的表现是逃避。因此遇到困难时，他们要么绕道走，要么停滞不前，最终变得自卑、消沉、平庸。

这个阶段的人生，相当于参加了一场又一场的比赛，结果屡战屡败，最终滑入了人生的"逃避之渊"。

1、认知层面

①在看待事情上，认为只要自己足够努力就能解决所有的问题，于是在问题思维的导向下，只知道做加法，不懂得使巧劲。由于没有掌握解决问题的规律和方法，盲目行动下自然会一次次碰壁，最终导致内心充满了困惑、焦虑和绝望。

②在看待自己上，由于自身经历过许多挫折，也见到过很多人的成功，对比之下，产生强烈的自卑感，遇到问题时变得缺乏自信，总想回避、找借口、寻退路，进而陷入了自怨自艾的"绝望之谷"。

③在问题归因上，将现实的状况归因于自身能力的不足，而且将自己的能力状况看成一种一成不变的事实。其实他们内心不是不想做事，而是存在一种恐惧心理，唯恐做不到或把事情搞砸了，因此变得谨小慎微，只选择做自己熟悉的事情。

④面对别人的建议时，表面上虚心听取，实际上内心并不接受。总认为别人成功的经验，并不适合特殊存在的自己。

2、职场表现

这种认知层次的员工，一般是企业的基层员工，他们志向不高，只熟悉某一两项业务，或者只熟悉某一两个领域的工作，平时在工作上也缺乏主动性和创造性。但他们忠于职守，对待工作认真负责，只是处理问题时思路会比较僵化。

3、举例说明

如果给他们安排一件稍微复杂点的工作，他们会接受而非先强调理由。但在接下任务后,他们不是先深入系统地了解这项工作,然后再周密地规划,之后再采取行动。他们是先行动再思考,或者边工作边想办法,于是走了很多弯路甚至遭遇挫折,结果往往不是很理想。

4、如何突破

这个阶段最重要的是树立起自信心。

具体的做法是:首先,要学会对自己做过的事情复盘,无论经历的事情成功与否,都要从头至尾再梳理一遍,然后从中总结出经验教训,或想出更好的策略以供未来借鉴;其次,要学会计划先行,在任何事情开始前,先做计划再采取行动;再次,多跟"过来人"交流,学习借鉴他们的经验,也许你今天遇到的问题,他们之前早就经历过;最后,多读书,也许书中的经验做法能让自己瞬间醍醐灌顶。

其实经历过很多事情后就会发现,之前感觉到的那些困难,并非那么难以克服。

如果在这个阶段学不会用脑子去干活,主动去学习、总结经验和规律,那一生就只能陷入苦干、蛮干和盲干中。

三、知道自己知道

处在这个阶段的人看事情是三维的,明白了事物的基本规律与灰色地带,也知道任何事情的成功都基于冰山下巨大的积淀,是厚积薄发的结果。这个阶段最缺少的是胸怀和格局,最典型的表现是以自我为中心。这个阶段的人生方向和目标都会比较明确,眼里的世界是向上的,也具备了克服困难的勇气和信心,会认为办法总比困难多。

这个阶段相当于身在赛场,但眼睛只盯着如何打败对方,以赢得比赛的最终胜利。

1、认知层面

①在看待事情上，在目的思维的导向下，懂得做减法，知道什么事情该做，什么事情不该做，也能掌握和总结事物发展的规律，同时习惯把困难都看成历练自己的机会。这个阶段的人生逐步进入了事业攀升或创富之旅。

②在看待自己上，能正确认识自己的问题和不足，懂得扬长避短。他们目标明确，有强大的自我驱动力，能够战胜前进中遇到的困难、孤独、懒惰等。他们的自信水平也随着能力的提高不断回升，进入了智慧阶段的"开悟之坡"。

③在问题归因上，将现实的状况归因于自身能力的不足，因此会想方设法地提高自己的技能来战胜困难，期间随着各项技能的迅速提升，解决问题也越来越得心应手。但他此时并没能跳出就事论事的窠臼，因此常常陷入问题的包围之中。

④面对别人的建议时，往往会有自己的主见，只部分地听取别人的建议，有时甚至会展开辩论。但他们此时会非常迷信权威，权威的意见哪怕是错误的，他们也会不折不扣地执行，失败后还会归罪于自己。

2、职场表现

这个认知层次的员工，一般是企业的中高层管理人员，或者是掌握某项核心技能的基层员工。他们具备一定的眼光、魄力和创新意识，做事有章法，对待工作能积极主动，很少会在同一个地方跌倒两次。

这个阶段的人善于规划和梳理工作，能洞察事物背后的规律。譬如，通过数据能分析出背后的因果逻辑，因此解决问题也能行之有效。他们在取得了一项又一项的成就后，也获得了赞誉和组织的认可，但他们在鲜花和掌声中容易飘飘然，刻意表现自己，好为人师，指手画脚。

3、举例说明

遇到一件稍微复杂点的工作,他不会计较任务是否安排在下班之后,也不会盲目动手,而是先分析和规划,找出快捷的解决办法。他们在完成工作后或遇到问题时也能及时向领导反馈。

4、如何突破

这个阶段的突破,看似容易实则最难,因为成功的光环容易让一个人迷失,让一个成功者否定自己非常艰难。这时的突破,要回归人生的目的,寻找自身存在的价值,思考自己是谁,想成为一个怎样的人。

如果一直走不出功利性的目的,就走不出这个阶段,即使获得成功,也是短暂的。

四、不知道自己知道

处在这个阶段的人看事情是四维的,已跳出了事情的本身,理解了事物的本质,对任何事情都已看得通透。他眼里的世界是平的,已经波澜不惊。此时他既能组局又能破局,而芸芸众生却在局中忙得不亦乐乎,浑然不觉。

他们相当于一场比赛的策划者,比赛双方争得你死我活,连观众和啦啦队都陷入疯狂时,包括比赛过后大家都还津津乐道时,他们倡导的比赛精神已经实现了。

1、认知层面

他们经历过人生的风风雨雨,也经历过人生的大起大落,对很多事情都已看开。他们大智若愚,谦卑包容,有着明确的价值观和人生准则。他们深谙和践行老子的"圣人不积,既以为人,己愈有,既以与人,己愈多",在成就他人的同时,也成就了自己。

①在看待事情上,他们懂得选择大于努力,会选择做正确的事,而

非仅仅正确地做事。他们看到的是一件事情的价值,而非事情成败的本身。在遇到事情时首先考虑的是这件事情为什么要做,是否该做。

②在看待自己上,诚信是他们的本色。随着知识的增多,他们感觉自己愈加渺小。他们谦卑低调,虚怀若谷,时常闭门思过。他们有强大的内心,所以面对自身错误时也会坦诚相见,勇于承认自己的问题和不足,然后百尺竿头再进一步。

③在问题归因上,将现实的状况归因于自己与外部环境的作用。既不妄自菲薄,也不过分夸大自身的能力,他深知一件事情的成功,三分天注定,七分靠打拼。

④面对别人建议时,他能换位思考,以空杯的心态对待不同的观点,能同时接纳两种截然不同的观点。他们平等待人,尊重异议,并践行孔子的"三人行必有吾师"的箴言。他们一生都走在虚心向学,永不满足的路上。

2、职场表现

他们一般是企业的创立者,也是组织的灵魂和舵手。在职场上,他们阳光自信,坚忍不拔,善于激励和为组织赋能,属于智慧型领袖。他们对组织有着深刻的影响力,哪怕不在,也能影响大家的言行。

3、举例说明

遇到一件稍微复杂点的工作,他们不仅能圆满完成任务,而且还会超出任务安排者的预期。他们能把复杂的问题简单化,简单问题标准化,标准的问题流程化,流程的问题系统化。譬如,安排他组织一场技术比武,他不仅能圆满组织这项活动,还会在活动结束后将相关的工时评定标准等交到安排者手里。

人的一生,几乎都离不开上述的这四个阶段。这些阶段循序渐进,一步也省不下，而且任何其他人都无法替代。只是不同的人，在某个阶段耗费的时间会有所不同，有些人一个阶段只需一两年，而有些人则一生都走不出来。

这是一个社会阶层不断固化的时代，也是一个"逆袭"随时发生的时代。达克效应锁死了一部分人的命运，同时也让一些人从中获得感悟，实现了阶层的跃迁。

万物得其本者生，百事得其道者成。一个人如果没有梦想，就没有理由去坚强。心若没有栖息的地方，走到哪里都是流浪。因此我们只有秉持开放的心态，多读书，多交友，多做事，多旅行，才能以最快的速度实现自己梦想的人生！

工具包之 12

复杂职场生态下的21条生存法则

管理者在成长的道路上,会遇到各种各样的问题和困惑。职场有自身的运行规律和法则,只有明白了这些道理,才能在职场竞争中立于不败之地。

一、职场定位

1. 黄金法则之一:看清自己的位置

职场上的任何一个位置,都是组织网络中一个联结点,这个联结点决定了它的职责、权限和作用。

你是谁?当你头上挂上"领导"二字的时候,你就不再是你,你的一言一行代表的是一个部门、一个团队,乃至一家企业。

企业把一个部门或领域交给你,是对你的信任。因此你必须牢记自己的责任和使命,心怀敬畏,勤勉有加。看那些耍官威的,耍着耍着就下来了。

因此你要看清自己的位置,明白自己的职责权限;知道哪些事情该干,哪些不能越俎代庖;哪些事情该管,哪些是你的红线。你还要牢记组织的伦理和规则,知道该如何汇报和指挥,做到到位而不越位,放手而不放任。

人生重要的,不是你当下的位置,而是你的朝向。你的职业化程度决定了你位置的高低;你对规则的敬畏程度,决定了你能在这个位置上走多远。

2. 黄金法则之二：明白自身的价值

价值代表的是一个人被需求的程度。一个人的能力，决定了他价值的大小，但这种价值往往依附于对企业价值的贡献上。

请不要把自己当成世界的中心，你在别人眼里未必真有那么重要。人家希望你留下，并非离了你不行，不信回头看看你离开的那些企业，你走了后，人家照样如常运转。

一个人的价值，主要体现在脖子以上的部分。因此你要不断地充实自己，提高自己解决问题的能力，创造被企业利用的价值。

3. 黄金法则之三：格局决定未来

看事情的高度、广度和深度，即为一个人的格局。半秒钟能看清事物本质的人，和一辈子都看不清事物本质的人，命运注定不同！

你的格局决定了自己未来的样子。当你以领导者的格局来要求自己时，未来你就是领导者；当以经理的格局要求自己时，你未来就是经理；当你以员工的格局要求自己时，你未来只能是员工。当你把企业看成是自己的，领导也会把你看成是自家人。

而你看到的世界，是你选择看到的样子。当你手里拿着锤子，你会看到满世界都是钉子。当你把周围的人看成朋友，你将左右逢源；当你把周围的人看成对手，你将处处碰壁。

做正确的事，永远比正确地做事重要。你格局有多大，成就就会有多大。你见过的世面，走过的路，都隐藏在你待人处事的格局里。

4. 黄金法则之四：跟对平台领导

平台可借力，扶摇上九天。

投资界的金科玉律是，第一看行业，第二看领导，第三看团队。这是他们一次又一次用巨资换来的教训。

当你没法选择行业时，那就要选对领导者。领导者的格局，决定了他未来成就的高度，也影响你个人的成长。因此跟对一个领导者，就意味着事业成功了一大半。

成功的领导者无一不公心大于私心，志向远大，意志坚定，在创业初期，就会有一个清晰的愿景和方向。

当你一旦选择了一个平台，就要义无反顾、全力以赴、不离不弃。既然是同乘一艘船，就一荣俱荣，一损俱损。要么就别去占人家这个"坑"，误了自己，害了人家。

5. 黄金法则之五：真诚对待上级

当你认为上级能力不行时，往往说明你还没看透人家的本事。不要粗浅地认为上级没有采纳自己的意见，是因为人家的眼光不行，事实上你们的信息从来就不对称。

在职场上，对领导的安排要有执行力，不理解就边执行边理解。执行力是员工的基本素养之一。

在领导跟你称兄道弟时，你千万不要当真，也不要把领导私下的那句"兄弟，放手去干吧！"当成真正的授权，企业的原有层级管理制度，你是一定要遵守的。

真正高明的部属，是站在上司的角度去思考。当你让他放心后，也就代表你的能力已经可以胜任更高的职位。

6. 黄金法则之六：平等对待同级

同级是什么？是左手跟右手，是鼻子跟眼睛。彼此各有所长，缺一不可。

同级之间，你们需要的是竞合，而非钩心斗角，需要的是补台而非拆台，是分工而非分家，是提醒而非干涉。否则，你今天扔下的石头，明天绊倒的可能就是自己。

在别人寻求帮助时，要尽自己最大的努力。你今天怎么对人家，人家明天就会怎么对你。行得春风在，就不怕没秋雨，因为谁也保不准自己什么时候会有难处。

当双方部属之间发生冲突时，你要尽力劝解自己的部属，设法化干戈为玉帛。因为你不是街头的小混混，你的威信来自带领他们实现自身的价值，而不是为谁去站台。

你换位思考的能力，显示了自己的情商，也决定了你与同级的关系。

7. 黄金法则之七：诚心对待下级

什么是下级？下级是一个战壕里的战友，是一起冲上业绩高地的伙伴。而你，是他们的灯塔、梦想的播种机、事业的缔造者和成长的垫脚石。

如果你不能给大家带来价值，兄弟们凭什么跟你混？

部属管理的理论千万条，其实归结起来就三条：识人、用人和管人。

• 识人上，不要盲目推崇一视同仁，选对人，才能做成事。因此首先要辨别出哪些是价值的创造者，然后重点扶持；要识别出哪些是害群之马，并坚决管制。

• 用人上，用他，就要相信他，并用其所长。此所谓，用师者王，用友者霸，用徒者亡。

• 管人上，要有所为有所不为，学会分工与授权。高手是让部属乐此不疲；愚者是把自己累到住院，部属却在KTV高歌明天更美好。二者的区别在于能否唤起部属的梦想和雄心。

有效的管理者，都是给部属们设定一个清晰的目标，然后建立一套机制，让部属们在PK中向前奔跑。

公生明，廉生威，诚生信，勤生效。你做到哪，部属就会跟到哪。一个管理者最大的悲哀是，部属对自己只畏不敬。

二、学习成长

1. 黄金法则之八：勇敢面对困难

困难是什么？过去了是门，过不去就是槛。

但自你被任命为主管的那一刻起，你就成了解决困难的最后一道防线。克服困难，正是你存在的价值。

其实命运给每个人的礼物，都早已在暗中标好了价格，这价格就是一个人克服困难的经历。你克服的困难越多，拥有的能力就越强，积淀的也就越多。

"井无压力不出油，水无压力难上楼。"成功者的路上，从来都布满了荆棘。每一个成功者的背后，都是他咬紧牙关的灵魂。欲戴王冠，必先承其重。

你对待困难的态度，决定了困难的难度。因此纵使深陷困境，也依然要仰望星空。

2. 黄金法则之九：理性看待成败

成败是结果还是过程，完全取决于你怎么看。

当初有人问爱迪生："你发明灯泡失败了1600多次？"爱迪生打断说，"不对，是试验了1600种不同的办法。"

因此，成功者从来不忘初心，执着于自己的使命，而不会停留于某一次的结论。

去感谢那些曾对自己有过帮助的朋友，他们就会期待你下次更加成功，当大家都希望你成功的时候，想不成功都难；反之，如果得意忘形，泡沫吹大了，你就会掉到地上。

万一失败，也不必灰心丧气，这只是你成功路上的一个过程而已，而非终点，大不了从头再来，但此时要向内求原因，以便吃一堑长一智。

这个世界，失败从来不是成功之母，总结才是。你总结提升的能力，决定了自己未来成就的大小。因此永远不要在同一个地方跌倒两次。

人生，是在挫折中的一场修行，而修行的结果则取决于你对成败的参悟程度。

3. 黄金法则之十：坚持辩证观点

这个世界并非非黑即白。也许你眼里的"6"，在对方的眼里是"9"。

当听见别人的传言时，不要人云亦云，更不要妄加评判。既然没经历人家的经历，就没资格说三道四。有时传言无关是非，只关立场。但祸从口出，却是个颠扑不破的真理。

在职场上，领导的观点或指令无须你来指点评判，你只管执行出完美结果就好；当面对同级不同观点时，则要求同存异，相互尊重；面对部属的不同观点时，则要纳谏如流，兼收并蓄。

在成年人的世界里，有太多的无奈。做人还是要善良一点，你可以不赞成别人的观点，至少要尊重他的选择。

4. 黄金法则之十一：坦诚对待异议

异议，既可以成为审视自己进步的镜子，也能成为矛盾的导火索。当你把异议看成是对自己尊严的挑战时，那你挑战的将是自己的人生：你终于辩论赢了，朋友却没了；当真理终于战胜了谬误，刚要举杯同庆，但碰杯的人你找不到了；当你终于把领导驳得理屈词穷，面红耳赤，你的职位却莫名其妙地丢了……

苦口是良药，忠言必逆耳。对待异议的最佳策略是虚心倾听，有则改之，无则加勉，毕竟提升自己才是目的。何况，你怎么能确保自己一定就是对的？

什么是成熟？成熟就是讷于言，慎于行。话当说时则说，不当说时则闭紧嘴巴。柏拉图有句名言：智者说话，是因为有话要说；愚者说话，是因为想说。

因此对待异议的方式背后，是一个人做人的格局。如何对待异议，则决定了一个人在走上坡路还是下坡路。

5. 黄金法则之十二：正确看待交往

蓬生麻中，不扶而直。你是哪种人，就处在哪种圈子；你周围有什么样的朋友，自己就是什么样的人。

在交往的背后，则是吸引力法则。因此你不要去追一匹骏马，而是要用追马的时间来种草，待来年春暖花开时，定能吸引来一群骏马。

其实交往的最高境界，是找到自己灵魂的伴侣，免得在自己最苦闷的时候，拿起电话都不知打给谁。但也不要因孤独去社交，是一路人，不用刻意逢迎也能愉快相处；不是一路人，妥协讨好也无济于事。做好自己，其他随缘。

6. 黄金法则之十三：拓宽职业领域

这个世界没有永远的铁饭碗，只有永远的铁能力。一个人具备多少种技能，就能填多少种坑，也就有多大的发展空间。

不要坐等机会，当你能力有了，遍地是机会；当你没有能力，有机会也不会属于你。你今天的状态，就隐藏在你三年前的选择里。

凡事预则立，不预则废。你提前准备了多少种鞋，就能适应多少条路。

7. 黄金法则之十四：成为不可替代

一个人不可替代的能力来源于他的心态和思维方式。当一个人拥有了积极的心态，他就会想尽一切办法提高自己的不可替代性；而思维方式则是看问题的角度和思考的逻辑，它决定了解决问题的质量和效率。当你一次又一次解决了让别人束手无策的问题时，你就会成为组织中不可或缺的人物。

其实一个人最容易获得的不可替代性，是将自己的业务钻研透，做到别人无法超越。

在你的能力尚不足以支撑自己的梦想时，就要养成精益求精、追求极致的习惯。哪怕是打扫卫生，也要打扫得比别人干净彻底。你经手的每一件事情，都要做到"前无古人，后无来者"的水准，这样，你同样能成为不可替代。

现实中，不少人具备了某种能力或者创造了一点业绩后，就开始了自我膨胀。当优势变成了骄傲的资本时，被扫地出门就成了一种必然。

三、自身修养

1. 黄金法则之十五：做人先于做事

人品，是你在这个世界上的通行证。人做对了，人生就成功了一大半。

己所不欲，勿施于人。首先懂得欣赏别人，别人才会欣赏自己。"仁者必敬人"。因此那些口口声声标榜自己耿直的，往往是因为不愿花心思替别人考虑。

诚信，是一个人立身之本。好声誉需要经年累月的积累，而毁掉只需一瞬间。珍惜自己的信誉，要胜过飞鸟爱惜自己的羽毛。所以跟人约了2：00见面，绝不可在2：01以后出现。

做人，要常怀谦卑和感恩之心。见己不是，万善之门；见人不是，诸恶之根。如果不能让自己活成一束光照亮别人，至少也要活成一股清流，能洗涤自己。

2. 黄金法则之十六：大爱方有大成

大爱无疆，有大爱者方有大成。

孟子曰："老吾老，以及人之老；幼吾幼，以及人之幼。"因此哪怕是对待路人，能帮时也要尽量出手。

这个世界，爱出者爱返，福往者福来。爱你的上司，你的上司就会格外关照你；爱你的同级，在你遇到困难时他就会施以援手；爱你的下级，在你需要帮助时他就会挺身而出。

当你内心充满爱时，社会会更加美好，你的前途也会一片光明。

3. 黄金法则之十七：理性看待得失

得失，既包括了自己主动的取舍，也包括了被动接受的结果。

从主动的角度看，人一生都活在了取舍中，每次的决策其实都是在取舍。老子曰："既以为人，己愈有；既以与人，己愈多。"只可惜真正能懂的人没有几个。

从被动的角度看，有时天要下雨，由不得自己。这时只要自己努力了，拼搏了，争取了，得失便是天意。是自己的谁也抢不走，不是自己的夺也夺不来。放下，才能看开；看开，才能走远。

有时候，事与愿违也许是上天另有安排，回头看那十年前让自己痛不欲生的往事，如今还会像当年那样承受不了吗？也许正是那些痛苦才让自己变得更加强大。因此看待得失，要用拉长的时间轴来看，而非仅仅局限于眼前。

人之困惑不在于得失，而在于计较。计较有多重，幸福离自己就有多远。既然眼睛长在前，就应该向前看。两眼盯着伤疤，就会一直疼。你看淡得失，福报自来。

4. 黄金法则之十八：勇于承担责任

管理者的第一责任是创造业绩，这是你生存的基础；第二责任是做好服务、配合和遵守组织的纪律，包括服从大局和领导的安排；第三责任是培养部属。这三者相辅相成。

职场只相信业绩，从不相信情怀。

有什么样的领导，就会有什么样的兵。因此不要抱怨部属，他们就是你自己的影子。一只羊永远也带不出一群狼。

培养部属的能力，则决定了自身业绩及未来成就的大小。那句"教会了徒弟，饿死了师傅"在信息时代早已成为"老皇历"。培养徒弟只会让你水涨船高，当部属都能独当一面时，你不仅轻松，部门的业绩也会卓越；当你培养的部属一个个成了部门经理后，你自然而然就成了总经理。

责任，也是一面镜子，能清晰地照出一个人价值的大小。你肩头能承担的责任有多大，你的前景就会有多广阔！

5. 黄金法则之十九：谨慎对待权力

权力是什么？是分配资源的资格。权力是一柄锤子，也是一把尺子，过则为灾。

权力的唯一目的，是确保组织的高效运转，因此它不是你显摆的行头。权力的核心作用，是用来做事、用于服务的。因此，在位时要学会低头，学会尊重别人。

6. 黄金法则之二十：远离灰色规则

灰色规则即为潜规则，是指不能光明正大地拿到台面上的规则，主要用于获取额外的利益。

欲望，是人与生俱来的一种本能，但要分清碗内碗外。这个世界上好东西多的是，不能见了就想往自己碗里捞。有些东西从表面看是蜜饯，实则是毒药。

7. 黄金法则之二十一：筑就坚实后盾

在每一个成功男人/女人的背后，都有一个伟大的女人/男人。

家庭是一个人事业的堡垒，也是心灵的疗伤地。如果不想让后院起火，就要明白几个道理：

- 圆满的家庭是双方妥协的结果，家庭没理可讲，只有爱和包容。
- 要用理性界定工作与生活的边界，用感性处理二者之间的矛盾。先解决情绪，再解决问题。
- 家人抱怨的往往不是加班本身，而是你的关心不够。
- 留点时间给家人，哪怕你是个工作狂。
- 定期检查身体，为了自己，更为了家人。

致 谢

首先感谢孙庆生老师，正是孙老师的鼓励，使本书的写作成为可能。感谢王仕斌老师、王黎老师、程丹丹老师和井亚琼老师，本书内容在《企业管理》杂志刊载过程中，他们不断给予我指导、帮助。

同时感谢陈良万、郭政、辛洪波等数十位朋友，他们对本书先后提出过很多宝贵的修改意见，才使故事的情节更加丰满，细节更加合理、完善。

感谢书中涉及的每一位企业家、同事和朋友（化名），与你们共事，是我一生中宝贵的经历，这些经历让我成长，让我获得很多关于企业管理的思考成果。

感谢我的父母、家人和妻子，有了你们的支持和帮助，我才有机会一步步走到今天，并实现了自己魂牵梦萦的梦想。

感谢我的老师、同学和所有曾经帮助过我的朋友，是你们的无私帮助，让我感受到了生活和生命的美好。